"一带一路"沿线国家教育政策法规研究丛书

罗马尼亚、阿尔巴尼亚、保加利亚 教育政策法规

主编 / 张德祥 李枭鹰

编译 / 柳方怡

大连理工大学出版社
Dalian University of Technology Press

图书在版编目(CIP)数据

罗马尼亚、阿尔巴尼亚、保加利亚教育政策法规 / 柳方怡编译. — 大连：大连理工大学出版社，2020.12
（"一带一路"沿线国家教育政策法规研究丛书 / 张德祥，李枭鹰主编）
ISBN 978-7-5685-2688-3

Ⅰ.①罗… Ⅱ.①柳… Ⅲ.①教育政策－罗马尼亚②教育政策－阿尔巴尼亚③教育政策－保加利亚④教育法－罗马尼亚⑤教育法－阿尔巴尼亚⑥教育法－保加利亚 Ⅳ.①D954.221.6②D954.121.6③D954.421.6

中国版本图书馆 CIP 数据核字(2020)第 176264 号

LUOMANIYA AERBANIYA BAOJIALIYA
JIAOYU ZHENGCE FAGUI

大连理工大学出版社出版

地址：大连市软件园路 80 号　邮政编码：116023
发行：0411-84708842　邮购：0411-84708943　传真：0411-84701466
E-mail：dutp@dutp.cn　URL：http://dutp.dlut.edu.cn
上海利丰雅高印刷有限公司印刷　　大连理工大学出版社发行

幅面尺寸：185mm×260mm　印张：13.75　字数：278 千字
2020 年 12 月第 1 版　　2020 年 12 月第 1 次印刷

责任编辑：李玉霞　张　凡　　责任校对：张晓燕　钟　宇
封面设计：奇景创意

ISBN 978-7-5685-2688-3　　　　　　　　　　定　价：106.00 元

本书如有印装质量问题，请与我社发行部联系更换。

总　序

　　共建"一带一路"是中国提出的伟大倡议,也是中国与"一带一路"沿线国家的共同愿望。"一带一路"倡议出自中国,却不只属于中国,而属于"一带一路"沿线所有国家,乃至全世界。中国是"一带一路"的倡导者和推动者,沿线所有国家是"一带一路"的共商者、共建者和共享者。

　　为推进共建"一带一路"伟大倡议,让古丝绸之路焕发新的生机与活力,以新的形式使亚欧非各国联系更加紧密,互利合作迈向新的历史高度,中国政府于2015年3月28日发布了《推动共建丝绸之路经济带和21世纪海上丝绸之路的愿景与行动》,强调"一带一路"是促进共同发展、实现共同繁荣的合作共赢之路,是增进理解信任、加强全方位交流的和平友谊之路。中国政府倡议,秉持和平合作、开放包容、相互借鉴、互利共赢的理念,全方位推进务实合作,打造政治互信、经济融合、文化包容的利益共同体、命运共同体和责任共同体。

　　为贯彻落实《推动共建丝绸之路经济带和21世纪海上丝绸之路的愿景与行动》,2016年7月13日中华人民共和国教育部牵头制定了《推进共建"一带一路"教育行动》。该文件指出,推进共建"丝绸之路经济带"和"21世纪海上丝绸之路",为推动区域教育大开放、大交流、大融合提供了大契机。"一带一路"沿线国家教育加强合作、共同行动,既是共建"一带一路"的重要组成部分,又为共建"一带一路"提供人才支撑。中国愿与沿线国家一道,扩大人文交流,加强人才培养,共同开创教育的美好明天。

　　自共建"一带一路"倡议提出至2019年8月底,已有136个国家和30个国际组织与中国签署了195份共建"一带一路"合作文件。"一带一路"是一个多极的和多文化的世界,无论是政治、经济、文化、教育、生态还是种族、民族、宗教、习俗等,不同国家或地区之间存在这样或那样的差异。因此,只有全面了解民间需求与广泛民意、消除误解误判,只有国家的学者、企业家、政府部门、民间组织和民众充分理解各国的国际关系、宗教信仰、历史文化、风俗习惯、法律法规和民心社情,才能更好地推动"一带一路"建设。也就是说,"一带一路"沿线国家建立政治互信、经济融合、文化包容的利益共同体、命运共同体和责任共同体,必须根基于沿线国家间的"文化理解或认同",而这又与教育尤其是高等教育的交流合作密切相关。

教育政策法规是了解一个国家教育发展状况和治理水平的重要窗口，是各国之间教育合作交流的基本依据。为此，教育部牵头制定的《推进共建"一带一路"教育行动》呼吁沿线国家"加强教育政策沟通"，即通过开展"一带一路"教育法律、政策协同研究，构建沿线各国教育政策信息交流通报机制，为沿线各国政府推进教育政策互通提供依据与建议，为沿线各国学校和社会力量开展教育合作交流提供政策咨询；积极签署双边、多边和次区域教育合作框架协议，制定沿线各国教育合作交流国际公约，逐步疏通教育合作交流政策性瓶颈，实现学分互认、学位互授联授，协力推进教育共同体建设。

大连理工大学切实贯彻《推进共建"一带一路"教育行动》的精神，精心谋划和大力支持"一带一路"教育研究。该校原党委书记张德祥教授带领课题组成员克服文本搜集、组建团队、筹措经费等多重困难，充分发挥学校高等教育研究院、"一带一路"高等教育研究中心、中俄暨独联体合作研究中心以及教育部国别和区域研究中心"独联体国家研究中心"的优势和特色，积极参与和服务于"一带一路"的推进和共建，编译"一带一路"沿线国家教育政策法规，并在国内率先开展"一带一路"沿线国家教育政策法规研究，具有很好的教育发展战略意识和强烈的服务国家发展战略的责任感和使命感。中国高等教育学会大力支持这项工作，将"'一带一路'国家高等教育政策法规研究"立项为2016年高等教育科学研究"十三五"规划重大攻关课题，并建议课题组首先聚焦于编译"一带一路"沿线国家的教育法、高等教育法以及教育中长期发展规划等，及时为国家推进共建"一带一路"教育行动搭建教育政策沟通桥梁。该课题组根据中国高等教育学会专家组的意见，组织力量，编译了这套《"一带一路"沿线国家教育政策法规研究丛书》。作为中国高等教育学界的一名老兵，看到自己的学生们带领国内一批青年学者甘于奉献、不辞辛劳、不畏艰难，率先耕耘在"一带一路"沿线国家教育研究这片土地上，我由衷地感到欣慰。同时，大连理工大学出版社全力支持这套丛书的出版，不遗余力地为丛书的出版工作提供支持，使这套丛书能及时出版发行。最后，我真诚地希望参与这项工作的师生们努力工作，高质量、高水平地把编译成果呈现给"一带一路"的教育工作者。

是为序。

潘懋元于厦门大学高等教育研究中心
2019年9月10日

前言

2015年3月28日《推动共建丝绸之路经济带和21世纪海上丝绸之路的愿景与行动》和2016年7月13日《推进共建"一带一路"教育行动》的相继颁布，将"政策沟通"置于"五通"之首，让我们意识到编译《"一带一路"沿线国家教育政策法规研究丛书》的重要性和紧迫性。对我们来说，承担这一艰巨任务是一种考验，更是一种使命。

2016年中国高等教育学会组织申报高等教育科学研究"十三五"规划课题，将"'一带一路'背景下我国高等教育国际化研究"列入重大攻关课题指南。我们在这个框架之下组织申报的"'一带一路'国家高等教育政策法规研究"，获得了中国高等教育学会专家组的认可和支持，这对我们是极大的鞭策和鼓励。2016年11月，我们认真筹备和精心谋划，参加了中国高等教育学会组织的开题论证工作，汇报了课题的研究设想。听取了专家组的宝贵意见后，我们及时调整了课题研究重心。我们考虑首先要聚焦于编译"一带一路"沿线国家教育政策法规，因为，我们对许多国家的高等教育政策法规还不了解，国内也缺乏这方面的资料。编译这些资料既可以为我们日后的研究打下基础，也可以为其他研究者和部门进行相关研究、制定政策提供基础性的资料和参考。于是，我们调整了工作思路，即先编译，然后再进行研究。同时，考虑到许多国家的高等教育政策法规常常包括在教育政策法规中，我们的编译从"高等教育政策法规"拓展到"教育政策法规"，这种转变正好呼应了《推进共建"一带一路"教育行动》中的"政策沟通"。

主编《"一带一路"沿线国家教育政策法规研究丛书》，是一项相当繁重和极其艰辛的工作，其中的酸甜苦辣只有经历了才能体会到。第一，参与共建"一带一路"的国家相当多，截至2019年8月底，已有136个国家和30个国际组织与中国签署了共建"一带一路"合作文件。这套教育政策法规研究丛书虽然只涉及其中的69个国家，但即使是选择性地编译这些国家的教育法、高等教育法以及中长期教育发展规划等，也需要大量的人力、财力等的支持。第二，不少"一带一路"沿线国家的教育本身不够发达，与之密切关联的教育政策法规通常还在制定和健全之中，我们只能找到和编译那些现已出台的政策法规文本，抑或某些不属于政策法规却比较重要的文献。编译这类教育政策法规时，我们根据实际需要对某些文本进行了适当删减。由于编译这套丛书的工作量很大、历时较长，我们经常刚编译完某些国家旧有的教育政策法规，新的教育政策法规又出台了，我们不得不再次翻译最新的文本而舍弃旧有的文本。如此反反复复，做了不少"无用功"。即便如此，我们依然不敢担保所编译的教育政策法规是最新的。第三，"一带一路"沿线国家或地区的官方语言有 80 多种，涉及非通用语种 70 种（这套教育政策法规研究丛书涉及的 69 个国家，官方语言有 50 多种），我们竭尽全力邀请谙熟非通用语种的人士加盟，但依然还很不够。由于缺乏足够的谙熟非通用语种的人士加盟，很多教育政策法规被迫采用英文文本。在编译过程中，我们发现那些非英语国家的英文文本的表达方式与标准英文经常存在很大的出入，而且经常夹杂着这样或那样的"官方语言"或"民族语言"。这对编译工作是一个极大的挑战和考验，我们做到了尽最大努力去克服和处理。譬如，新西兰是一个特别注重原住民及其文化的国家，其教育政策法规设有专门的毛利语教育板块，因而文本中存有大量的毛利语。为了翻译这些毛利语，编译者查阅了大量有关毛利文化的书籍和文献，有时译准一个毛利语词语要花上数十天甚至更长的时间。类似的情况经常碰到，编译者们付出了难以计量的劳动，真诚地希望这套丛书的出版能给他们带来足够的精神上的慰藉。

为了顺利推进研究工作，我们围绕研究目标和研究重点，竭尽全力组建结构合理的研究团队，制订详尽的研究计划，规划时间表和线路图，及时启动研究工作，进入研究状态。大连理工大学积极参与"一带一路"建设，高度重视"一带一路"沿线国家教育研究工作，成立了"'一带一路'高等教育研究中心"、"中俄暨独联体合作研究中心"和教育部国别和区域研究中心"独联体国家研究中心"。大连理工大学、大连外国语大学、大连民族大学、杭州师范大学、广西民族大学、广西财经学院、广西职业技术学院、广西桂林市委党校、南开大学、海南大学、重庆大学、赤峰学院、天津市教育科学研究院等单位的有关专家、学者、教师、学生积极参与此项工作，没有他们的艰辛付出和辛勤劳动，编译工作将举步维艰。这项工作得到了大连理工大学出版社的大力支持，出版社的同志们不畏艰辛、不厌其烦、不计回报，为这套丛书的出版付出了难以想象的汗水和精力。对此，课题组由衷地表示感谢。

张德祥　李枭鹰
2019 年 9 月 8 日

目 录

罗马尼亚 / 1
罗马尼亚国家教育法 / 3

阿尔巴尼亚 / 125
阿尔巴尼亚高等教育法 / 127

保加利亚 / 157
保加利亚高等教育法 / 159

附 录 / 195
附录一 推动共建丝绸之路经济带和 21 世纪海上丝绸之路的愿景与行动 / 197
附录二 教育部关于印发《推进共建"一带一路"教育行动》的通知 / 205

后 记 / 211

罗马尼亚

罗马尼亚位于东南欧巴尔干半岛北部。北和东北分别与乌克兰和摩尔多瓦为邻，南接保加利亚，西南和西北分别与塞尔维亚和匈牙利接壤，东南临黑海。国土面积为23.8万平方公里，海岸线长245公里，是温带大陆性气候。人口约1941万(2019年1月)。首都是布加勒斯特，面积228平方公里，人口214万(2019年)。罗马尼亚全国划分为1个直辖市和41个省，下设市和乡。

罗马尼亚政体为共和制。总统是国家元首和政府首脑。议会是罗马尼亚人民最高代表机构和唯一立法机关，由参议院和众议院组成，任期4年。主要的政党有社会民主党、国家自由党、拯救罗马尼亚联盟党、匈牙利族民主联盟党、亲欧党、人民运动党。

罗马尼亚货币名称为列伊(Leu/RON)。2019年罗马尼亚国内生产总值为2218亿欧元，人均国内生产总值为1.1万欧元。矿藏有石油、天然气、煤、铝土矿、金、银、铁、锰、锑、盐、铀、铅等，森林面积为653万公顷，约占全国面积的27.3%，水力资源蕴藏量为625万千瓦。内河和沿海产多种鱼类。主要工业部门有冶金、汽车制造、石油化工和仪器加工等。农业在罗经济中占有重要地位。2018年粮食产量3155万吨。全国农业种植面积1470万公顷，其中耕地面积1000万公顷。主要种植小麦、玉米、向日葵、土豆、苹果、葡萄等。旅游资源较为丰富，主要旅游点包括布加勒斯特、黑海海滨、多瑙河三角洲、摩尔多瓦地区、喀尔巴阡山山区等。2018年接待外国旅游者280万人次。

现行教育体制分学龄前、小学、初中、高中、职业教育、高等教育和大学后教育。全国普及11年制义务教育。2018—2019学年，全国共有小学4027所，在校学生165万人，教师11.5万人。中学1497所，在校学生63万人，教师5.4万人。大学95所，在校学生53.4万人，教师2.6万人。全国著名高等学府有：布加勒斯特大学、布加勒斯特理工大学、布加勒斯特经济学院、克卢日巴贝什·博尧伊大学、雅西亚历山德鲁·扬·库扎大学等。2019年教育预算为63亿欧元，约占国内生产总值的2.9%。

注：以上资料数据参考依据为中国外交部官方网站罗马尼亚国家概况(2020年4月更新)。

罗马尼亚国家教育法

第一篇 总 则

第 1 条

本法为罗马尼亚公民行使终身教育的基本权利提供了法律框架,规定了公立、民办和宗教教育体系的结构、职能和运作模式。

第 2 条

(1)本法旨在通过对认知力、创造力与实践力、基本知识与技能、实践知识与能力的培养,促进职业和社会教育的进步与发展。

(2)本法根据罗马尼亚欧盟成员国的新要求,旨在使教育成为罗马尼亚社会的精神基础,并在全球化和可持续发展的背景下形成一个能够在当前和未来社会有效运作,在人才储备方面具有高度竞争力的国家。

(3)罗马尼亚学校的教育理念是塑造自由、和谐的人格以及不断实现自我完善和发展,树立集体主义思想,促进公民积极参与社会活动,培养就业意识。

(4)国家为罗马尼亚公民提供平等接受各级各类大学高等教育的权利,为公民接受终身教育创造条件。

(5)欧盟其他成员国、欧洲经济共同体成员国和瑞士联邦的公民享有同等权利。

(6)根据本条第(4)款规定,在罗马尼亚居住的外国未成年人和无国籍的儿童与要求或已经受到某种形式保护的本国未成年人享有同等权利。

(7)在罗马尼亚,教育是国家发展的根本。

第 3 条

罗马尼亚高等教育(包括大学预科教育)的管理原则:

(1)公平原则。公民依法享有平等的受教育机会。

(2)质量原则。贯彻国家的教育方针,执行国家教育标准,保证教育质量。

(3)关联性原则。满足个人发展需求和社会经济需求。

(4)效率原则。优化高等教育结构和资源配置,提高教育质量和效益。

(5)分权原则。即分权管理、分工负责的原则。

(6)责任原则。教育机构对其行为负社会责任。

(7)保证所有罗马尼亚公民接受文化认同和跨文化交流教育的原则。

(8)促进和维护民族特性和提升罗马尼亚人民的文化价值观原则。

(9)重视和保障少数民族权利的原则。传承、发展和传播少数民族及其文化、语言、宗教的权利。

(10)受教育机会平等的原则。

(11)大学自治原则。

(12)学术自由原则。

(13)透明原则。通过定期和充分的通告,确保决策及结果的透明性。

(14)思想自由原则,独立于意识形态、宗教教条和政治学说。

(15)社会整合原则。

(16)以受教育者为本的原则。

(17)父母(或其他监护人)参与并承担责任的原则。

(18)通过锻炼和体育活动提升身体素质的原则。

(19)根据每个公认的宗教组织的具体要求,组织宗教教育的原则。

(20)开展活动并通过协商做出决定的原则。

(21)尊重学生意见权的原则。学生是教育的直接受益者。

第4条

教育和职业培训的主要目的是以一套多功能的、可转移的知识体系和形式,培养儿童、青少年和成年人具有以下必备的知识、技能和能力:

①个人的成就和发展是根据个人贯穿一生的兴趣、志向及终身学习的愿望,通过完成人生目标来实现的。

②社会融合和公民积极参与社会。

③拥有一份工作,或者参与一种可持续发展的经济项目的运行工作。

④形成以人为本,以科学为本,以民族文化和世界文化为基础的人生观,促进不同文化间的对话。

⑤基于尊严、宽容并遵重人类基本权利和自由受教育权利的原则。

⑥培养对人类问题、道德和公民价值观的敏感性,尊重本性以及自然环境、社会环境和文化环境。

第5条

(1)在国家教育体系的教育、职业培训领域,本法的规定优先于其他规范性的法令。如果两者存在任何冲突,以本法的规定为准。

(2)本法所做的任何修订或完善,自学校开学的第1天或法律批准后的第1学年起开始生效。

(3)除本条第(2)款规定外,本法关于全国初中、高中教育期末评估的规定,自修正案修订或施行之日起适用于初中1年级或高中1年级的学生。

第6条

(1)在罗马尼亚,只有依照适用法律,由罗马尼亚国家认可的文凭才是有效的。

(2)教育部门、机构出具的毕业证明文件,由教育、研究、青年和体育部制定。

(3)毕业证明文件的内容和格式,基于教育、研究、青年和体育部的建议,由政府制定。

第7条

(1)禁止在教育部门和机构以及专门从事职业培训和教育的各部门,进行一切违反道德标准的活动,任何可能危及儿童和青年身心健康以及教学人员、辅助人员和非教学人员健康的活动。同时禁止政治活动和宗教活动。

(2)禁止公共教育机构私有化。

第8条

每年至少从国家预算和地方政府预算中拨出6%的年度国内生产总值,用以资助国民教育。教育机构也可以获得和使用机构的自营收入。每年至少从国家预算中拨出1%的年度国内生产总值用于科学研究。

第9条

(1)对大学预科教育拨款原则如下:

①公开资金的创收和分配原则。

②均匀分配用于优质教育的资金。

③根据所追求的目标调整资源数量。

④可预见性原则,通过使用连贯和稳定的财务机制。

⑤有效利用资源。国家为所有的学龄前儿童和学生提供基本资金,包括义务教育、民办教育和宗教教育。国家为未经认证的职业高中、公办教育、民办教育和宗教教育以及国家高中后教育提供基本资金。根据教育、研究、青年和体育部制定的方法,这些教育类型将在每名学生或学龄前儿童标准成本的基础上和限度内为其提供资金。

(2)依照法律,公共教育是免费的。对于某些教育活动、层次和课程,可以根据本法规定收取费用。

(3)教育、研究、青年和体育部,通过其专门机构,制定每名小学生或学龄前儿童的年度标准成本,并以此为依据提供基本资金。所有参加公办大学预科教育的小学生和学龄前儿童,以及在经认证或被定期评估的民办教育机构接受普通义务教育、职业教育、高中教育、民办教育和宗教教育的学生和学龄前儿童,根据适用法律,均从上述资金中获益。

(4)大学预科教育经费主要按照财政资源遵循学生的分配原则,依照本条第(2)(3)款规定,将学生或学龄前儿童的预算津贴转移到学生或学龄前儿童所就读的教育机构。

(5)依照法律,教育经费可以由商业实体、其他自然人或法人直接提供。

(6)可以通过奖学金、助学贷款、税收、捐赠、赞助、自身资源和其他合法资源支持教育发展。

第 10 条

(1)在罗马尼亚,教育是公共财产。依照法律,罗马尼亚教育以罗马尼亚语、少数民族语言和国际语言实施教学。

(2)在每个省或市,应设立以罗马尼亚语和少数民族语言教学的教育机构和学校,或在邻近的省以母语进行教学。

(3)把罗马尼亚语作为官方语言进行学习是所有罗马尼亚公民的义务,与民族无关。学校的教育计划必须包括学习罗马尼亚语所需的学时。罗马尼亚语所需的物质条件和人力资源,由政府提供。

(4)在国家教育体系内,由教育、研究、青年和体育部部长规定的学习和大学官方文件,应以罗马尼亚语编写。学习和大学的其他文件可以用教学语言编写。

(5)根据法律法规规定,教育机构可以按照学校要求执行文件,有偿翻译并公布其他学习和大学文件的官方译本。

第 11 条

(1)依照罗马尼亚相关法律,政府支持罗马尼亚人在其居住的国家接受教育。

(2)教育、研究、青年和体育部与外交部合作,通过罗马尼亚语言学院在国外设立以罗马尼亚语教学的教育机构,其附属于罗马尼亚外交部和国外文化机构。教育、研究、青年和体育部支持教师去国外大学任教,并为罗马尼亚移民的孩子提供罗马尼亚语言、文学和文明的课程。

第 12 条

(1)国家资助有社会问题和社会需求的婴幼儿、学龄前儿童、学生以及有特殊教育需求的学生。

(2)国家依法向家庭困难的在校生以及被收养的学生发放社会奖学金。

(3)国家对学业成绩优异、教育或职业培训水平高、体育和文化成绩好的中小学生和大学生给予奖金、助学金、参加夏令营等奖励。

(4)获得助学金的中小学生和大学生也可以获得学业奖学金。

(5)国家和其他利益相关者资助在国家和国际活动中表现卓越的学生。

(6)国家保障残疾人和有特殊教育需要的公民享有平等的受教育权。特殊教育和特殊综合教育是国家大学预科教育体系的一部分。

(7)特殊教育和特殊综合教育是学校教育的一种形式,也是专门针对残疾或有特殊教育要求人群的教育、社会和医疗支持的形式。

(8)不能在其居住地的教育机构就读的学生,应当由邻近的教育机构退还其交通费,或者在寄宿学校免费寄宿。接受高中后教育的学生除外。

第 13 条

(1)依法保障终身教育权。

(2)终身教育是指每个人从早期教育开始,在其一生中进行的所有学习行为,目的是获取知识、技能和能力,并培养重要的个人观念、公民观念、社会观念和职业观念。

第 14 条

(1)教育、研究、青年和体育部通过咨询主要社会伙伴(职工代表协会、全国校长委员会、公办大学、民办大学、宗教大学、少数民族委员会、工会、公共行政主管部门、工商企业、学校协会、家长代表协会、教育工会代表、学生代表协会和自主教育计划的非政府协会或社会服务提供者联合会)制定、实施和完善国家教育战略。

(2)国家鼓励发展公私伙伴关系,其具体措施包括在政府决策和教育、研究、青年和体育部部长命令中。

第 15 条

国家正式认可的宗教组织可以要求教育、研究、青年和体育部在现有公立大学的国家教育中,将特定神学教育组织作为具有双重从属的机构。致力于培养宗教教职人员,开展宗教组织的社会和传教活动。根据官方统计,这种活动仅限于高中毕业生,且其人数与每个宗教组织成员的数量成比例。

第二篇　大学预科教育

第一章　总　　则

第 16 条

(1)义务教育为期 10 年,包括初等教育和中等教育。2020 年,高中教育纳入义务教育。

(2)满 18 岁时终止接受为期 10 年的日间教育。

(3)为了通过国家教育体系实现教育和职业培训的目标,免费普及国家高中教育。

第 17 条

在大学预科教育期间,除高中教育之外,儿童依法领取政府发放的儿童津贴。

第 18 条

(1)小学、初中、高中和职业教育的教学计划框架,将宗教课程纳入学校公共课。根据学生各自的宗教信仰,信仰国家认可的宗教,无论其人数多少,宪法赋予其参加宗教课程的权利。

(2)根据适龄学生、父母或法定监护人的书面要求,学生可以不参加宗教课程。在这种情况下,学业成绩的计算不包含宗教科目。该规定同样适用于因客观原因未被准予参加宗教课程的学生。

(3)依照现行法律,宗教课程只能由根据教育、研究、青年和体育部与国家正式认可的宗教组织之间的协议获得授权的教师教授。

第 19 条

(1)在国家教育体系中,国家教育机构如按下列情形之一组织和开展活动,则具有合法地位:

①至少有 300 名中小学生。

②至少有 300 名中小学生、学龄前儿童和婴幼儿。

③至少有 150 名学龄前儿童和婴幼儿。

④特殊教育机构应至少有 100 名中小学生和(或)学龄前儿童。

(2)在本行政区域内,中小学、学前班、婴幼儿学校的学生总数不符合本条第(1)款规定的,应组建一个具有合法地位的教育机构。

(3)除本条第(1)款规定之外,根据当地要求,具有合法地位并以罗马尼亚语教学的团体、班级或大学预科教育机构是应父母或法定监护人的要求依法组织的。

第 20 条

为了提供平等接受职业教育和职业培训的机会,经学校督导机构的合法认可,地方公共行政主管部门依法批准相关教育机构的组织和运作,并视情况依法解散没有合法地位的教育机构。这些机构是具有法律地位的教育机构的一部分,隶属于其所属教育机构的预算主管。

第 21 条

对自本法生效之日起设立的公立大学预科宗教教育机构而言,各教派与教育、研究、青年和体育部必须在本法生效之日起 6 个月内,制定由政府决议批准的运作方法,建立法律、财务和行政等关系。

第二章　国家大学预科教育体系的结构

第一节　总　则

第 22 条

(1)国家大学预科教育体系由公办、民办和宗教授权或认证的教育机构组成。

(2)大学预科教育是按教育水平、形式、资格(视情况而定)和方案组织的,并为获得关键技能和渐进式培训提供必要条件。

第 23 条

(1)国家大学预科教育体系包括下列层次:

①早期教育(0～6 岁),含婴幼儿教育(0～3 岁)和学龄前教育(3～6 岁)。学龄前教育包括小班、中班、大班。

②初等教育包括预备年级和 1～4 年级。

③中等教育包括:

——低年级的中等教育,包括 5～9 年级。

——高年级的中等教育,包括 10~12/13 年级的高中教育,开设理论课程、职业课程和技术课程。

④为期 6 个月至 2 年的培训。

⑤高等非大学教育,包括高等教育。

(2)根据国家资格登记册,高中教育、职业技术教育、职业高中教育是按教育、研究、青年和体育部制定的专业和资格要求组织实施的。

第 24 条

(1)普通义务教育由初等教育和中等教育组成。

(2)职业教育包括 12 年级、13 年级的高中教育和技术课程。

(3)培训和技术教育是由培训、技术和高中以上教育组成的。

第 25 条

(1)大学预科教育的组织形式是日间教育和夜校。

(2)义务教育是日间教育。作为一个例外,年龄超过相应年级的适龄学生 3 岁以上的人,根据教育、研究、青年和体育部有关规定,可以参加夜校。

(3)对于具有特殊教育要求或由于医疗原因无法移动的儿童,可以在医疗保健中心内部或附近接受教育。

第 26 条

教育、研究、青年和体育部可以通过政府决议,在大学预科教育中建立试点、实验和应用单位。

第二节 婴幼儿教育

第 27 条

(1)婴幼儿教育是在托儿所实施的教育,也可以是在幼儿园和日托中心实施的教育。

(2)婴幼儿教育机构的组织、教育内容、质量标准和组织方法,在现行法律生效之日起 12 个月内,由教育、研究、青年和体育部提议,由政府决定。

(3)地方政府应与学校督导机构合作,根据质量标准和适用法律,为婴幼儿教育提供所需的师资。

(4)早期婴幼儿教育的类型和方法应在本法公布之日起 12 个月内,由罗马尼亚政府决定。只有经认可的公办或民办早期婴幼儿教育服务提供者,才可从公共资源中获得拨款。

(5)婴幼儿教育服务提供者应当按照教育、研究、青年和体育部及卫生部制定的方案进行认证。

(6)早教是终身教育的组成部分,国家给予特殊的优惠支持。依照《卫生保健法》的相关规定,通过劳动、家庭和社会保障部预算,从国家财政预算中拨款用于早教教育。

(7)在劳动、家庭和社会保障部的建议下,本条第(6)款规定的教育优惠根据政府决议制定的方法规范实施。

第三节 学龄前教育

第28条

（1）幼儿园按照正常的、延长的和每周的日程表组织学前教育。幼儿园可以作为法人经营，也可以在其他法人学校内经营。

（2）地方政府机关和学校督导机构应当为学前教育的逐步推广提供必要条件。

第四节 初等教育

第29条

（1）初等教育通常以晨间课程的形式组织和运作。

（2）在每学年开始前，年满6岁的儿童入读预科班。如果身体素质得到充分发展，根据父母、法定监护人或法律担保人的书面要求，在日历年结束时年满6岁的孩子也可以参加预科班。

（3）在每学年开始前，年满8岁的有特殊教育需求的学生，可以参加特殊教育预科班。根据父母、法定监护人或法律担保人的书面要求，在每学年之初，6~8岁的孩子也可以参加预科班。

（4）教育、研究、青年和体育部可以批准组织进行"第二次机会"教育计划，目的是为超出相应年级年龄4岁的儿童及出于各种原因未能在14岁之前从小学毕业的儿童提供初等教育。

第五节 中等教育

第30条

（1）中等教育通常以日间教育的形式组织和运作。

（2）教育、研究、青年和体育部与地方政府合作，通过学校督导机构，组织"第二次机会"教育计划，目的是为超出相应年级年龄4岁的儿童及出于各种原因未能从初中毕业的儿童，提供初中教育。

（3）未接受高中教育的初中毕业生可以在18岁时从至少1个教育计划中毕业，从而根据国家资格体系获得资格证书。

第六节 高中教育

第31条

（1）高中教育包括下列课程：
①有关科学和人文素质的理论课程。
②技术、服务、自然、环境保护的技术类课程。
③有关军事、神学、体育、艺术和师范教育的职业类课程。

(2)教育、研究、青年和体育部有能力根据社会、经济和教育动态,在本条第(1)款所述范围内,通过教育计划框架,设置不同专业。

(3)根据教育、研究、青年和体育部批准的教育计划框架,高中教育(日间教育)年限如下:理论教育为期3年;职业类课程教育为期3~4年;技术类课程教育为期4年。对于晚间或低频率教学的教育年限,可以延期1年。

(4)高中教育通常以日间教育的形式组织和实施。也可以与当地有关部门合作,在学校督导机构指定的教育机构中组织和开展夜间或低频率高中教育。

(5)高中教育机构可以以一种或多种计划、一种或多种资格及组织。在技术资格和职业计划中,可以依法组织一个或多个职业资格或专业的教育机构。

(6)依法取得正规或非正规职业技能的高中毕业生,可以参加资格考试。根据欧洲通行规定,通过资格考试的毕业生可以获得毕业证书及其补充文件。

(7)开设高中职业技术课程的教育机构,由学校督导机构根据区域、省和地方战略文件中规定的社会经济发展趋势,在咨询当地主管部门后制定。

第七节　职业技术教育

第32条

(1)根据战略性区域、省和地方培训确定的劳动市场需求提出管理文件,高中职业技术教育可以在技术或职业高中内组织,从定期更新的国家资格登记册中获得资格。

(2)应民办雇主或国家就业机构的要求,可以根据学校教育合同组织高中职业技术教育。

(3)在技术或职业计划中,实践培训期满的毕业生可以根据国家资格体系规定的认证等级参加职业资格认证考试。

(4)在技术计划期间,实践培训可以是由教育机构或与教育机构达成实践培训合同的商业实体或公共机构组织,或者由欧盟计划内的外国主办机构组织。根据教育、研究、青年和体育部批准的教育计划框架,确定实践培训的持续时间。

(5)根据与教育机构签订的合同,为学生提供奖学金、实习期,为实习机构提供实践培训设备以及为毕业生提供就业机会的商业实体,可依法享受财政优惠。

第八节　职业教育

第33条

(1)职业教育可以以独立机构身份运营或在隶属于国家、民办技术高中的职业学校中组织。

(2)职业教育是根据教育、研究、青年和体育部批准的职业培训标准,经咨询社会合作伙伴后实施的。职业培训标准是根据行业委员会的职业标准制定的。

(3)通过资格考试的职业教育毕业生获得资格证书及其补充文件。

(4)专业资格认证考试的组织和执行情况由教育、研究、青年和体育部通过具体方法进行管理,并在学年初公布。

(5)通过资格考试的职业教育毕业生可以参加低出勤的高中教育。

(6)中途辍学的中等教育毕业生,到18岁时可以从至少一个培训计划中毕业,并依照国家资格体系获得职业资格。

(7)本条第(6)款中的培训课程,是由国家教育机构组织并免费提供的,学员在18岁时毕业。

(8)培训课程的期限和内容由教育机构根据劳工标准,并与用人单位协商确定。

(9)培训课程以资格考试的形式结业。资格考试是根据国家资格认证机构的规定组织和实施的。

(10)国家通过以下措施支持职业教育和高中技术教育计划:

①根据规定,高等非大学教育内部认可在高中技术计划或职业计划中获得的技能。

②对国家高中后教育机构入学的部分资助。

③专项奖学金和其他形式的物质支持。

第九节　大学预科军事教育

第34条

(1)国防、公共秩序和国家安全大学预科教育是国家教育的组成部分,包括培养军官、警察和监狱长的军事高中教育和高中后教育。

(2)根据教育、研究、青年和体育部各单位、专业和组织形式,大学预科国防、公共秩序和国家安全军事教育的组织结构、计划、专业资格、年度入学人数和甄选标准是依照本法有关民办教育机构的规定予以批准并由各有关部委和负责国防、公共秩序和国家安全教育的其他机构提出的。

(3)军事高中教育体系计划是由教育、研究、青年和体育部协同国防部制定的。根据负责教育质量的机构所制定的国家标准,国防、公共秩序和国家安全方面的高中后教育体系计划由国防部、行政和内务部、司法部和其他负责国防、公共秩序和国家安全的机构制定,并经教育、研究、青年和体育部批准。

(4)军事学科的课程,由国防部、行政和内务部、司法部和其他有关国防、公共秩序和国家安全的机构制定,并经教育、研究、青年和体育部批准。

第35条

国防部、行政和内务部、司法部和其他负责国防、公共秩序和国家安全的机构,协同教育、研究、青年和体育部通过省或布加勒斯特学校督导机构,共同协调和管理大学预科军事教育机构。

第36条

国防、公共秩序和国家安全领域的大学预科教育机构的运行管理,由公共秩序和国家安全机构的负责人任命的校长执行,同时,他们也是学校理事会的主席。就管理活动而言,校长或政委由主管教育的副校长或副政委协助。副校长或副政委是教学委员会的主席。

第 37 条

(1)国防、公共秩序和国家安全领域的大学预科教育机构的教职人员,由本法规定的来自军事、公共秩序、国家安全领域的教员构成。

(2)国防、公共秩序和国家安全领域的大学预科教育机构的教职人员,作为特殊的文职人员,享有本法规定的与现役军人同等的权利和义务。

(3)在国防、公共秩序和国家安全领域的大学预科教育机构中,军事教员的职位、任职要求、教学规范、权利和责任要求由教育机构自主制定。

第 38 条

国防、公共秩序和国家安全领域的大学预科教育的资金来自国防部、行政和内务部、司法部以及负责国防、公共秩序和国家安全领域的其他机构。

第 39 条

持有大学预科军事教育毕业证书和学历证书的人在加入预备役后,享有与民办教育机构毕业生同等的职位填补权。

第 40 条

国防、公共秩序和国家安全领域的大学预科教育机构,以及专业或职业资格都应符合质量要求,这项规定同样适用于民办教育机构。

第 41 条

现行法律通过命令、规章和指令的方式,适用于国防、公共秩序和国家安全领域。

第十节　艺术和体育教育

第 42 条

(1)艺术和体育教育是针对在艺术和体育领域有天赋的学生组织的。

(2)组织国家体育教育的单位,是由地方公共行政主管部门,依照法律规定,经学校督导机构批准设立的。

(3)艺术和体育教育:

①通常从中学开始。

②学生只能根据专项才能的考试成绩入学。

③教育计划体系与这种教育的特殊性相适应。

④根据教育、研究、青年和体育部制定的标准,按照班级组或者个人进行专业科目的学习。

⑤高中的艺术和体育教学大纲符合教育目标的要求。

(4)在当地政府的建议下,教育、研究、青年和体育部组织学校督导机构、文化和国家遗产部、公共文化机构、学校俱乐部以及设有综合性和其他体育或艺术教学课程的公立大学预科教育机构开展专业体育和艺术活动。

（5）在设有艺术或体育课程的中小学，以及在其他小学、体育馆和中学开设的艺术或体育教学班组织实施综合艺术和体育教育。

（6）根据教育、研究、青年和体育部部长批准的条例，组织艺术和体育教育。

（7）增设体育教学课程的教育机构，称为学校俱乐部，是指独立或隶属于其他同级教育机构的高中。

（8）为了顺利开展活动，学校体育俱乐部可以建立自己的运动场地，并可以经其他教育机构管理部门同意使用其运动场地。

（9）学生可以免费进入少年宫和俱乐部的体育活动室。

（10）为了保证艺术活动的正常开展，初中、高中教育单位配备了彩排室、演出室，或经同级教育机构管理部门批准，使用其教室。

（11）学校体育俱乐部可以由地方政府的主管部门资助。

（12）按照教育、研究、青年和体育部批准的条例，运动队全体学生，都被记录在国家体育运动员名册上。

第 43 条

（1）为了支持高水准的专业体育和艺术活动，教育、研究、青年和体育部组织了体育训练或艺术创作营、体育或艺术竞赛、学校锦标赛，并给予奖学金等形式的物质奖励。

（2）中小学和大学体育联合会，在教育、研究、青年和体育部的管理下，开展体育活动。

（3）文化和国家遗产部及其他有关部委、罗马尼亚奥林匹克和体育委员会、国家体育联合会、地方政府和文化机构，可以为高水准的艺术和体育活动提供财力和物力支持。

（4）教育、研究、青年和体育部与教育机构、组织和其他法人实体或个人合作，为顺利开展综合或增设的艺术和体育活动，以及区域和国家的艺术和体育活动，提供必要的财力和物力支持。

第十一节　高中后教育

第 44 条

（1）高中后教育学校由教育、研究、青年和体育部在国家资格登记机构注册，经政府决定批准设立。

（2）高中后教育是职业技术教育的一部分，由国家给予部分补助。

（3）高中后教育是职业技术教育的组成部分，由市政府全额资助。

（4）福尔曼学校是高中后教育机构。

（5）根据学历的复杂程度和教育与职业培训所需的专业学分数，高中后教育的学制为1～3年。

(6)根据本法规定组织的国家高中后教育,由各地方行政事业单位的地方预算收入、政府预算收入和地方财政预算收入提供资金。申请人、法人和个人通过与提供高中后教育的学校签订合同,为高中后教育提供资金。在公私合作伙伴关系中,国家在经济或其他方面支持和鼓励高中后教育。

(7)接受国家高中后教育的学生人数由政府批准。作为一个例外,由申请人、法人或个人全额资助的国家高中后教育的学生人数,由学校督导机构批准,由教育、研究、青年和体育部公布。

(8)高中后教育的招生是基于教育、研究、青年和体育部制定的一般标准,通过咨询利益相关者意见,根据教育机构制定的办法进行。

(9)持有或未持有高中文凭的毕业生,可以按照本条第(7)款规定申请接受高中后教育。

(10)高中后教育期间获得的教育和职业培训学分,根据大学评议会的决定,可以作为毕业论文的学分。

第十二节 少数民族教育

第45条

(1)依照本法规定,少数民族学生有权以其母语接受各级和各种形式的教育。

(2)根据当地需求以及父母或法定监护人的要求,依照法律规定,设立以少数民族语言教学的小组、学习班、部门或者学校。

(3)任何罗马尼亚公民或欧盟或瑞士联邦的公民,不论其母语和以前学过的语言是什么,都可以以罗马尼亚语、少数民族语言或其他国际语言,接受各种形式的教育。

(4)在各市以民族语言授课的单位和部门内,可以依法举办各种资格的高中班和职业培训班。

(5)在一个行政区域(市、乡、社区)内,若干所以国家少数民族语言教学的教育机构中至少有一所学校采用母语教学,与学生数量无关。

(6)在一个行政区域(市、乡、社区)内,如果只有一所以少数民族语言教学的初中或高中,则将其视为法人,与学生数量无关。

(7)无法在其所在省以当地语言进行学习的少数民族学生,应被支付其到最近的以少数民族语言教学的学校进行学习的交通费用,或者其所在的以少数民族语言教学的教育机构内为其提供免费寄宿和住宿。

(8)依照法律规定,根据专业能力标准,少数民族有权在教育部门、学校督导机构或其他机构管理中获得与班级人数成比例的代表权。

(9)根据专业能力标准,以罗马尼亚语或少数民族语言教学的学校校长,其中一位应是少数民族。

(10)位于以少数民族语言教学的省,与大学预科教育相关的机构,根据专业能力标准,可以聘任少数民族教师。

(11)以少数民族语言授课的教学人员,必须证明其少数民族语言能力,并有权在国内外接受所教语言的技能培训。教授罗马尼亚语言文学的教职人员无须证明其罗马尼亚语言能力。

(12)教育、研究、青年和体育部为以母语教学的科目提供教材。

(13)对于少数民族学生,教育、研究、青年和体育部提供的教科书如下:以少数民族语言编写的图书;翻译成罗马尼亚语的书籍或进口教科书;经教育、研究、青年和体育部批准,因其发行量有限未出版的教科书。

(14)以少数民族语言实施的教育、内部沟通和与中小学生家长的沟通,可以采用教学语言进行。

(15)在以少数民族语言教学的初等教育中,资格条件应以书面和口头的教学语言列出。

(16)教育、研究、青年和体育部下设教育科学研究所,教育科学研究所内设国家少数民族语言教育研究创新资源科。

(17)对以少数民族语言教学的大学预科教育机构的基本拨款,根据校正因子,使用较大系数计算每名学生和学龄前儿童的标准成本,并将少数民族语言学费或少数民族语言的教学成本考虑在内。这种情况下,应将语言和地域上的分离和学生、学龄前儿童以及本条第(7)款所述的学生数量少的情况考虑在内。同样的语言系数也适用于具有类似情况的以罗马尼亚语教学的学校。

第46条

(1)在以少数民族语言教学的大学预科教育中,所有科目都是以母语进行教学的,罗马尼亚语言文学除外。

(2)罗马尼亚语言文学课程是根据专门为少数民族精心编写的教学大纲和教科书讲授的,贯穿于大学预科教育整个学年。

(3)作为一种例外,在以少数民族语言教学的教育机构中,应父母或其他法定监护人的请求,或在罗马尼亚议会中少数民族代表的请求,如果在罗马尼亚议会中没有少数民族代表的情况下,则应少数民族议会的请求,罗马尼亚语言文学课程以教育机构使用的罗马尼亚语教科书为基础,以罗马尼亚语教学。

(4)罗马尼亚语言文学考试是根据专门的教学大纲制定的。

(5)根据国家课程设置的教学和方法要求,对大学预科教育的各考试科目和少数民族语言学校学生的期末论文进行评估测试。

(6)在大学预科教育中,有关少数民族的语言文学、历史传统以及音乐教育的教学活动,是根据少数民族语言和文化相关专家小组制定并依法获得批准的具体教学大纲和方法进行的。

(7)根据在以罗马尼亚语或其他非母语语言教学的学校学习的少数民族学生,应依照本法规定将其母语、母语文学和历史传统列为学校教学科目。少数民族历史传统的教学大纲和教科书,应经教育、研究、青年和体育部批准。

(8)在以少数民族语言教学的小学、初中和高中,罗马尼亚的历史和地理按照与以罗马尼亚语教学的年级开设相同的课程和使用相同的教材,并且要求学习地名和罗马尼亚专有名称。

(9)在以少数民族语言教学的中等教育中,以母语教授的少数民族历史和传统被作为教学科目实施。这些科目的课程和教科书经由教育、研究、青年和体育部批准。

(10)历史课程和教科书应反映罗马尼亚少数民族的历史和传统。

(11)在高中和高中后的教育机构中,对于专业模块中包含的科目,应使用罗马尼亚语教授。

(12)依照法律规定,在大学预科教育机构中,入学考试和毕业考试可以以应试者学习的语言进行。

第47条

(1)在行政区域(市、乡、社区)内,由若干所教育机构以罗马尼亚语教学,其中至少有一个具有法人资格,与学生数量无关。

(2)以罗马尼亚语为母语的初中、高中教育机构,在市、乡、社区内是独特的法律实体,与学生数量无关。

第十三节 特殊教育和特殊综合教育

第48条

(1)特殊教育和特殊综合教育,是为有特殊教育需要或其他形式需要的人组织的,由教育、研究、青年和体育部设立,并根据不同的类型和程度,确保各个层次的差别教育。

(2)特殊教育和特殊综合教育是免费的,通常组织为日间教育。根据当地的基本需求,也可以按照使用的法律以其他形式组织。

(3)政府制定了为有特殊教育需要的儿童提供教育救助服务的具体条例。

第49条

(1)特殊教育视情况在特殊教育机构和大众教育机构中组织。

(2)特殊综合教育可以按特殊年级组织,也可以单独或集中并入大众教育年级。特殊教育和特殊综合教育学校形式的数量由教育、研究、青年和体育部根据残疾程度的类型确定。

(3)特殊教育和特殊综合教育的教学内容、教学方法以及任课教师培训,根据教育、研究、青年和体育部制定的方法确定。

(4)根据教育、研究、青年和体育部部长批准的残疾程度和类型,具有特殊教育需要的儿童的受教育时间比本法规定的时间长。

第 50 条

(1)对残疾的或有特殊教育需求的儿童、中小学生和青年的评估和心理援助以及教学和职业指导分别由省教育资源援助中心和布加勒斯特资源和教育援助中心,根据教育、研究、青年和体育部制定的方法,通过教育和职业评估与指导服务实施。大众综合教育优先进行。省教育资源援助中心还包括校际言语治疗中心。

(2)有特殊教育需要的学生的残疾程度由省教育资源援助中心或布加勒斯特资源和教育援助中心委员会与儿童保护委员会共同确定。儿童保护委员会隶属于省或布加勒斯特社会援助和儿童保护局。

(3)根据种族、国籍、语言、族群、弱势群体等标准对儿童进行受虐待程度诊断,并将其纳入特殊教育班。

(4)通过咨询当地利益相关者,在特殊教育机构和大众教育机构,对残疾儿童和青少年进行专业培训。

(5)身有残疾的学生和青年可根据其缺陷类型和程度获得专业培训资格。

第 51 条

(1)纳入大众教育中的残疾或有特殊教育需求的儿童、中小学生和青年,可根据具体情况接受由援助人员和流动教学人员提供的教育救助。教育救助服务由省教育资源援助中心或布加勒斯特资源和教育援助中心组织,并根据教育、研究、青年和体育部制定的具体方法进行管理。

(2)对在特殊或大众教育机构接受教育,包括在其他省接受教育的残疾中小学生可享受本国福利,包括每日食物津贴、学校用品、与教养院儿童享有同等价值的服装,以及省或布加勒斯特社区福利院、儿童保护局为残疾儿童提供的寄宿学校或残疾儿童之家的免费住宿。

第 52 条

(1)对于患有慢性病或需要接受至少 4 周住院治疗的儿童、中小学生、青年,视情况而定,可以在他们住院的医疗机构内组建学习小组或学习班。

(2)对于因医疗原因或因残疾而不能出行的儿童、中小学生和青年,可以接受一定期限的家庭教育。

(3)家庭教育或在医院内设立班级或组,在省教育资源援助中心或布加勒斯特资源和教育援助中心的建议下,根据教育、研究、青年和体育部的框架方法,由学校督导机构执行。

(4)特殊教育机构可以由社会保障机构、其他民办授权机构、国内外个人和法人实体资助,用于特殊教育的激励、补偿和康复治疗。

第 53 条

特殊教育课程、教学大纲、心理教育辅助方案、可供选择的教科书和教学方法,是根据残疾类型和程度制定的,并经教育、研究、青年和体育部批准。

第 54 条

(1)根据学生的学习掌握程度,可将其从特殊学校转到大众教育学校,反之亦然。

(2)转学建议是由任课教师与学生父母或法定监护人以及学校的心理学家共同提出的。省教育资源援助中心或布加勒斯特资源和教育援助中心的专家委员会在其父母或法定监护人同意的情况下做出转学决定。

第 55 条

(1)教养院的未成年人和成年人的教育是根据国家课程实施的。教学所需的人力资源由教育、研究、青年和体育部通过学校督导机构提供。

(2)教育、研究、青年和体育部与劳动、家庭和社会保障部合作,举办"保护讲习班",向残疾青年提供职业培训,旨在使他们融入积极的生活中。

第 56 条

从特殊教育毕业后,教育、研究、青年和体育部与劳动、家庭和社会保障部及其他政府或非政府组织合作,根据残疾青年的权利和现行法律条件,使其融入职业生活中。

第十四节 对儿童和青年的精英教育

第 57 条

(1)国家资助在教育机构和卓越中心取得优异成绩的儿童和青年。卓越中心是经教育、研究、青年和体育部批准设立的。

(2)由教育、研究、青年和体育部发起的,政府设立的国家差异化教育中心,符合本条第(1)款的规定。

(3)教育机构、学校督导机构根据教育、研究、青年和体育部制定的方法及规范,提供用于支持儿童和青年的人力、课程、信息、物力和财力资源。

(4)为鼓励儿童和青年取得优异成绩,教育、研究、青年和体育部组织竞赛、专业训练营、专题研讨会等活动,并给予奖学金等形式的物质奖励。

(5)表现优异的孩子,无论年龄大小,均受益于与其学习特点和成绩相对应的教学课程。开设这些课程的目的是使学生更深入地学习各科目,根据学生的能力进行分组,丰富课程内容,提高教学能力和知识转化能力,以及根据学生个人学习进度加快毕业。

第十五节 课后辅导学习计划

第 58 条

(1)根据董事会决定,教育机构通过课后辅导延长学生的学习活动。

(2)教育机构与家长协会和政府合作,通过课后辅导活动和补习活动,提供教育、娱乐和休闲活动,以巩固学生已获得的能力或加快学习进度。在可能的情况下,可与组织课后辅导的非政府组织建立伙伴关系。

(3)按照教育、研究、青年和体育部批准的方法组织课后辅导。

(4)国家依法资助弱势群体的儿童和小学生的课后辅导学习计划。

第十六节 选择性教育

第59条

(1)经教育、研究、青年和体育部批准,根据部长令批准的条例,教育活动可以在大学预科教育体系内发起和组织。

(2)依法对选择性教育进行认证和定期评估。

(3)根据具体选择方案,选择性大学预科教育机构具有组织和管理自主权。

(4)任何罗马尼亚公民,可以选择参加以罗马尼亚语、世界通用语言或少数民族语言教学的各种形式教育。

(5)选择性教育部门中的学习小组或学习班的教学人员,有权获得教育、研究、青年和体育部对其准备工作和专业的认可,对这些准备工作和专业的认可由国家级管理各选择性教育发展的组织、协会和联合会执行。

第十七节 民办和宗教教育

第60条

(1)根据适用法律,按照大学预科教育机构的非营利性原则,组织各层次和各种形式的民办教育。

(2)民办和宗教的大学预科教育机构作为国家教育机构,应满足相同的绩效标准、质量标准和指标要求。

(3)民办教育机构是自由的、开放的机构,在组织的经济和财务上均是独立的,并以宪法保护的私有财产为基础。

(4)大学教育质量保证机构向民办和宗教大学教育机构提供临时经营许可和认证,并根据适用法律对其进行定期评估。

(5)国家支持获得认证的民办和宗教教育机构,其条件由政府决议制定。

(6)国家支持和协调民办和宗教教育,并充分尊重其权利。

(7)民办教育机构的校长由创办人聘任,聘任的校长应符合任职资格的标准。通知所属教育机构的督导机构该聘任消息。

第三章 教育网络

第61条

(1)教育网络包括所有临时授权或获得认证的教育机构。

(2)公办和民办大学预科教育机构网络经学校督导机构批准由所在地政府组织。通过咨询社会合作伙伴,并经教育、研究、青年和体育部批准,特殊高中和高中后教育的教育网络,分别由省议会和布加勒斯特各区的地方议会组织。

(3)根据法律规定,可以在教育网络中建立和经营属于公办或民办教育机构的其他教育组或班。

(4)依照法律规定,法人和个人可以建立早教、小学、初中、高中和高中后教育机构。

(5)教育机构网络在每年年初公布。公办教育入学人数至少在学年开始前6个月由政府决议批准。

(6)依照国家和私营认证机构之间、国家和商业机构之间以及国家和外国机构之间的合作伙伴关系设有班的教育机构,可以基于政府间协议,依法在国家大学预科教育系统内设立并运作。

(7)大学预科教育机构,不论其类型、层次、形式和课程,都要依照适用法律定期进行评估和认证。

(8)为确保教育质量,学校督导机构可以要求教育、研究、青年和体育部依法撤销法人实体教育机构的认证或执照。如果罗马尼亚的大学预科教育质量管理机构,或其内设机构不符合法定条件而被取消教育机构的认证或营业执照,后续应停止其运营。当地政府将学生安排到其他教育机构就读,以维护学生权益并提供必要的后勤保障。

第62条

(1)教育机构和地方行政主管部门可以决定建立学校联盟,以保证教育质量,优化资源管理。

(2)学校联盟是教育机构之间的合作伙伴关系,应确保:

①职工在联盟学校内的自由流动。

②联盟内的学校资源共享。

③为学生提供更多的学习机会,并相互认可和评估学习成果。

(3)学校联盟的建立、管理和运作的总体框架,应根据教育、研究、青年和体育部部长令加以规定。

(4)学校联盟解散的总体框架,应根据教育、研究、青年和体育部部长令加以规定。

第63条

(1)在大学预科教育中,学校结构包括以下组、班级和年级:

①婴幼儿教育:平均每组由7个孩子组成,应不少于5个,且不超过9个。

②学前教育:平均每组由15个学龄前儿童组成,应不少于10个,且不超过20个。

③小学教育:平均每个班有20名学生,应不少于12个,且不超过25个。

④中等教育:平均每个班有25名学生,应不少于12个,且不超过30个。

⑤高中教育:平均每个班有25名学生,应不少于15个,且不超过30个。

⑥高中后教育:平均每个班有25名学生,应不少于15个,且不超过30个。

⑦针对轻度或中度残疾儿童的特殊教育:平均每组有10个学生,应不少于8个,且不超过12个。

⑧针对严重残疾的学生的特殊教育:平均每小组有 5 个学生,应不少于 4 个,且不超过 6 个。

(2)除本条第(1)款规定外,在要求以少数民族的母语教学的教育机构,学习组数量可能会低于现行法律规定的最低限额。教育、研究、青年和体育部,通过与各教育机构的董事会协商决定学习组的设立和运作。

第四章　大学预科教育课程

第 64 条

(1)大学预科教育是根据个人发展的具体需要、劳动力市场需求和每个社区的劳动要求制定国家课程并实施教学的。

(2)国家课程代表一套连贯的教育计划体系和大学预科课程及教学大纲。

第 65 条

(1)教育计划体系包括必修课和选修课或培训模块,以及必修课和选修课或培训模块的最低和最高课程数量。

(2)根据学校规定,公共部分由必修课或培训模块组成,选修课程由选修课、培训模块组成。

(3)课程大纲为每一门课程制定了课程的学习领域或授课方式、课程目标,并描述了其基本理论、实验和实践内容,为其成果提供一般方法指导。

(4)大学预科必修和选修科目的教育计划框架和教学大纲或培训模块是由教育、研究、青年和体育部的主管机构和组织机构制定的,并由教育、研究、青年和体育部部长批准。

(5)经学校决策,课程由国家、地区和地方提供的选修课以及教育机构提供的课程组成。教育机构的董事会根据学校的决定,在咨询学生、家长的意见及现有可用资源的基础上,设置课程。

(6)教学机构在咨询教师委员会、学生咨询委员会、家长代表委员会、当地社区代表委员会以及与教育机构合作开展学生实习培训的商业实体后,制定可供选择的和自由决定的科目或培训单元的教学大纲或培训模块。教学大纲由相关教育机构的董事会批准。

(7)在选择性教育计划中,教育计划框架和教学大纲由教育机构的代表制定,并由教育、研究、青年和体育部批准。

(8)教育、研究、青年和体育部批准的国家课程的学校教育计划框架和教学大纲,应用于民办教育和宗教教育中,或经教育、研究、青年和体育部批准,也可以在民办教育或宗教教育中使用与公办教育相似或可替代的教学课程和教学大纲。

(9)教育、研究、青年和体育部与各宗教组织合作,共同制定了神学宗教教育的教育计划框架和课程,该框架和课程经教育、研究、青年和体育部批准。

(10)军事教育的教育计划框架由教育、研究、青年和体育部与国防部合作制定,并经教育、研究、青年和体育部部长批准。

第66条

(1)在基础教育计划中,学时分配如下:小学教育每周至多20个小时,中学教育每周至多25个小时,高中教育每周至多30个小时。依照法律规定,在教学人员的支持下,这些时间既可用于教学,也可用于课堂活动,目的是让学生掌握教学内容。

(2)除本条第(1)款规定外,母语、历史、少数民族传统和双语教育的学时数可超过最高学时数。

(3)在国家课程中,义务教育阶段必修课数量占教育计划体系中课程总数的80%,高中阶段必修课数量占教育计划体系中课程总数的70%。

(4)义务教育阶段的选修课数量占教育计划体系中课程总数的20%,高中阶段选修课数量占教育计划体系中课程总数的30%。

(5)教学大纲应涵盖每门科目的75%的学时,剩余25%的学时交由教师支配。学校根据学生的特点和科目所包含的学校策略决定是否将该科目25%的学时用于补课。为了巩固学生的知识,或为了激发学生的学习能力,可根据上述规定为有特殊问题的学生制定个人教育计划。

第67条

(1)国家早期教育课程注重儿童的身体、认知、情感和社会发展,以及早期矫正发展的不足。

(2)省教育资源援助中心、布加勒斯特资源和教育援助中心分别建立了早期多学科干预小组,旨在评估和检测所有儿童,发现并为残疾儿童或在个人技能发展方面面临风险的儿童提供早期支持。

第68条

(1)国家中小学教育课程侧重于确定学生培训情况的8类关键技能:

①少数民族学生使用罗马尼亚语和母语的沟通能力。

②外语沟通能力。

③基础数学、科学和技术科学能力。

④利用信息技术获取知识和解决问题的能力。

⑤社会和公民技能。

⑥创业技能。

⑦文化表达和宣传技能。

⑧学习能力。

(2)大学预科教育中的体育运动被列入公共课程。

(3)信息通信技术是1~4年级学生的选修课程,对于中学生和高中生是必修课。

（4）高中教育的重点是发展关键技能，以及根据课程和个人档案发展具体技能。

（5）预科班课程追求语言和交际的感知、社会、情感和认知发展，以及学习能力和态度的发展，为发展上述 8 类关键技能提供支持。

（6）高中后教育重点是关键技能的发展和多样化以及专项技能的形成，这取决于课程、专业或资格。

第 69 条

（1）公办或者民办教育机构只能使用经教育、研究、青年和体育部批准的教科书和其他学校用品。

（2）根据教育、研究、青年和体育部批准的课程，学校制定并评价教材。教育、研究、青年和体育部规定了其他可供选择的学校教科书。

（3）教师根据自由职业计划，从教育、研究、青年和体育部批准的教科书清单中选择并推荐学生使用某本教科书。

（4）获得认证的公办或民办义务教育机构的学生和教师，依法免费获得以罗马尼亚语或少数民族语言编写的教材。

（5）课程辅助工具，以免费专业为基础，目的是改善教学质量。包括方法指南和教材内容，教材内容符合法律规定并由教师选择在课堂上使用。

第 70 条

（1）学校图书馆、文件和信息中心根据教育、研究、青年和体育部制定的条例进行组织和运作。

（2）创建的学校数字图书馆和学校电子学习平台，包括教学大纲、所有科目的课程示例、方法指南、评估测试示例。这些数字资源应受到关于版权和相关权利第 8/1996 号法律以及随后所有的修订法和补充法的保护。作者授予教育、研究、青年和体育部出版权，以便使这些资源可以永久并免费供学生或教师使用。

（3）教育机构使用电子学习平台，旨在为学生或出于健康原因临时不能上学的学生提供课堂教学或课外辅导。

（4）教育、研究、青年和体育部负责学校数字图书馆和学校电子学习平台的创建、开发、管理和维护。

第五章 学校成绩评估

第一节 评估总则

第 71 条

（1）学生评估的目的是指导和优化学习。

（2）学生的评估依据是每个科目的学校课程或培训方法制定的国家评估标准。

（3）学生评估的结果应视情况而定。初等教育用限定符表示，中等教育和高等教育用1～10分的得分或者是百分制得分表示,与国籍考试使用的表示方法相似。

(4)教师评估符合国家的评价标准,并应当经学校督导机构核实。

(5)不符合国家标准和评估方法的评估,依照本法规定进行处罚。

第72条

(1)学生评估的重点是能力,它为学生提供真实的反馈意见,而且学生评估是个人上学计划的基础。因此,应建立具有指导作用的唯一评估项目库,以帮助教师对学生进行评估。

(2)有学习障碍的学生必须接受补习。

第73条

(1)教育投资组合包括文凭、证书或其他文件。这是在正规、非正规和非正式学习环境中获得的能力评估结果,或在不同的环境中参与学习活动的成果,以及这些活动的产出或成果。

(2)教育投资组合是学习评价的核心要素。它从预科阶段开始,证明了教育身份。

第二节 学校评估结构和特点

第74条

(1)在预科班结束时,根据教育、研究、青年和体育部制定的方法,主管教师起草一份报告,评估学生身体、社会、情感和认知发展以及学习能力和态度的发展状况。

(2)在2年级期末,每所学校根据教育、研究、青年和体育部制定的方法,组织并执行评估学生所获得的基本技能:写作、阅读和数学。评估结果用于制订个性化的教学计划。评估结果和个性化的教学计划将传达给学生家长,并列入学生的评估组合。

(3)在4年级期末,教育、研究、青年和体育部,采用国际考试模式,抽样对初等教育周期中获得的基本技能进行国家评估,旨在评估初等教育系统。

(4)在6年级期末,所有学校应根据教育、研究、青年和体育部制定的方法组织和执行,并通过两项跨学科测试——语言和交流考试、数学和科学考试,对学生进行评估。语言和交流考试应包括罗马尼亚语和第一外语,以及对少数民族学生以其所在少数民族的语言或母语。评估结果被用于制订个性化教学计划和指导学生进入某一类型高中。将评估结果传达给学生的父母,并列入学生的教育组合。

(5)在9年级期末,根据教育、研究、青年和体育部制定的方法,将对所有学生进行国家强制性的跨学科评估。评估结果用类似于国际测试的分值表示。评估是通过以下考试来完成的:

①罗马尼亚语书面考试和文学考试。

②母语书面考试。

③对数学和科学的跨学科书面考试。

④一种世界通用语言的书面考试。

⑤在学年期间进行的计算机实操测试。

⑥本年度为评估公民技能和社会技能而进行的跨学科考试。

(6)国家评估结果列入学生的教育投资组合。

第75条

(1)中学毕业生获得的毕业文凭和学校成绩单是教育组合的一部分。

(2)中学毕业生可以根据教育和职业咨询与指导意见,继续接受高中教育。分配到10年级的学生名额大于或等于9年级毕业生人数。

第76条

(1)从中学毕业后,学生接受高中或职业教育。

(2)在以下情况下,学生入读高中或职业教育。

①如果候选人数不超过教育机构提供的名额,则根据学生的教育组合进行录取。

②如果候选人数超过教育机构提供的名额,入学考试成绩是折合求得的,即由70%的学生教育组合(指的是在9年级结束时获得的义务教育毕业成绩的平均值和全国评估考试成绩的平均值)和30%的由教育机构所提供的入学考试成绩构成。

(3)在平均分相等的情况下,根据学生的教育组合进行录取。

(4)组织和实施10年级入学的方法框架由教育、研究、青年和体育部制定,每一届学生录取的方法框架公布时间不得晚于8年级初。教育机构有义务公布考试的科目、课程设置和组织程序,以及使用教育投资组合的方式,公布时间不得晚于8年级初。额外的入学考试科目至多两门。

第77条

(1)高中毕业生获得一份毕业文凭、学校成绩单,并将其列入教育组合,以证明完成高中学业,并依法给予毕业生参加高中后教育的权利,以及参加中学毕业会考的权利。

(2)12、13年级的毕业生可以参加全国中学毕业会考。

(3)参加并通过全国中学毕业会考的高中毕业生还可以获得中学毕业证书,并依法享有接受高等教育的权利。

(4)国家学士学位考试由以下考试组成:

①考试A是对罗马尼亚语口语交流能力的评估。

②考试B是对母语口语交流能力的评估,针对在高中阶段以少数民族语言进行学习的学生。

③考试C是对在高中对国际语言的口语交流能力的评估。评估的结果采用与欧洲通用语言参考框架相对应的能力水平来表示。在大学预科教育期间,通过国际公认的外语技能认证考试的学生,有权要求并根据教育、研究、青年和体育部部长批准的方法,对考试成绩进行确认和验证。

④考试D是评估计算机技能。与该领域所使用的公认的欧洲标准相比,评估结果表现为能力水平。在大学预科教育中,通过国际认可的计算机技能认证考试的学生,有

权要求并根据教育、研究、青年和体育部部长批准的方法,对考试结果进行确认和验证。

⑤书面考试 E 是为了评估学生在高中阶段掌握的技能。

a.罗马尼亚语和文学的书面考试——对所有课程、资格和专业的学生进行的共同考试。

b.母语和文学的书面考试——对以少数民族语言学习所有课程、资格和专业的学生的一个共同考试。

c.两份书面和差异化考试包括以下内容。

Ⅰ.精确科学的理论课程:

(i)数学。

(ii)物理、化学、生物学的跨学科考试。

Ⅱ.人文学科的理论课程:

(i)国际语言。

(ii)地理、历史、社会人文科学的跨学科考试。

Ⅲ.技术课程:

(i)与档案相对应的书面纪律考试。

(ii)与专业领域相对应的跨学科考试。

Ⅳ.职业课程:

(i)实践或书面考试(视情况而定),具有概要或专业化的特点。

(ii)与概要或专业化相对应的跨学科考试。

(5)依照法律规定,考试内容由教育、研究、青年和体育部决定,并在高中 1 年级开学时告知学生。毕业考试的时间安排、方法和方式由教育、研究、青年和体育部决定,并在高中的最后一学年开学时告知学生。

(6)关于课程、资格、专业或教育、研究、青年和体育部制定的资格,高中毕业生不仅可以参加毕业会考,还可以参加或专业资格认证考试。组织资格认证或专业资格认证考试的内容、时间和方式由教育、研究、青年和体育部决定,并最晚在高中最后一学年开学时告知各届学生。

(7)参加资格认证或者专业资格认证考试的高中毕业生,根据国家资格等级规定和欧洲通行证格式的补充说明,取得资格证书或者专业资格证书。

(8)资格证书和专业资格证书的发放不取决于通过中学毕业会考。

第78条

(1)高中毕业生同时符合下列条件的,将视为通过中学毕业会考。

①已参加本法第 77 条第(4)款规定的考试 A、B、C、D。

②已参加本法第 77 条第(4)款规定的书面考试 E,并且每项考试分数都至少为 5。

③本法第 77 条第(4)款规定的书面考试 E 成绩的算术平均数,大于或等于 6,其结果保留两位小数。

(2)在全国中学毕业会考后,高中毕业生获得高中毕业证书。

(3)参加本法第 77 条第(4)款规定的考试 A、B、C、D 的高中毕业生,可获得证明其语言能力或计算机技能的证书。这些证书的发放不取决于通过第 77 条第(4)款规定的书面考试 E。

(4)如果学生未通过全国中学毕业会考,根据第 77 条第(4)款考试 A、B、C、D 中取得的成绩或在书面考试 E 中取得的成绩大于或等于 5,可以在下学年对其考试成绩予以认可。

(5)每学年组织 2 次全国中学毕业会考。

(6)毕业于大学预科教育机构的学生,至少可以参加 2 次中学毕业会考和资格认证考试或专业资格认证考试,无须缴纳任何税额,缴纳教育、研究、青年和体育部规定的费用后即可参加这些考试。

(7)本法第 77 条第(4)款第①②③④项规定的考试 A、B、C、D,在每学年第二学期,由学校总督导机构委派并由教育机构校长任主席的委员会根据特定方法规定的条件组织和实施。

(8)本法第 77 条规定的全国中学毕业会考中的书面考试 E,在学年结束后,由学校督导机构设立的委员会组织实施。

(9)本条第(8)款中提到的委员会是由教育、研究、青年和体育部任命的校长管理,校长职位由持有博士学位的大学教职员工担任,或者由一级教学专家和具有杰出专业成果的高中教师管理。

(10)本条第(9)款所述的委员会成员全部由其他教育机构的教师组成,而不是由参加国家高中毕业书面考试的学生所在教育机构的教师组成。

(11)公布全国中学毕业会考成绩。

第六章　人力资源

第一节　教育的受益者

第 79 条

(1)大学预科教育的主要受益者是婴幼儿、学龄前儿童和中小学生。

(2)大学预科教育的第二受益者是婴幼儿、学龄前儿童和中小学生的家庭。

(3)社区和社会通常是大学预科教育的第三受益者。

第 80 条

(1)大学预科教育的所有重大决定都是通过与主要受益人的代表进行协商做出的。国家学生会和其他学生代表协会,通过咨询第二和第三受益人代表,即家长协会的联合会、商业代表、地方政府和公民社会代表做出决定。

(2)教育、研究、青年和体育部与全国学生会、代议制政府和非政府组织制定有关学生权利和义务的规章,并经由教育、研究、青年和体育部部长批准。基于这一规定,各教育机构制定了各自学校的条例。

第81条

(1)通过教育、研究、青年和体育部组织的课外活动,大学预科教育机构的婴幼儿、学龄前儿童和中小学生具有平等的受教育权。

(2)在大学预科教育机构、俱乐部、少年宫、学校夏令营、体育和旅游休闲基地或其他已获得认证的机构,进行课外活动。

(3)课外教育机构的组织、认证和办学资格,由教育、研究、青年和体育部批准的条例制定。

第82条

(1)参加国家大学教育机构日间课程的学生可以获得政府预算、地方预算或者其他来源提供的高绩效、成绩、学习和社会救助奖学金。

(2)国家预算的奖学金名额及其数额,由地方议会、省议会或布加勒斯特各区的地方议会决定。

(3)奖学金授予的一般标准由教育、研究、青年和体育部制定。每年,由教育机构的董事会,在分配资金的范围内根据学生完成的课程活动,设立高绩效、优秀、学习和社会救助奖学金的具体标准。

(4)学生还可以根据与商业实体或其他法律实体或个人签订的合同,以及法律规定的银行授予的学习学分,获得奖学金。

(5)大学预科教育的国外留学生可以依法获得奖学金。

(6)根据现行法律规定,永久居住在国外的罗马尼亚少数民族学生可以获得奖学金。

第83条

(1)公办和民办已认证或获得授权的教育机构中的婴幼儿、学龄前儿童和中小学生,可以在学校的医务室、言语治疗和心理辅导室或州综合诊所和医院接受免费医疗、言语治疗和心理辅导。

(2)在每个大学预科教育周期开始时,教育、研究、青年和体育部以及卫生部基于相同的方法检查学生的健康状况。

(3)公共教育机构运行所需的卫生许可证可以免费办理。

第84条

(1)参加已认证或获得授权的义务教育、高中教育的学生,可享受当地公共地面交通、地下交通,包括国内公路、铁路、船运等50%的票价优惠。

(2)作为一种特殊的保护措施,孤儿、残疾学生和被收容的学生可以全年享受本条第(1)款规定的所有交通工具的票价优惠。

(3)无法在乡接受教育的学生,通过学生所在的教育机构,根据年交通票总票额,由教育、研究、青年和体育部从其预算中支付最多 50 公里的交通费,或者如果他们住在寄宿学校或作为租户,每学期将退还 8 张双程票的金额。

(4)公共机构组织的参观博物馆,观看音乐会、戏剧、歌剧、电影等文化体育活动,学生可享受 75% 的票价优惠。

(5)持有罗马尼亚国家颁发的奖学金的少数民族可以免费参加第(4)款规定的所有活动。

第 85 条

(1)在合理的情况下,在另一个乡接受义务教育的学生,可以在企业、当地社区、慈善组织和其他法律实体及个人的资助下,由地方政府提供交通服务和住宿。

(2)国家对来自贫困农村地区的学生、社会经济团体以及参加职业教育的学生所产生的全部高中入学费用进行补助。补助方式是由教育、研究、青年和体育部根据政府的决定制定。

第 86 条

(1)当婴幼儿、学龄前儿童或中小学生计入单独的入学登记册时,教育部门与父母订立教育合同,约定双方的义务。教育合同形式经教育、研究、青年和体育部批准,由校董事会决定。

(2)不遵守标准教育合同规定的教育机构,由学校督导机构依照教育、研究、青年和体育部部长批准的方法予以处罚。

(3)父母或法定监护人有义务采取措施,确保学生参加义务教育。

(4)父母或法定监护人对学生给学校资产造成的损害负责。

第 87 条

依照法律规定,如果捐赠的目的是支持国家教育系统的教育政策,并且不违背罗马尼亚国家利益和适用的法律,教育机构可以接收国内外的捐款。

第二节 大学预科教育教职员工

第 88 条

(1)大学预科教育工作人员包括教学人员、辅助教学人员、行政人员和非教学人员。

(2)非正式教师可以在大学预科教学。

(3)依照本法确定辅助教学人员。

(4)行政人员依照《劳动法》第 53/2003 条规定,包括所有的修订和补充法,开展活动。

第 89 条

在公办和民办大学预科教育中,根据教育、研究、青年和体育部制定的框架方法,通过具有法律地位的教育机构组织的竞争性考试,填补空缺和预留职位。

第 90 条

(1)教学职位竞聘是公开的。任何符合适用法律规定条件的应聘者均可参与竞聘。

(2)具有合法地位的教育机构的教职人员的聘任,经董事会批准,由用人单位通过聘用合同聘用。

第 91 条

(1)教育机构举办的辅助教学岗位和管理岗位竞聘,由校长协调组织和实施。教育机构的董事会批准设立竞聘委员会,并对竞争结果进行审查。

(2)具有合法地位的教育机构的辅助教学人员和行政人员,通过聘用合同被聘用,由教育机构的校长聘任,并经董事会批准。

第 92 条

(1)在每所大学预科教育机构,每年对教学人员和辅助教学人员进行评估。评估方法由教育、研究、青年和体育部部长制定。

(2)评估结果影响董事会授予的年度资格和绩效等级。

(3)教育、研究、青年和体育部制订了激励卓越教学的国家计划,该计划由教育、研究、青年和体育部的预算资助,通过该计划奖励卓越教学。

(4)教育、研究、青年和体育部制定了用于提高绩效工资和实施激励卓越教学的国家计划的方法。

(5)依照适用法律规定,按专业绩效支付国家教育部门教学人员和辅助教学人员的报酬。

(6)校长、副校长的工资和奖金,以及民办教育机构的教学人员的薪酬,由法人机构的财务管理人员和个人协商确定,并经教育机构的董事会批准。

(7)省学校督导机构和布加勒斯特学校督导机构定期对大学预科教育机构的人事工作进行审计。审计结果反馈给接受审计的人员、校董会以及教育、研究、青年和体育部。

第 93 条

有关教师的聘任、辩解、评估、奖惩、纪律责任和解雇的决定,由董事会成员三分之二票数表决通过。教育机构的校长根据董事会的决定做出决策。用人单位是教育机构。

第七章 教育体系和教育部门管理

第一节 总框架

第 94 条

(1)教育、研究、青年和体育部作为中央政府的专门机构,起草并实施大学预科教育的国家政策。教育、研究、青年和体育部有权在教育体系中开展财务和人力资源政策领域的行动。

(2)在学历前教育领域,教育、研究、青年和体育部任务如下:

①起草、施行、监督和评估国家教育政策。

②监督外部评估。

③协调和管理国家教育体系。

④根据教育机构、地方政府、经济个体的提议,听取由布加勒斯特各区或省学校督导机构收集、赞成和传达的预测建议,批准学历前教育的结构,并提交政府批准学生的数量。

⑤协助阐述和批准国家课程和国家评估体系,并确保和监督遵守情况。

⑥评估、批准和购买教科书,并依法提供资金。

⑦依照法律规定,批准下级教育机构及其相关部门的内部规章。

⑧起草教育领域的诊断和预测研究。

⑨确保教育工具的同源性。

⑩确保对有特殊技能学生的选拔和适当培训的组织框架。

⑪确保残疾儿童或特殊需要的特殊教育和心理教育帮助。

⑫分析在教育系统实施社会保障的方式,并向政府和地方主管部门提出适当的措施。

⑬协调、监督和管理教学人员的资格以及教学人员对国家政策初始的、持续的学习过程。

⑭起草国家人力资源政策。

⑮依照国家标准,负责评估国家教育体系。

⑯与其他有关部委共同起草与其他国家或专门从事教育、专业培训、科学研究的国际机构的合作战略。

⑰依照法律规定,基于内部规范,制定对国外的学业和国外授予文凭、证书和职称的认可和认证方法,以列伊或外币计价用于支付因审批和确认这些事项所产生的费用。

⑱决定学年结构。

⑲起草方法和法规,以确保实施国家教育政策的统一框架。

⑳建立并确保电子学习平台以及虚拟学校图书馆的最佳运作。

㉑起草学校建设及学校捐赠的具体规范。

㉒每年向议会提交并公布罗马尼亚学历前教育现状的报告。

㉓协调收集国家教育指标体系的统计数据,并对数据进行分析和解释。

(3)教育、研究、青年和体育部在履职时,负责组织和资助国家理事会和委员会。其组织和运作方式是由教育、研究、青年和体育部部长制定。此外,教育、研究、青年和体育部建议政府设立全国理事会和委员会。

第95条

(1)省级学校的督导机构和布加勒斯特的学校督导机构是教育、研究、青年和体育部的公共服务分权机构,主要有以下任务:

①在省或布加勒斯特适用教育、研究、青年和体育部的政策和战略。

②通过学校检查,管理法律的实施,监督教学或学习活动的质量和遵守国家标准或绩效指标情况。

③管理、监测和评估教育部门和机构的管理质量。

④与当地的公共管理部门共同教育学生,并在规定的时间内监督学生的出勤情况。

⑤协调高中入学、国家评估和省级学校竞赛。

⑥监督由教育、研究、青年和体育部在各省尤其是布加勒斯特开展的国家项目的实施情况,教育机构的项目以及与其相关的教育机构和青年领域的欧盟项目的实施情况。

⑦调解地方政府与教育机构之间的冲突和诉讼。

⑧协调和管理在省或布加勒斯特与教育、研究、青年和体育部有关的教育部门活动。

⑨省学校督导机构在布加勒斯特分别提交了一份有关教育的年度报告,这份报告是公开的。

⑩在地方议会或省议会的建议下,为设立新的学前教育、初等和中等教育新机构提供支持。

⑪在省或布加勒斯特施行国家教育政策。

⑫为教育部门和机构提供咨询和支持,管理省和布加勒斯特的人力资源和工作。

⑬监督教育部门的章程、裁员和教师职位的占比情况。

⑭管理教育部门和整个教育数据库中所聘用的合格教师数据库。

⑮按照区域、省和地方一级的教育政策和经济社会发展战略文件,并在咨询相关教育机构、经济代理机构和社会合作伙伴后,由当地政府提出当地的教育网络,并提交教育、研究、青年和体育部批准。

⑯对大学预科教育的人力资源进行定期审计。

⑰确保为国家教育指标体系收集数据。

(2)省学校督导机构的结构和布加勒斯特学校督导机构的结构,由教育、研究、青年和体育部部长决定。

(3)学校督导机构设有董事会和咨询委员会,根据董事会批准的内部规章以及教育、研究、青年和体育部部长批准的总条例运作。

(4)以少数民族语言教学的省级督导机构的结构,包括学校督察人员。学校督察员是经与少数民族董事会协商后,依照现行法律程序聘任。

(5)学校督导机构的结构包括为来自经济和社会弱势环境下的儿童和青少年设立的督察团。

第二节 教育部门的管理

第96条

(1)具有合法地位的学历前教育部门由董事会和校长负责管理,视情况而定,也可以由校长负责。董事会和学校校长协同教师委员会、家长委员会和地方政府机关共同履行职责。

（2）在国家教育机构中，董事会为管理机构，由7、9或13名成员组成，具体如下：

①如果中等教育机构只有1个年级，董事会由7名成员组成，3名教学人员（包括校长）、2名家长代表、1名市长代表和1名地方议会代表。本法的规定也适用于学前教育和初等教育。

②如果董事会由9名成员组成，则包括4名教职员、1名市长代表、2名地方议会代表和2名家长代表。校长和副校长是分配给有关教育机构教职人员的配额董事会成员。

③如果董事会由13名成员组成，则包括6名教学人员、1名市长代表、3名地方议会代表和3名家长代表。校长和副校长是董事会成员，占用分配给有关教育机构教职人员的配额。

（3）董事会是教育机构的管理机构。学生代表以观察员身份出席董事会会议。

（4）董事会章程规定，其成员通过无记名投票以多数同意原则，选择1名教师担任主席。主席的任期至多1年，负责主持董事会会议并签署任期内的决定。

（5）在民办和宗教教育中，董事会也包括创办人代表。创办人聘任委员会。在义务教育机构中，董事会还包括地方委员会的代表。

（6）董事会每月召开1次会议，或者在校长或三分之二的成员的要求下召开会议。董事会的组织和运作的框架方法是由教育、研究、青年和体育部部长制定的。

（7）董事会的主要任务：

①采纳预算草案，批准教育机构的预算分配。

②批准教育机构校长起草的机构发展计划。

③在教师委员会的建议下批准课程。

④决定教育机构在与第三方关系中的角色。

⑤组织教育机构校长和副校长职务的考试。

⑥批准教师和辅助教学人员的就业计划，以及非教学工作草案。

⑦批准教师的专业发展计划。

⑧根据法律，对违反教学人员纪律、道德或职业的行为进行处罚。

⑨批准考试委员会，并验证考试结果。

⑩批准教育机构的计划。

⑪承担教育机构绩效的公共责任和原则，执行教育、研究、青年和体育部部长尤其是教育、研究、青年和体育部的命令和方法所确定的其他职能。

（8）董事会决议由出席会议的人员以多数票表决通过，本法第93条规定除外。董事会关于职工的决定，如有关填补空缺职位、绩效评分、活动条件、奖励、处罚等事项，通过无记名投票决定。存在利益冲突的董事会成员不得参加投票。

（9）由董事会成员以多数同意原则做出关于教育机构预算和资产的决定。

第 97 条

(1)学校校长负责学校的行政管理工作。专门教授少数民族语言的学校,校长有义务熟练掌握少数民族语言。对设有以少数民族语言教学班的学校,其中 1 名校长有义务熟练掌握这门语言。在这种情况下,校长是在咨询罗马尼亚议会中代表少数民族的组织后任命的,或者如果议会中没有少数民族代表,在与少数民族议会团体协商后任命。

(2)国家教育机构的负责人的职责,如下:

①依法代表该机构并负责机构行政管理工作。

②是该机构的预算管理人员。

③与董事会共同承担其管理部门绩效的公共责任。

④将教育机构的组织和工作条例提交董事会批准。

⑤向董事会提交预算草案和预算拨款。

⑥负责工作人员的选拔,聘用,定期评估,培训,建立和终止工作关系。

⑦按照现行立法执行董事会制定的其他工作。

⑧提前公布教育部门或其管理机构的质量保证报告。该报告提交给家长委员会,并反馈给当地政府和布加勒斯特或省级学校督导机构。

⑨整合收集的统计数据,并将其递交到学校督导机构,用于制定国家教育指标体系。

(3)根据本法规定,民办教育机构的组织结构和管理职位、职权范围、成立方式和职权期限由其组织和工作条例规定。

(4)民办和宗教教育机构的校长根据其董事会决定,严格按照法律规定权责,并遵守其组织和工作条例的规定,管理行政事务。

第 98 条

(1)教师委员会由该机构的教学人员组成,并具有法律地位。教师委员会由委员会主席管理,并每月或在任何必要时根据委员会或至少三分之一的教学人员的要求组织召开会议。

(2)教师委员会有以下任务:

①管理并确保教学质量。

②制定职业道德守则并监督其实施情况。

③核实教育机构职工的自我评估文件,并据此确定其年度得分。

④向董事会提出优化教学过程的措施。

⑤向董事会提议教育机构的课程。

⑥建议董事会向具有特殊成果的职工给予奖励并授予"年度最佳教师"的称号。

⑦批准对学生的纪律处罚。

⑧建议董事会对成绩不佳或违反职业道德教学人员进行处罚。

⑨建议董事会对表现不佳或对违反道德规范的教学人员,启动法律程序。

⑩向董事会提出教师培训和继续教育计划的建议。

⑪任命教学人员到董事会任职。

⑫执行董事会决定的其他任务。

第三节 与大学预科教育相关的其他机构

第 99 条

(1)与教育、研究、青年和体育部相关的机构有教育科学院、教职工之家、少数民族语言继续教育中心、国家差异教育中心、大学预科教育拨款机构、儿童俱乐部和少年宫。

(2)学历前教育的机构和相关部门是省教育资源援助中心或布加勒斯特资源和教育援助中心。

(3)教职工之家作为法律实体,在每个省和布加勒斯特开展工作,以学校督导机构的方法进行协调。教职工之家的结构和任务由教育、研究、青年和体育部部长决定。

(4)省教育资源援助中心或布加勒斯特资源和教育援助中心是特殊的大学预科机构,其作为法律实体,依照学校督导机构的方法协调相互间的关系。

(5)省教育资源援助中心的经费由省董事会和布加勒斯特董事会的预算拨款。

(6)省教育资源援助机构,根据具体情况,在加布勒斯特或省一级,组织、协调、监督和评估下列教育活动和服务:

①心理教育或心理援助服务,通过省中心和心理教育或心理实践提供。

②言语治疗服务,由学校的言语治疗室和言语治疗中心提供。

③教育和职业咨询和评价。

④学校调解,由学校调解员提供。

⑤包容性教育咨询服务,由包容性教育中心提供。

(7)省教育资源援助中心的结构、组织和运作方式,根据教育、研究、青年和体育部部长批准的条例决定。

(8)在法律生效后的 12 个月内,国家差异教育中心按照教育、研究、青年和体育部起草的方法组织运作。

(9)学历前教育拨款机构从属于教育、研究、青年和体育部。其职能、结构、组织和运作方式是由教育、研究、青年和体育部部长制定的。

第 100 条

(1)儿童俱乐部和少年宫是课外活动的教育机构。少年宫起到辅助教学作用。

(2)布加勒斯特的国家少年宫从属于教育、研究、青年和体育部。

(3)儿童俱乐部和少年宫从属于学校督导机构。

(4)少年宫和儿童俱乐部的组织和职能由教育、研究、青年和体育部长批准的条例决定。

第八章　对学历前教育机构的拨款及其物质基础

第一节　总　则

第 101 条

(1)对学历前教育机构的资助金包括基本资金、补充性资金和追加资金。

(2)国家保障在已获得资格认证和定期接受评估的公办和民办教育机构登记在册的学龄前儿童和义务教育阶段学生以及特殊公办高中阶段学生的基本教育经费。根据教育、研究、青年和体育部起草的方法,在每名学生或儿童的标准成本范围内提供基本教育经费。

(3)在民办学历前教育系统下,学费由各教育机构或者教育部门根据现行法规决定。

第 102 条

(1)根据法律规定,学历前教育经费由公共资金或其他来源资金保证,经费总额不得超过国内生产总值的 6%。

(2)根据法律规定,就学历前教育和义务教育而言,对民办已认证的学历前教育的拨款资金来源于税收、公共资金以及其他来源。

第 103 条

(1)教育、研究、青年和体育部有权制定教育领域财政和人力资源政策,并与其他部委、地方政府、代表地方政府的关联机构、家长协会、教职工专业协会以及工会代表协会合作。

(2)地方议会、省议会或者布加勒斯特各区的地方议会,可以自行出资,为公共教育事业单位提供基本资金、补充性资金。

第 104 条

(1)基本教育资金确保在正常条件下,按照国家标准实施学历前教育。

(2)基本教育资金来源于国家预算以及从增值税和其他税收中扣除的金额,通过地方预算,用于支付以下类别的费用:

①法律规定的工资、奖金、津贴和其他现金待遇以及相关捐款等费用。
②员工在职培训费用和考核费用。
③学生的定期内部考核费用。
④材料和服务费用。
⑤当前维护成本。

(3)学校的基本教育经费是将学生或学龄前儿童的标准成本乘以学校的具体系数和学生人数得出的,每年提交政府批准。

(4)用于计算分配给教育单位的基本教育经费的计算基数是每名学生或学龄前儿童的标准成本。每名学生或学龄前儿童的标准成本是针对教育水平、渠道、简介、专业、领域确定的。每名学生或学龄前儿童的标准成本由国家学历前教育资助委员会根据本法规定的条件和教育、研究、青年和体育部制定,并经政府决议批准的方法规范确定。负责国家学历前教育资助委员会包括教育、研究、青年和体育部的代表、社会合作伙伴以及地方政府机构的联合组织代表。教育单位基础教育经费按照教育部部长批准的拨款方式分配,同时应考虑每名学生或学龄前儿童的标准成本、教育单位的学生或学龄前儿童人数,以及学生在该地区的密度、劣势的严重程度、教学语言和其他因素的校正系数。

(5)每年通过政府预算法核准的基本教育经费,在省级学校督导机构或布加勒斯特学校督导机构的专业技术援助下,由省公共财政总局或布加勒斯特公共财政总局分配给社区、乡、市和布加勒斯特各区。

(6)从政府预算收入中扣除分配给学历前教育机构的数额作为基本教育经费,其不得强制追偿地方政府执行令界定的债务。

第 105 条

(1)补充性资金确保了公办大学预科教育过程中的资本支出、社会支出和其他成本。

(2)补充性资金来源于大学预科机构所属行政单位或区域单位的地方预算,以及从增值税中扣除的金额,用于支付以下类别的费用:

①投资、固定资产的维修、合并费用。

②对寄宿学校和食堂的补贴。

③定期考核学生的费用。

④学生奖学金的费用。

⑤学生的交通费用,符合第 84 条第(1)款规定。

⑥根据法律规定,教学人员产生的往返费用。

⑦在学历前教育体系中对职工定期进行强制医疗检查的费用,依法享受免费医疗救助的除外。

⑧在教育系统中组织的学校竞赛和课外活动的费用。

⑨在工作中,为工作人员、学龄前儿童和学生提供卫生和安全服务方面发生的费用。

⑩紧急情况管理费用。

⑪参加欧洲教育和职业培训合作项目的费用。

(3)每年通过政府预算法核准的补充性资金,在省级学校督导机构或布加勒斯特学校督导机构的专业技术援助下,由省公共财政总局或布加勒斯特公共财政总局分配给社区、乡、市以及布加勒斯特。

第 106 条

基础教育经费和补充性资金是根据大学预科教育单位的校长和教育机构所在地的市长之间签订的合同拨付的。就特殊学校而言,根据特殊教育机构的校长与省议会主席间签订的合同拨付资金。

第 107 条

(1)从教育、研究、青年和体育部的预算中获得的追加资金,用于奖励教育部门在招生或绩效方面取得的特殊成绩。

(2)地方议会或布加勒斯特各区的地方议会、省议会或布加勒斯特总议会,可以根据自己的方法向教育部门提供赠款,并作为教育机构的追加资金。

(3)追加资金是根据大学预科教育单位和赞助人之间签订的合同进行的。

第 108 条

(1)公办学历前教育机构可以依法从特定活动、捐赠、赞助等合法渠道获得收入。

(2)收入不影响基础性、补充性或追加资金,并根据董事会决议使用。在预算年度结束时,尚未支出的金额转入教育机构账户,并在下 1 个预算年度结转。

(3)具有法律地位的教育机构的校长和董事会,依法负责监督批准预算。

第 109 条

(1)教育、研究、青年和体育部每年从国家项目预算中拨款,用于资助以下竞争:

①学校间的竞争是基于对每所教育机构的招生和绩效进行的评估。根据评估结果,将教育机构评定为优秀、非常好、好、合格、不合格 5 个等级。成绩优异的公办、民办或宗教院校将获得奖励,成绩合格或不合格的院校将受到监督,目的是提高其绩效。

②根据教育、研究、青年和体育部制定的方法,学校每年评选 1 名教师,作为优秀教学的典范。对教育计划中的各科教师,每年评选出 1 名国家级和省级优秀教师。

③教育、研究、青年和体育部部长对学生在学习竞赛、艺术和体育创意竞赛以及奥林匹克运动会中的表现,给予经济奖励。

(2)开展竞赛前,教育、研究、青年和体育部将征求家长协会、教师专业协会、全国学生会和工会代表的意见。

第 110 条

(1)依照现行法律,根据教育、研究、青年和体育部起草的早期认知教育拨款方法规范,由每个早期认知教育部门决定每年的收支预算。

(2)由自有收入全额资助的活动,活动的收支预算所产生的年度盈余将结转至下一年度,同时被用于同一目的,或经董事会批准,用于支付教育部门的其他费用。

(3)特殊教育部门、特殊教育班、接受特殊教育的学生、特殊高中和省教育资源援助中心以及布加勒斯特资源和教育援助中心的经费,是从政府预算收入中扣除部分政府预算收入的金额,通过省委员会和布加勒斯特地区委员会的地方预算,与学生的居住地无关。

第111条

(1)从国家预算中,通过教育、研究、青年和体育部的预算,确保以下学历前教育机构(包括特殊教育机构在内)费用:

①政府批准的用于资助教育、研究、青年和体育部的国家计划。

②正在进行的项目中的本地费用,由罗马尼亚政府和国际金融机构共同出资,并偿还这些项目的外部贷款。

③来自摩尔多瓦共和国的学生奖学金,以及外国留学生的奖学金和在国外的罗马尼亚学生的奖学金。

④组织考核、模拟考试以及国家考试。

⑤教师和辅助教学人员的职业培训费用,实施教育、研究、青年和体育部的政策和战略的职业培训费用。

⑥根据政府决定,由教育、研究、青年和体育部发起,资助某年度或多年度投资计划、现代化和发展公办学历前教育机构的物质基础,包括学校合并、翻新和购买设备。

⑦根据具体条例规定,国家保障计划的资金筹措。

⑧资助为学生举办的国家和国际级有关学科、专业、技术、科学、创意的竞赛、文化艺术节、体育锦标赛和竞赛以及国际学校奥林匹克运动会。

(2)对学校督导机构、教职工之家、儿童俱乐部、少年宫、心理教育和教育援助中心以及学校体育俱乐部所需经费的拨款来自国家预算,并通过教育、研究、青年和体育部预算拨付。

(3)学校体育俱乐部以及儿童、学生俱乐部和少年宫也由当地政府资助。

(4)省议会分别由布加勒斯特各区的地方议会和布加勒斯特总议会根据各自决定,从其获得的所得税中扣除配额资金,以便通过补充性资金资助公办学历前教育部门。

(5)省议会或布加勒斯特总议会确保组织和举办布加勒斯特或省奥林匹克运动会和学校竞赛所需的资金。

(6)向学生提供的有关火车和地铁等交通设备和费用,由教育、研究、青年和体育部和其他合法来源提供。

第二节 学历前教育的物质基础

第112条

(1)公共教育机构可以持有和管理公共物品,民办教育机构则是基于民办财产,宗教教育机构的财产,取决于其建立实体的性质,其属于两种资产形式之一。

(2)早期教育学校、预备学校、小学、初中和高中的土地和建筑物,是当地公共财产的一部分,由地方议会管理。依照现行法律,物质基础的其他组成部分是合法的财产,由学校董事会管理。

(3)公共特殊教育部门、省教育资源援助中心的土地和建筑,是省或布加勒斯特公共财产的一部分。布加勒斯特各区的地方议会通过这些教育机构的董事会开展活动。公共特殊教育部门、学校体育俱乐部、少年宫、学生俱乐部、省教育资源援助中心的物质基础的其他组成部分,是其合法的财产,由各自的董事会管理。

(4)学校督导机构、教职工之家、国家卓越中心、休闲和娱乐中心、国家少年宫和俱乐部、学校体育俱乐部以及隶属于教育、研究、青年和体育部的其他机构,在这些机构的土地和建筑内开展各自的活动。这些机构的经常性支出和资本支出由国家预算拨款,机构的土地和建筑是国家公共财产的一部分,由教育、研究、青年和体育部通过省学校督导人员和董事会负责管理。物质基础的其他组成部分归这些教育机构所有,并由其管理。

(5)本条第(2)~(4)款规定的建筑物,以租金为依据,租赁合同的租赁资产不属于地方、省或国家的公共财产,其所有者为其他自然人或法人。

(6)经教育、研究、青年和体育部批准,地方政府可以改变学历前教育机构的资源库用途。否则,修改行为无效,该行为被视为刑事犯罪,并依照刑法进行处罚。

第113条

教育、研究、青年和体育部的不动产或教育、科学研究机构和公办教育机构不动产的产权登记,以及当地、省议会或布加勒斯特议会不动产的产权登记,在登记和转录登记处、土地登记处或在免税土地宣传公示处上进行登记。

第三篇 高等教育

第一章 总 则

第114条

(1)本章规定了罗马尼亚高等教育的结构、地位、组织和运作。

(2)高等教育由大学、学院、研究所、高等教育学校等提供,统称为高等教育机构或大学。

(3)高等教育机构可以是公办或民办的,也可以是宗教性质的。高等教育机构是公用事业的法人,具有非营利性、非政治性。

第115条

(1)依照法律,高等教育只能由依法获得临时办学许可或办学资格认证的高等教育机构提供。

(2)罗马尼亚颁发的毕业证明文件,只有依照现行法律规定,由认可的高等教育机构颁发,才能得到国家的认可。

第116条

(1)国家高等教育体系包括所有已认证的高等教育机构。根据现行法律程序,获得临时办学许可的高等教育机构只有在获得办学资格认证后才能被列入国家高等教育体系。

(2)根据关于办学许可、办学资格认证以及对学校教育计划质量保证的现行法律规定,已获得原籍国法律认可的国外高等教育机构,可以在罗马尼亚领土上单独或通过与已认证的罗马尼亚高等教育机构缔结合作伙伴关系设立分校。

(3)罗马尼亚高等教育机构可以在罗马尼亚或其他国家,与原籍国认可的海外高等教育机构组织教育计划。如果这类计划在国外实施,其必须遵守罗马尼亚和相关国家的现行法律规定。

第 117 条

高等教育的使命是创造知识并通过以下方式将知识传授给社会:

①通过学术层面的基础和继续教育,促进个人发展、专业培养并满足社会经济环境的能力需要。

②通过科学与工程、艺术、文学与语言领域的科学研究、创新与技术转化、集体与个人创造,通过保证运动和体能发展,充分利用和传播其成果。

第 118 条

(1)国家高等教育体系是基于以下原则:

①大学自治原则。

②学术自由原则。

③公共责任原则。

④质量保证原则。

⑤公平原则。

⑥管理和财务效率原则。

⑦透明原则。

⑧遵守学生和学术人员的权利和自由的原则。

⑨独立于意识形态、宗教和政治理论的原则。

⑩学生、研究人员和教学人员的国内外自由流动原则。

⑪在决策中,咨询社会、合作伙伴的原则。

⑫以学生为本的教育原则。

(2)高等教育不允许任何年龄、国籍、伦理、性别、社会出身、政治或宗教、性取向或其他类型的歧视,法律规定的除外。

(3)身体残疾的学生有权在所有学术范围内选择适合其自身情况的教育方式,以及享有在高等教育机构开展正常的学术、社会和文化活动的充分条件。

(4)在高等教育中,高等教育机构可以设立符合本法第 15 条规定的神学院,以及与国际基督教和和平主义的观点相一致并符合法律规定的神学研究机构。

第 119 条

(1)在政府每年分配的名额限制之内,高等教育体系中的教育是免费的,超额的学生需要支付学费。依照法律规定,由大学评议会制定相应的税额。

(2)民办高等教育机构收取学费税。各税额由董事会依法设定。

(3)高等教育机构具有决定学费税额的自主权,并有义务告知所有利益相关者这一事项,包括在大学网站上公布学费税额。

第 120 条

(1)教育计划中的毕业生取得的资格仅由高等教育认证机构颁发的文凭、证书和其他文件证明。

(2)与大学培养计划相对应的学位证书是官方文件,并且可能仅由认证机构颁发,用于认证或临时授权的研究和项目的形式。在后一种情况下,在颁发学位证书的机构中,必须有另一个与授权专业相关的认证专业。不遵守这一规定的被认为是刑事犯罪,并依法受到处罚。

第 121 条

教育、研究、青年和体育部是国家机关,其有资格对高等教育领域的法律法规的执行和遵守情况进行跟踪和监督,并在必要时实施处罚。此外,教育、研究、青年和体育部管控大学行使大学自治权和履行公共责任的方式,以及承担一般使命和自身使命的方式。

第 122 条

(1)高等教育机构依法持有并管理其资产。

(2)依照本法和有关认证的法律规定,公办和民办高等教育机构是根据有关教育质量保证的第 75/2005 号"政府紧急法令"设立的,并经第 87/2006 号法律修正案批准。

(3)政府主动设立公办高等教育机构。民办或宗教高等教育机构是依照本法在协会、宗教或其他教育提供者的倡议下创立的,简称创办人。

第 123 条

(1)大学自治受宪法保障。学术自由受本法保障。高等教育机构的组织和运作独立于任何意识形态、政治或宗教的干涉。

(2)大学自治赋予学术界制定其使命、战略规划、结构、活动、组织和运作的权利,并严格按照现行法律管理物力和人力资源的权利。

(3)大学自治体现在大学章程中,大学章程是严格依照现行法律制定,并由大学评议会批准的。

(4)大学的自主权仅在承担公共责任的条件下行使。

(5)根据法律规定,在高等教育机构中,研究自由在确定研究对象、选择研究方法和程序以及研究成果资本化等方面得到了保障。

(6)在高等教育机构中,禁止以任何方式侵犯科学和艺术言论自由表达的权利。

(7)根据法律规定和学校教育计划,保证学生自由选择课程和专业的权利。

(8)民办和宗教大学的管理结构和职位、权属、设立方式以及与其地位有关的其他因素均依照本法规定,由创办人协商同意,并经大学评议会批准。

第124条

(1)公共责任要求公办或民办高等教育机构:

①遵守现行立法、机构的章程以及国家和欧洲在高等教育领域的政策。

②适用和遵守现行高等教育质量保证的规定。

③遵守关于学术公平和学术道德的政策,其包含在大学评议会批准的道德规范和职业道德中。

④依照教育机构合同规定,确保资金管理和使用的效率,就公办大学而言,应保证公共支出的管理和使用效率。

⑤根据现行立法确保其所有决策和活动公开。

⑥遵守教学、非教学和研究人员的学术自由,以及学生的权利和自由。

(2)在宗教大学,公共责任扩大到遵守各宗教的章程和教规。

第125条

(1)如果高等教育机构未履行本法第124条规定的义务,教育、研究、青年和体育部在发现违法行为之日起30日内通知大学评议会。如果在通知后3个月内,大学仍不履行本法第124条规定的义务,教育、研究、青年和体育部在大学评议会首次通知后最多6个月内,采取以下一项或多项措施:

①根据大学伦理与管理委员会的建议,在与大学评议会协商后撤销校长。在撤销校长后最多5日内,评议会有义务任命1名代理校长。由代理校长代表并担任预算主管,直至教育、研究、青年和体育部部长批准新校长任职。在校长被撤销后3个月内,大学评议会根据现行法律规定最终确定新任校长的任命程序,并向教育、研究、青年和体育部提交确认新校长的名字。

②根据大学伦理和管理委员会的建议,暂时或永久地减少或消除公共资金。

③建议政府提出1项关于有关高等教育机构重组或解散的法案。

(2)大学伦理与管理委员会发现高等教育机构未履行本法第124条规定的义务。大学伦理与管理委员会包括以下11名成员:3名由国家委员会或校长委任的代表,由教育、研究、青年和体育部部长任命的教育、研究、青年和体育部的3名代表,由罗马尼亚高等教育质量保证局、全国高等教育拨款委员会任命的代表,国家科学研究委员会的代表,全国学术职称证书、学位文凭和证书委员会以及国家学生联合会的代表。

(3)任何自然人或物理实体,均可以向大学伦理和管理委员会举报未履行第124条规定的义务的行为。在收到此类举报后,大学伦理与管理委员会有义务调查举报的内容,并在3个月内予以回复。这些举报的回复构成公开文件,并公布在教育、研究、青年和体育部的网站上。

(4)高等教育机构履行第124条规定的义务和其他与公共责任有关的义务,大学伦理和管理委员会履行本条第(3)款规定的义务,这些构成了罗马尼亚自然人或物理实体的公众合法权益。未履行这些义务的,可以由罗马尼亚自然人或物理实体依法向行政法院提起诉讼。

第126条

(1)学校建筑由高等教育机构使用的所有楼房、建筑用地、实验教学站、研究所、农场、植物园、学术机构、大学校园、大学医院和诊所相关的捐赠组成。高等教育机构的使用权不受法定所有权的影响。

(2)除本条第(1)款规定的建筑和捐赠之外,还可以在归属于卫生部和高等医疗教育所在卫生网的各部委和机构的建筑和捐赠,进行宗教教育的宗教校园,以及归属于国防部和行政内务部、罗马尼亚情报局的建筑内开展专业教育。

(3)禁止随意进入大学校舍。只有在法律和大学章程规定的条件下才允许进入大学校舍。

第127条

(1)学术界由学生、教学研究人员和教学研究辅助人员组成。
(2)学术界的学术人员资格也是根据大学评议会的决定授予的。
(3)学术界的成员享有现行法律法规和大学章程中规定的权利和义务。

第128条

(1)大学章程体现和反映了学术界的重大决策,并适用于所有大学。
(2)大学章程必须明确提及,至少包括以下内容:
①依照现行立法,任命或撤销大学管理人员以及决定大学管理机构或大学结构中人员任期的方法。
②大学道德规范和职业行为守则。
③大学资源的管理和保护方式。
④大学自有资金的增收和使用条件以及自主制定自有资金的用途和使用条件。
⑤与事业单位和其他经济实体签订合同的条件,签订合同是为了基础和实践研究项目或者为了提高高等教育研究专家的资格水平。
⑥为了完成大学使命,大学与其他高等教育机构或组织开展合作。
⑦建立、拥有和使用要素影响物质基础的方式,这些要素对教育和科学研究所是必不可少的。
⑧开展国际合作行动、订立合同以及参加欧洲和国际组织的方式。
⑨大学管理机构和教学、研究、技术和行政人员的工会以及合法的学生组织之间的合作。

⑩大学评议会认为与现行法律相关的任何其他方面。

(3)在与学术界进行讨论之后,章程是由大学评议会起草和通过的。

(4)大学章程不能违反现行法律的规定。如果其内容违反法律规定,则视为无效。

(5)大学章程只有经教育、研究、青年和体育部批准,才能被采纳。自高等教育机构提出申请之日起 30 日内,由教育、研究、青年和体育部发布有关大学章程合法的决议。

(6)如果不遵守本条第(5)款规定的期限,大学章程将按照批准程序默认其合法。

第 129 条

(1)高等教育机构可以独立或通过协会、公司、基金会设立,并经该大学评议会批准。设立的条件之一是必须有助于提高机构的绩效,并且不得以任何方式对教育、研究或咨询活动产生不利影响。

(2)依照现行法律,高等教育机构可以根据合作协议组建联合体(包括与研发单位的合作)。

(3)在设立贸易公司、基金会或协会时,公办高等教育机构只能投入资金、专利和其他工业产权。经大学评议会批准,大学可以通过合同授予管理和使用资产的权利,这些资产归属于其持有股份的贸易公司或协会。使用和管理公共财产的权利不能代表大学持有的贸易公司、基金会或协会的股份。

第 130 条

(1)高等教育机构应制定职业道德和学术道德规范。这是大学章程的一部分,必须包括:

①确定利益冲突和矛盾的情况。

②配偶、姻亲、亲属(包括第三代亲属),不得同时在同一所大学的任何级别担任与另一方有关的控制、管理、权力和机构评估职位,并且不得在其决定对配偶、姻亲和亲属(包括第三代亲属)产生影响的博士生评审委员会、评估委员会或竞赛委员会中任职。

③为保证本科学位、硕士学位和博士学位论文,以及科学艺术和其他论文的原创性,必须采取教育、行政和技术措施及相应的处罚措施。

(2)大学校长有义务最晚在每年 4 月的第一个工作日提交 1 份关于大学现状的报告。将报告公布在大学网站上,并发送给所有利益相关者。此类报告至少包括:

①大学的财务状况、资金来源和费用类型。

②每个培养计划的情况。

③大学工作人员的情况。

④研究活动的结果。

⑤大学活动质量的情况。

⑥遵守学术伦理和研究活动伦理的情况。

⑦职位空缺情况。

⑧历届毕业生专业培养情况。

(3)年度报告是公共责任的组成部分,是获得国家预算资金的基本条件。

第二章 高等教育机构的组织机构

第131条

(1)为了组织和执行高等教育机构使命所承担的活动,任何高等教育机构可以包括下列机构:学部、学院、研究所、研究中心和实验室、设计部门、咨询中心、大学诊所、艺术工作室和讲习班、博物馆、人力资源继续学习中心、服务和微型生产部门、实验站及其他生产和技术转化单位。技术和行政服务也在高等教育机构的结构中运作。

(2)经评议会批准,高等教育机构可以在一定时期内,按项目设立收支预算独立的研究单位,其享有收支自主权,并有章程。

(3)本条第(1)和(2)款所述的组成部分由各高等教育机构组织,以便高等教育机构完成其使命,确保质量标准和条件,并有效管理教育、研究、生产和技术转化活动,并向大学的人员提供适当的行政支持。

第132条

(1)学部是起草和管理教育计划的职能单位。每个学部对应一个或若干个科学、艺术或体育领域。

(2)任何学部的设立、组织、拆分、合并或解散,均是根据教育、研究、青年和体育部提出的有关高等教育机构的结构的建议,并经该机构的评议会批准,由政府决定的。

(3)在公办高等教育机构,政府在咨询大学评议会后,可以设立并资助教育计划或学部,以满足国家在培训和专业资格方面的迫切需要。这些教育计划受高等教育系统中有关质量保证的法律法规的约束。

(4)学部可以包括一个或多个学院、研究生院和大学附属机构,其负责按学历教育类型和周期来组织教育计划。

(5)除本条第(2)款规定的情况之外,在合理的情况下,根据教育、研究、青年和体育部的建议,在咨询大学评议会后,政府可以在公办大学内设立学部。

第133条

(1)学院是确保知识在一个或多个领域的产生、转化和资本化的学术单位。

(2)学院包括研究中心和实验室、艺术工作室、研究生院和大学附属机构。

(3)根据其所在学部的教授委员会的建议,由大学评议会决定学院的设立、组织、拆分、合并或解散。

(4)学院可以组织大学内的研究中心和实验室。研究中心和实验室作为大学内的收入和支出单位运作。

第134条

根据现行法律,研究所、实验站、研究中心和实验室的设立由大学评议会批准。

第 135 条

(1)以下机构为少数民族提供高等教育：

①高等教育机构，其学院、科系或教育计划采用母语教学。

②多元文化和多语言的高等教育机构，在这种情况下，将建立用少数民族语言学习的科系。

③依照法律规定，在高等教育机构，可以用少数民族语言组织教学班。

(2)一所多语言和多元文化大学教育单位分为若干个系。教学人员自本法生效日起 6 个月内，根据大学章程制定并实施系工作条例，规定有关教育阶段的组织结构和其他方面。

(3)科系是一种以少数民族母语组织大学学习的形式，它既可以在大学层面上制度化，也可以在学院内部的各部门被制度化，其中包括教育计划和相关的组织结构。各院系在组织教学活动方面享有自主权。

(4)在少数民族的高等教育体系中，第一周期为本科生教育，第二周期为硕士生教育，第三周期为博士生教育以及用母语教学的研究生教育。

(5)对以少数民族语言上课的学生，其基本教育经费的计算系数更高。

第三章 高等教育机构

第一节 学年构成

第 136 条

(1)学年通常是从 10 月的第一个工作日开始，包括 2 个学期。1 个学期通常有 14 周的教学活动和至少 3 周的考试。大学学年的构成由大学评议会批准。评估 1 个学期内可转换的学分时，应考虑至少 17 周的时间。

(2)每所高等教育机构的大学评议会在学年开始前的至少 3 个月，批准有关学生专业活动的规定及每学期的教学活动时间表。

第二节 学历教育计划

第 137 条

(1)学历教育计划指的是一组教学、学习、研究、实践和评估课程单元，旨在通过文凭和文凭补充认证进行学术培训。

(2)教育计划的课程与国家培训框架中定义的培训概况相匹配。教育计划的课程是经过详细制定并由大学评议会批准的，以便最大限度地提高获得所需培训的机会。

(3)提供与教育计划的资格相匹配的课程是保证质量的一个重要方面。

(4)高等教育的教育计划按学历层次划分为 3 个学习周期，即本科、硕士和博士。

(5)在每个学习周期结束时，高等教育计划为学生授予相应的学位和学历。

第 138 条

(1)教育计划由高等教育机构根据现行法律组织,或在每个学习周期,由该机构的评议会根据质量通则和国家或国际质量标准,批准内部组织和运作条例。

(2)如果教育计划是临时授权和认可的,并按照授权或认证文件设定的条件运作,则计划是合法的。如果组织和实施非法办学的教育计划,则不承认受益人的学习结果,对办学人处以刑事罚款,并由教育、研究、青年和体育部立即撤销教育计划或临时办学的认证。

(3)教育计划的临时授权和认证对于不同的教育形式、语言和地区都是不同的。

(4)国家法规不得违背欧洲对专业的规定。

(5)已认证和临时授权的专业和学科分类、地理位置和每个专业的可转换学分数量、教育或教学语言的形式以及受教育学生的最大数量,由对每个专业进行评估的质量评估机构提出质量评估建议,每年由政府决定,并在 3 月 31 日前由教育、研究、青年和体育部批准。

第三节　组织形式

第 139 条

高等教育机构的教育形式如下:

①日常出勤学习。特点是在白天安排教育和研究活动,特定于每个大学学习周期,大致均匀地分布于该学期期间每周或每天,并且意味着在大学里学生与教研人员直接见面。

②低出勤率学习。特点是主要致力于综合和实践教学的活动,以紧凑和定期的方式安排教学,这意味着在大学里学生与教研人员通过其他教学形式见面以完成培训。

③远程教育。特点是使用电子计算机和通信手段进行教学,以完成自学和自我测评。

第 140 条

(1)学士教育计划可以组织为日常出勤学习、低出勤率学习和远程教育。

(2)硕士教育计划可以组织为日常出勤学习和低出勤率学习。

(3)除了本条第(1)和第(2)款规定之外,欧洲规定的教育领域的本科和硕士教育计划只能以日常出勤学习的形式组织。

(4)博士教育计划只能以日常出勤学习的形式组织实施。博士教育课程中有关出勤的要求由学校的管理层根据教育、研究、青年和体育部规定的标准制定。有关出勤的要求用于考核研究院博士的标准,包括资助。

(5)根据法律规定,高等教育机构为同一教育计划颁发的文凭和证书均应被认可,与毕业生所接受的教育形式无关。对于与高等教育机构中某一教育计划对应的教育形式、考试的组织方法、能力和知识的评估、学习成果与等级、文凭证书之间的相关性必须相同。

(6)只有具有日常出勤学习组织资格的高等教育机构可以组织夜校,减少出勤人数和远程教育课程数量。

第四节 教育服务协议

第141条

高等教育机构依照教育计划和现行法律的规定,与每名注册的本科生、研究生、进修生、博士研究员签署教育服务协议。教育服务协议在学年内不得修订。

第五节 入学教育计划

第142条

(1)教育、研究、青年和体育部每年制定一次罗马尼亚公办和民办教育机构组织入学的指导方针。

(2)每所高等教育机构制定并实施教育计划的组织条例。这些条例是根据本条第(1)款提供的指导方针制定的。

(3)大学每年必须在招生考试前至少6个月公布入学条件及招生人数。

(4)来自欧盟成员国和瑞士联邦的学生都可以在《罗马尼亚公民法》规定的条件下,参加公办、民办或宗教高等教育组织的每个教育计划的入学考试和教学。

(5)根据现行法律规定,高等教育机构可以向考生收取组织和招生的报名费,收费标准由大学评议会核定。大学评议会可以以自己的方法决定减免费用。

(6)学生可以从单个学士学位计划、单个硕士学位计划和单个博士学位计划的预算中获得资助。

(7)在读期间,攻读学士、硕士或博士教育计划的人分别是本科生、研究生,在上述整个教育计划期间,从注册到完成学业或停学,应减去学习中断的时间。

(8)在公布最终结果后,高等教育机构有义务在提交后48小时内,无条件地归还落选学生或放弃录取资格的考生的档案,不应收取任何费用。

第六节 毕业考试

第143条

(1)高等教育毕业考试包括:

①学士学位考试,学士学位教育研究或工程学研究领域的文凭考试。

②硕士毕业论文。

③博士论文答辩。

④专业研究生教育认证考试。

⑤在学士学位考试之前,针对来自正在清算的机构或教育计划的学生或毕业生进行的选拔性考试。

(2)根据该机构评议会批准的内部规定及教育、研究、青年和体育部批准的方法,自本法生效之日起6个月内,本条第(1)款提到的考试仅由已获得认证的高等教育机构组织和实施。

(3)获得临时授权的高等教育机构的毕业生,将只能在具有类似培养计划的高等教育机构毕业,这些高等教育机构由教育、研究、青年和体育部认证并指定。

(4)毕业生与导师对其毕业文凭、学位论文的内容及原创性承担共同责任。

(5)禁止出售学位论文,以防止买方伪造毕业证书、学历证书、毕业论文。

第七节 学年评估

第144条

(1)学生在教育计划期间的学术成绩是由考试类型的整体测试和持续评估决定的。

(2)高等教育机构的考试方法是由大学评议会批准的,应将遵守质量保证和学术道德考虑在内。

(3)教育成绩通过考试评定如下:

①从第10级到第1级中,第5级表示对某一学科的最低能力要求,意味着未通过考试。

②分数根据具体情况而定。

(4)如果证明这些是通过欺诈或违反学术道德准则获得的,学院院长可以根据大学章程的相关规定取消考试成绩或测评结果。院长可以责令重新组织考试。

第145条

关于拟录取学生、考生、毕业生提出的质疑,由高等教育机构根据机构规章和大学章程的有关规定自主解决。

第八节 学位证书

第146条

当证书被证明是通过欺诈或违反学术道德准则获得的,经大学评议会的批准,校长可以撤销学位证书或毕业证书。

第147条

(1)对在罗马尼亚国内外学习的认可是根据教育、研究、青年和体育部制定的方法,每所高等教育机构、大学评议会批准的具体方法,以及欧洲规范和欧洲教育学分累计和转换制度进行的,这符合框架方法。

(2)因被开除或违反大学道德准则而中断教育计划所提供的学习,在重新注册的情况下,无法予以认可。

(3)在由两所或更多的大学联合组织教育计划的情况下,学位证书将根据国家规范和机构间协议印发。

第九节　教育学分

第 148 条

(1)教育计划根据欧洲可转换学分制度和组织教学、学习、申请和考试活动的工作量,并将其体现在教育可转换学分。教育学分是指大学教育计划中某一课程单元的学生,在完成教育成果认证的情况下,个人完成课程所需的指导性和互助性的脑力工作量。

(2)1 学年学生的个人脑力工作量不得低于 1 500 个课时,相当于 60 个可转换学分。

(3)大学评议会规定从学年开始到毕业所需的最低学分。

(4)在教育、研究、青年和体育部的建议下,政府决定批准专业学士和硕士学位教育课程的持续时间。

(5)学士和硕士学位教育周期的累计总学时相当于获得至少 300 个可转换学分。

(6)博士学位课程的学分由每所大学根据科学或艺术学科决定。

第 149 条

(1)教育学分的数量是大学用来认可在同一领域合法参加的研究或课程的参考因素,是为了验证和转让教育学分,以及继续接受教育计划中的教育课程。

(2)为了验证、继续和完成研究或承认在可转换学分制度之前颁发的文凭,根据成绩登记簿中的信息,高等教育机构可以根据请求颁布文件,其中可以将多个学分分配给毕业生参加的学科。对于这一操作,高等教育机构可以按照大学评议会批准的数额收取税费。

(3)对于学历前教育中的教学人员,根据欧洲可转换学分制度,教育、研究、青年和体育部认可在 3 年制学院或在 3 年教育研究所获得的短期教育等同于第一个周期的学士学位教育。

第十节　周期Ⅰ——学士学位教育

1. 组织

第 150 条

(1)学士学位教育学习课程的认证,以及有关接受课程教育和获得毕业文凭的最大学生数量由政府决定,由罗马尼亚高等教育质量保障局和其他国内外质量保证机构进行外部评估后,在欧洲高等教育质量保证名册中注册。根据欧洲可转换学分制度,大学学士学位课程对应于 180 到 240 个可转换学分,并通过 6 级欧洲终身学习资格框架最终确定。

(2)对于日常出勤学习,学士学位教育计划年限通常为3~4年,每学年最低60个学分。工程学士学位教育的年限为4年。

(3)根据组织和执行教育计划内部规定的条件及现行法律,除了医学高等教育机构和最后1年的学习,至少5%的日常出勤学生可以参加为期2年的教育计划。

(4)在学士学位教育期间,实习是强制性的。大学有义务提供至少30%的实习场所,其中至少50%的实习场所在校外。

(5)日常出勤学习的学士学位教育可以由国家预算拨款,也可以收取学费。教育、研究、青年和体育部向公办大学拨付一部分预算资金用于日常出勤教育。

(6)大学评议会规定可以设置双重专业,并依法规定双重专业的办学许可和认证程序。

2. 入学

第 151 条

(1)持有高中文凭或同等学力的高中毕业生可以参加第1周期教育。

(2)高等教育机构可以根据自己的方法,决定高中阶段在国家或国际奥林匹克运动会和其他国家或国际比赛中获奖的学生攻读学士学位的有关招生单位和条件。

3. 文凭

第 152 条

毕业后获得学士学位教育的文凭称为"学士学位文凭",或视情况也可称为"工程师文凭"或"城市园艺师文凭"。学士学位文凭、工程师文凭或城市园艺师文凭包括描述毕业教育计划所需的所有信息,包含出勤形式和获得的学衔。学士学位文凭、工程师文凭或城市园艺师文凭附有免费颁发的"罗马尼亚语"和"常用外语"的文凭附录。

第十一节　周期Ⅱ——硕士学位教育

1. 组织

第 153 条

(1)硕士学位教育是高等教育的第二周期,要求在欧洲终身学习资格框架内和国家资格框架内获得7级资格。硕士学位教育学习年限为1~2年,对应60~120个可转换学分。依照本法规定,对于受欧洲良好规范或建议管制的专业,可以本硕连读,学习年限为5~6年,以日常出勤的形式实施教育。本硕连读获得的学位等同于硕士学位。

(2)在3个博洛尼亚教育周期实施之前,接受长期高等教育毕业生的学士学历或毕业文凭相当于硕士学历。

第 154 条

(1)硕士学位计划:

①专业型硕士。侧重于培养专业能力。

②研究型硕士。侧重于形成科学研究能力。在攻读研究型硕士期间接受的教育相当于博士教育中的第一年。研究型硕士以参加教学的形式接受教育。研究型硕士也可以在博士学校接受教育。

③教学型硕士。以参加教学的形式接受教育。

(2)获得认证或临时授权的高等教育机构可以组织专业领域的硕士学位教育。

第155条

(1)硕士学位教育领域的认证,最大录取学生人数及可以获得毕业文凭的最大学生人数由政府决定,其决策基于ARACIS或来自国内外另一个质量保证机构进行的外部评估,在欧洲高等教育质量保证名册注册。

(2)在获得认证或临时授权的硕士学位教育的领域内,由大学评议会决定推行的教育计划应在下个年度1月1日前上报给教育、研究、青年和体育部,以便于教育计划被集中发布。

(3)高等教育机构可以与商业实体、专业协会、公共机构缔结合作伙伴关系,旨在满足劳动力市场的需求。

(4)为了保证硕士学位的教学条件,教育、研究、青年和体育部为公办大学拨付预算资金。

2. 入学

第156条

已获得学士学位或同等学位的学生可以参加硕士学位教育计划。

3. 文凭

第157条

完成硕士学位课程和毕业论文答辩后获得的文凭称为硕士学位文凭,包括描述毕业所需的所有信息,包含学习形式。硕士学位文凭附有免费颁发的罗马尼亚语和其他通用语言的文凭附录。

第十二节 周期Ⅲ——博士教育

1. 组织

第158条

(1)博士学位教育是高等教育的第三周期,要求在欧洲终身学习资格框架内和国家资格框架内获得8级资格。是根据政府批准的博士教育规范进行的。

(2)博士教育计划可由认证机构或临时授权的博士组织学院组织。博士组织学院可以由联盟或合作伙伴组织,也可以由大学或大学联盟及研究与发展机构之间合法缔结的联盟或合作伙伴组织。大学或与组织一个或多个认证或临时批准的博士组织学院联结成的合作伙伴，指的是经教育、研究、青年和体育部认可，经认证或临时授权和定期评审的博士组织学院。

（3）罗马尼亚学院可以根据本法关于作为高等教育机构的授权、认证和运行的规定，在罗马尼亚学院下设博士组织学院。罗马尼亚学院的博士组织学院是大学博士研究机构，并组织博士学位课程。

（4）每所博士组织学院每个领域单独进行评估和认证。博士组织学院的评估应基于其业绩和博士组织学院所属的大学博士研究机构的实力。对博士组织学院的评估由罗马尼亚高等教育质量保障局或外国机构根据有关质量保证的国家科学研究委员会报告，以及国家学位证书、文凭和教育证书委员会关于人力资源质量的报告进行。标准体系和评估方法是根据罗马尼亚高等教育质量保障局、国家科学研究委员会和国家学位证书、文凭和教育证书委员会的联合建议，由教育、研究、青年和体育部制定的。每所博士组织学院每5年进行定期评估。

（5）根据评估结果，罗马尼亚高等教育质量保障局或本条第（4）款所述的机构有向教育、研究、青年和体育部提出授予或撤销组织博士教育计划的权利。组织博士计划的权利由教育、研究、青年和体育部部长认证。

（6）博士计划有两种类型：

①科学博士。其最终成果是基于科学方法研究出具有国际水准的原创科学知识，并以日常出勤的方式组织。科学博士是高等教育系统中作为研究者或教授的必备条件。

②艺术和体育领域的专业博士。其最终成果是基于科学方法和系统反思创作出具有国家和国际级别高水平的艺术创作或体育的原创科学知识，这是在艺术和体育领域的高等教育和研究的基础。

（7）在大学博士研究机构内组织博士计划的机构，按科目、主题、学科和跨学科分类组织博士生院。

（8）在大学博士研究机构制度框架内，博士计划有自己特定的管理和行政系统，用于研究和教育计划，包括博士生院。在大学博士研究机构层面，由大学博士学位委员会主持工作。在博士组织学院层面，由博士组织学院委员会主持工作。

第159条

（1）大学博士培养计划是在博士生导师的指导下，在博士组织学院内进行的，具体包括：

①在博士组织学院内，基于高等学校学习的培养计划。

②个性化的科学研究或艺术创作计划。

（2）在欧洲规定的学习领域，博士教育的期限遵守适用的相关规定。

（3）博士学位教育通常为3年。经大学评议会批准，根据导师的建议，并在可用资金的限制内,在特殊情况下博士学位教育的期限可以延长 1~2 年。

(4)博士组织学院可以根据其内部组织和运作条例,依照本法,认可在国内外的著名大学或研究中心攻读博士期间和科学研究之前的实习,以及研究型硕士学位培养计划的课程。

(5)根据高等教育机构的博士教育条例,可以因某些特定原因中断博士教育。教育的持续时间随着批准的中断时间而延长。

(6)导师和博士组织学院决定博士课程和研究计划。

第 160 条

(1)教育计划受国家预算、学费和其他合法来源资金的支持。

(2)教育、研究、青年和体育部每年根据政府决定为一定数量的科学、艺术和体育专业的博士划拨多年度的博士补助金,至少为期 3 年。博士补助金包括个人奖学金和进修的费用及研究费用。根据博士的专业和学科的适当系数调整补助金。

(3)博士补助金是由博士组织学院间的国家科学项目竞赛和博士生导师间的国家科学项目竞赛提供的。国家科学研究委员会负责协调项目竞赛。

(4)本条第(3)款所述的两类竞赛的年度博士学位授予数量及竞赛方法由教育、研究、青年和体育部部长决定。

第 161 条

遵照大学博士研究机构、博士生导师和学生间签订的教育服务协议,博士学位教育使用罗马尼亚语、少数民族语或常用的外语教学。

第 162 条

(1)根据高等教育机构间的相关书面协议,博士教育可以在联合导师指导下进行,即学生在罗马尼亚导师和来自另外一个国家学校的导师的同时指导下,或者是在 2 位来自罗马尼亚不同学校的导师指导下进行学习。如果博士生导师来自相同的大学博士研究机构,但来自不同的专业或学科,或者一个博士生导师已经达到退休年龄,在联合导师指导下的博士生教育遵照大学章程组织实施。

(2)根据第 166 条第(4)款规定,在大学流动政策的范围内,在合同的基础上,大学博士研究机构可以聘用国外有导师任职资格的专家。

2. 入学

第 163 条

只有获得硕士学位或同等学力的毕业生才能接受博士学位教育。

3. 博士生

第 164 条

(1)博士教育期间的学生被称为博士生。在一定时期内,大学博士研究机构中的任何成员都可以聘任博士生担任研究助理或助理教授。

（2）在博士学位教育期间，日常出勤的博士生享受对工龄和资历的认可及免费医疗服务，并且无须缴纳社会保险以及失业、健康、工作事故和职业病保险。

（3）根据教育服务协议，博士生可以每周开展4～6个工作日的教学活动。超出这一限度的教学活动，将根据现行劳动法规定支付博士生劳动报酬并要求博士生遵守雇员权利和义务，并依法缴纳社会保险以及失业、健康、工作事故和职业病保险。

第165条

（1）根据《罗马尼亚共和国养老金法》，博士教育是一个同化的过程，并且在决定缴费率时应将博士身份考虑在内。学生在读博期间已缴纳社会保险费的情况除外。

（2）在博士论文答辩后，大学博士研究机构会颁发证书，这个证书可以证明学生定期参加了博士生教育计划。

4. 博士生导师

第166条

（1）在本法生效之前已被授予博士生导师资格，以及获得资格证书的人，并至少是讲师或三级科学研究员，才可以是博士生导师。

（2）博士生导师资格是根据国家学位证书、文凭和教育证书委员会的建议，并依照教育、研究、青年和体育部制定的标准和程序，由教育、研究、青年和体育部部长授予的。这些标准是根据国家学位证书、文凭和教育证书委员会提出的国际相关评估标准制定的，并由教育、研究、青年和体育部部长批准。国家学位证书、文凭和教育证书委员会提出的最低任职标准不取决于教学职位，而是与教授职称的授予标准相同。

（3）为了指导博士教学，已获得博士生导师资格的教研人员必须与大学博士研究机构或另一个大学博士研究机构成员机构签订劳动合同，并且必须是博士组织学院的成员。有能力胜任博士生导师的教学研究和科学研究人员在授权后成为博士生导师。

（4）在高等教育机构或研发机构已获得指导博士生学习的合法权利的专家，授予其大学博士研究机构博士生导师资格，如下：

①在欧盟、欧洲经济区和瑞士联邦成员国中具有博士生导师资格的专家将根据教育、研究、青年和体育部部长批准的方法自动获得罗马尼亚的博士生导师资格。

②教育、研究、青年和体育部列出了欧盟、欧洲经济区和瑞士联邦成员国的高等教育机构名单，这些高等教育机构是世界上最负盛名的大学；根据教育、研究、青年和体育部部长批准的方法，在名单上的任一所高等教育机构中具有博士导师资格的专家将自动获得罗马尼亚博士生导师资格。

③已具有国外高等教育机构博士生导师资格的专家，可以通过国际互认协议或依照本条第（2）款的规定获得罗马尼亚的博士生导师资格。

（5）博士生导师只针对其获得博士生导师的领域指导学生。

第 167 条

（1）博士生导师可以只在一所大学博士研究机构开展博士生指导活动，联合指导博士生学习的联合博士生导师除外。

（2）博士生导师最多可以同时教授 8 名处于不同教育阶段的博士生。

（3）根据现行法律支付博士生导师报酬。

第 168 条

（1）博士论文的撰写应符合大学博士研究机构制定的《博士学位条例》和《博士生院研究规范》的相关规定。

（2）接收博士论文的委员会，以下称为博士学位委员会，是由博士生导师提议并由大学博士研究机构管理层批准成立的。博士学位委员会至少由 5 名成员组成，包括 1 名主席（作为大学博士研究机构的代表），1 名博士生导师和 3 名博士论文研究领域的国内外官方评审或专家（其中至少有 2 名不在大学博士研究机构工作）。博士学位委员会成员应具有博士学衔和二级高级科学研究员或编外讲师的教学职务，或者至少具有罗马尼亚或国外导师资格。

（3）博士论文经过所有评审的正向评估之后。博士生在博士学位委员会 5 名成员中至少 4 名在场的情况下进行博士论文答辩，其中博士学位委员会主席和博士生导师必须出席。公开答辩必须包括博士学位委员会成员和公众提出的一系列问题。

（4）根据公布的博士论文和官方评审报告，博士学位委员会对论文的成绩进行评审定级，分为"优秀""很好""好""满意""不满意"5 个等级。在一个大学博士研究机构中，每学年"优秀"最多授予拟获得博士学位人数的 15%。

（5）如果博士生已符合科学研究计划中提出的要求，并且博士论文的成绩为"很好""好"或"满意"，博士学位委员会建议授予博士学位，并交由国家学位证书、文凭和教育证书委员会进行验证。评审后，国家学位证书、文凭和教育证书委员会向教育、研究、青年和体育部部长提议授予或不授予博士学位。

（6）如果成绩是"不满意"，博士学位委员会将确定论文中重写或修改的内容要素，并要求重新答辩。博士论文的第二次答辩由同一个博士学位委员会组织，与第一次答辩一样。如果在第二次公开答辩之后，博士论文仍被评为"不满意"，则不授予博士学位，并对该学生予以开除。

（7）通过国家学位证书、文凭和教育证书委员会的论文评审后，由教育、研究、青年和体育部部长授予博士学位。

（8）如果国家学位证书、文凭和教育证书委员会不认可博士论文，大学博士研究机构将收到一份来自教育、研究、青年和体育部根据国家学位证书、文凭和教育证书委员会的意见起草的验证无效论证，收到第一次博士学位论文验证无效之日起 1 年内转发给国家学位证书、文凭和教育证书委员会。如果博士学位论文第二次验证仍无效，则不授予博士学位，并对该学生予以开除。

（9）博士论文是一个公共文件。它也可以以电子格式编制。在艺术和体育方面，博士论文可能附有电子格式的原创艺术的记录。遵照适用的版权法，博士论文及其附件应在教育、研究、青年和体育部管理的网站上公布。

第169条

（1）毕业后获得博士学位的文凭称为博士文凭。博士文凭持有人应被授予博士专业学科和跨学科领域的博士学位。

（2）在科学博士生毕业后，大学博士研究机构颁发文凭并授予科学博士学位，对应的首字母缩写为"Dr."。

（3）在专业博士生毕业后，大学博士研究机构颁发文凭并授予专业博士学位，对应的首字母缩写为"Dr. P"。

第170条

（1）如果不遵守质量或职业道德标准，教育、研究、青年和体育部可根据由国家职称、文凭和证书认证委员会、国家研究委员会、大学伦理与管理委员会或国家研究、技术开发与创新委员会共同起草的外部评估报告，交替或同时采取以下措施：

①取消博士生导师资格。

②取消博士学衔。

③取消博士组织学院的认证资格，意味着撤销了招收博士生新生的权利。

（2）博士组织学院在失去招生权利至少5年后，按照本法第158条恢复认证程序，重新获得招生资格。

（3）根据由国家学位证书、文凭和教育证书委员会验证的内部评估报告，在大学博士研究机构的建议下，博士生导师失去博士生导师资格至少5年后才可重新获得。正向的评估结果是教育、研究、青年和体育部批准的先决条件。

（4）博士生导师每5年评估1次。评估程序由教育、研究、青年和体育部根据国家学位证书、文凭和教育证书委员会的建议制定。

第四章　研究生教育机构

第171条

研究生计划是致力于先进研究的博士后计划。

第一节　博士后教育

第172条

（1）博士后的高等研究是指：

①专门针对在被录取成为博士后之前已获得博士学位至少5年以及在其他机构进修并且已获得博士学位的人。

②为博士后研究人员提供发展的制度框架。

③周期至少为1年。

④可以由公共机构或经济运营商资助。

⑤在高等教育机构内,根据博士后研究员提出并经主办机构批准的研究计划在博士组织学院进行博士后的高等研究。

(2)在高等教育机构中,博士后课程只能由经认证的博士后组织学院开设。研发机构也可以组织博士后教学课程。

(3)遵照现行法规,根据主办机构起草的办法招收博士后。

(4)博士后研究员通过签订定期合同受雇于大学。博士后研究员通常受聘为科学研究员,但如果符合条件也可以在更高的研究岗位上工作。

(5)博士后毕业后,由大学博士研究机构或主办机构授予博士后学位证书。

第二节 培训和持续的专业发展研究生课程

第173条

(1)所有至少获得某学科或专业学士学位课程认证的机构可以开设该学科或专业的研究生培训和持续的专业发展计划。

(2)获得认证的高等教育机构的研究生培训和持续的专业发展计划是根据机构评议委员会批准的方案和现行条例执行的。

(3)研究生课程可以使用欧洲学分互认体系或学评教学分,并通过期末考试成绩证明学生在读期间获得的专业能力。

(4)研究生计划可由学费或其他来源的资金资助。

(5)具有学士学位或同等学力的人有权参加研究生教育。

(6)从研究生培训和持续的专业发展计划毕业后,组织机构会向研究生颁发证书,以证明其具备的专业能力。

第五章 高等医学教育

第一节 高等医学教育的组织与运作——医学和兽医高等教育

第174条

(1)人类和兽医医疗领域的大学教育按照欧盟的总条例和部门规章执行,包括以下方面:

①医学研究、牙科医学和兽医学是6年制,其中包含至少5 500小时的医学专业理论和实践教学。药剂师专业是5年制。全科医生、护士和助产士是4年制,包括至少4 600小时的专业培训。其他医学专业是3年制。

②每学年有60个学分可以在欧洲学分互认体系或学评教学分中转换,3年制本科可累计180个可转换学分,4年制可累计240个学分,5年制药剂师专业可累计300个学分,6年制医学研究、牙科医学和兽医学可累计360个学分。

③研究生有60~120个可转换的欧洲学分互认体系或学评教学分。

④博士研究生有240个可转换学分,研究生在博士生组织学院进修共有60个学分。大学和医院或诊所联合建立的大学博士研究机构可以组织博士教育。

(2)基于质量标准已获得认证的医疗和兽医领域的高等教育机构,可以组织本条第(1)款规定的教育形式以及博士后教育和住院医师、专科医生的专业培养计划及补充研究,最终授予医疗证书和正在进行的医药培训证书。

(3)人类医学、兽医、药学专业的博士毕业生学制为4年。

(4)人类和兽医医疗领域的高等教育机构和公共卫生机构将其收入用于维护公共利益,以保证基础设施、医疗设施和获取医疗信息方面的最优条件或活动。

(5)在设有医学研究课程的高等教育机构中,选择和提拔学术及教学人员时,应将已证实的医学专业知识等标准考虑在内。高等医学教育中,在卫生部系统中具有同级职位的教师岗位,应由与该职位相关领域的住院医师、专科医生、牙科医生或药剂师、住院药剂师通过竞聘担任。

(6)在高等医学教育中,高中毕业后修读的课程不能转化为学分。

(7)可以在公办医疗机构、研究所、诊疗中心、住院部、实验室、药房等场所开展高等医学教育和研究生教育。依照相关专项法律规定,可以建立大学诊所,在公办和民办院校的相关专业中设立一个或多个临床科室,并在这些科室组织大学院系的教学和研究活动。

(8)实习是医学和药学专业研究生教育的一种特殊形式,是为获得医学、牙科医学和医药保健资格所需的培训。专项法律规定了实习的组织和资助方式。

(9)高等医学教育教职人员的住院医师资格条件,与高等医学教育其他专业毕业生的住院医师资格条件相同。

(10)通过岗位竞聘在高等医学教育机构中担任助理教授职位的住院医师继续在住院实习期间接受培训,并获得这两项活动的报酬。

(11)在组织住院医师培训计划的高等教育机构中,将设立一个住院医师培训机构,这类机构隶属于大学管理机构。

第二节 其他具体方面的规定

第175条

关于在这一领域开展活动的其他方面的规定,由卫生部和国家卫生兽医与食品安全局共同制定,由教育、研究、青年和体育部决定执行。

第六章　高等军事教育和情报专业、公共秩序和国家安全专业的高等教育

第一节　组织运作

第 176 条

(1)高等军事教育和情报专业、公共秩序和国家安全专业的高等教育是国家教育体系的组成部分，包括对军官、警官的教育和其他专业培训及研究生教育。

(2)国家教育体系内高等军事教育和情报专业、公共秩序和国家安全专业的高等教育机构及其专业、学习计划，均须遵守质量保证条例及在相同条件下对民办高等教育机构的认证和授权的规定。

(3)高等军事教育和情报专业、公共秩序和国家安全专业的高等教育机构的组织结构、研究项目的数量、每学年的学员数量及高等军事教育和情报专业、公共秩序和国家安全专业的高等教育机构学员的选拔标准，由国防部、行政和内务部、司法部、罗马尼亚情报局和其他具有国防、情报、公共秩序、国家安全等领域职能的机构依法根据军队的特性、专业、级别、教育组织形式制定。

(4)在高等军事教育和情报专业、公共秩序和国家安全专业的高等教育中，教育机构的组织形式、招生形式、教育形式、完成学业的形式、教育机构颁发证书和认证的形式，均受民办高等教育机构适用的程序和条件的制约。

(5)对于高等军事教育和情报专业、公共秩序和国家安全专业的高等教育，罗马尼亚国防部、行政和内务部、司法部、情报局和其他具有国防、情报、公共秩序和国家安全专业等领域职能的机构，可以依法发布自己的命令、规章制度和指示。

(6)现役军官、预备役军官或退休军官，三年制军校毕业证书的持有人，可以在民办高等教育机构完成学业，以获得军事专业的学士学位或相关专业的学士学位。

(7)由设置高等军事教育和情报专业、公共秩序和国家安全专业的高等教育机构颁发的学士、硕士和博士文凭，以及授予的科学头衔，在法律规定的条件下，赋予其合法持有人在预备学校，与民办教育机构的毕业生、相关专业的毕业生和同等水平的毕业生担任同等职务的权利。

(8)遵照国家质量保证机构制定的国家标准，由罗马尼亚国防部、行政和内务部、情报局和其他具有国防、情报、公共秩序和国家安全专业的机构制定高等军事教育和情报专业、公共秩序和国家安全专业的高等教育计划。

第二节　机构的管理和筹资

第 177 条

(1)高等军事教育和情报专业、公共秩序和国家安全专业的高等教育的管理，是在

与民办高等教育机构同等的条件下进行的。高等军事教育和情报专业、公共秩序和国家安全专业的高等教育依法获得资助。

（2）高等军事教育和情报专业、公共秩序和国家安全专业的高等教育机构结构和管理职位与民办高等教育机构相同，并在与民办高等教育机构相同的条件下，按照这一领域的特定规范性法律规定的程序任职。

（3）高等军事教育和情报专业、公共秩序和国家安全专业机构的管理由这些机构的司令员负责。司令员职务的任命是按照罗马尼亚国防部、行政和内务部、情报局和其他具有国防、情报、公共秩序和国家安全专业等领域的机构规章执行的。

（4）依据罗马尼亚国防部、行政与内务部、司法部、情报局和其他具有国防、情报、公共秩序和国家安全专业领域能力的机构的指示，在高等军事教育和情报专业、公共秩序和国家安全专业的高等教育机构内设立军事教练团。

第三节 人力资源

第178条

（1）高等军事教育和情报专业、公共秩序和国家安全专业的高等教育的教学和研究工作岗位，按照与民办高等教育相同的条件进行分类、填补和发布。高等军事教育和情报专业、公共秩序和国家安全专业的高等教育的教学研究人员与民办高等教育机构的教学研究人员具有同等地位。

（2）大学自治的原则也适用于高等军事教育和情报专业、公共秩序和国家安全专业的高等教育。

（3）军事教学人员任职至退休年龄，从事军事工作多年的教学人员依法有权在同一高等教育机构内继续从事教学活动。

第179条

高等军事教育和情报专业、公共秩序和国家安全专业的高等教育的学术活动按照民办高等教育机构的规定进行。

第七章 高等艺术和体育教育

第180条

高等艺术和体育教育是通过教学活动和创作表演实践进行的。

第181条

遵照法律，获得临时授权或认可的机构可以在3个大学教育周期中组织不同的教育形式，具体指：第一周期教育——本科；第二周期教育——硕士；第三周期教育——博士，包括科学博士和专业博士，以及继续教育和专业发展计划。

第182条

在高等艺术和体育教育中，可以根据具体的实践活动项目调整学年的结构。

第 183 条

在高等艺术和体育教育中，学生的实践活动是在大学、设计中心、艺术工作室、音乐工作室、剧院、电影制作单位、专门的体育运动机构，以及其他有关艺术和体育的机构以合作模式进行的。

第 184 条

在高等艺术和体育教育中，科学或专业博士学位是从事教学工作的先决条件。

第 185 条

通过艺术创作、设计和体育运动进行的研究是在设计中心、实验室、艺术工作室、音乐工作室、剧院和电影制作单位及专门从事体育运动的场所单独或集体进行的。

第 186 条

艺术和体育大学的质量评估和分类将具体的艺术创作和体育成绩标准考虑在内。

第 187 条

在高等艺术和体育教育中，竞争性资金分配完全基于专业的艺术创作和体育运动标准。

第 188 条

根据法律规定及欧盟的一般或部门规章，在艺术或体育领域开展的活动的其他方面应当由政府决定或根据教育、研究、青年和体育部部长的决策加以规范。

第八章　研究与学术创作活动

第 189 条

（1）根据罗马尼亚和欧洲对高等艺术和体育教育领域的相关立法，组织开展大学研究和艺术创作活动。

（2）承担科学研究任务的高等教育机构有义务建立技术管理结构，方便管理本机构工作人员开展的研究活动和研究开发项目。这些机构满足了参与研究的工作人员的要求，并提供最高水准服务。

（3）在研究所、实验室、研究中心从事研究活动的工作人员，在他们协调的项目范围内，在组织公开招标并管理开发项目所需的人力资源方面，受益于出资方给予的自主权和个人责任。这些活动是依法执行的，并受内部财务制约。

第 190 条

（1）在每个预算年度结束时，大学的管理层要向评议会提交一份报告，用以说明从预算中拨款用作研究经费的金额及其适用方式。

（2）经费和研究合同的最大出资额由出资方或者缔约方制定。在资助或者研究项目实施期间，出资额不得变更。

第 191 条

（1）在教育、研究、青年和体育部的资助下，经国家科学研究机构批准，财政部在签署资助合同后，可以预先支付高达 90% 的资金。大学可以从自有收入中出资补足差额。

（2）研究人员在机构间流动时，根据本法规定，研究经费应跟随研究者，并根据缔约主管部门制定的方法实施。根据与缔约主管部门签订的合同，研究经费持有人对资金的管理承担公共责任。

第九章 提高高等教育和研究质量

第一节 总 则

第 192 条

（1）保证高等教育和大学研究的质量是高等教育机构的基本义务，是教育、研究、青年和体育部的基本职责。依照现行法律，在履行这一职责时，教育、研究、青年和体育部可以与罗马尼亚高等教育质量保障局、欧洲高等教育质量保证名册、国家科学研究委员会、国家学位证书、文凭和教育证书委员会、大学伦理与管理委员会等机构开展合作。

（2）高等教育机构有义务依照法律规定向教育、研究、青年和体育部提供其要求的资料。高等教育机构拒绝上报或上报虚假资料的行为将违反公共责任原则，并依法遭受处罚。

（3）大学拒绝公开教育、研究、青年和体育部或其他自然人和法人要求的数据，将被视为违反公共责任原则，并依法遭受处罚。

（4）学生在质量保证过程中是具有完全权利的合作伙伴。

第 193 条

（1）大学评估的目的：
①临时授权和认证。
②对学校的教育计划排名和对大学分类。

（2）对临时授权和认证的评估是由罗马尼亚高等教育质量保障局或在欧洲高等教育质量保证名册机构进行的，是根据该地区的法律和国际标准制定的。

（3）根据教育、研究、青年和体育部提出的评估方法，并经政府决策批准，从本法实施之日起最长 6 个月内，对学校的教育计划排名和大学分类进行定期评估。这种方法的应用是教育、研究、青年和体育部等部门的职能。

（4）根据本条第（3）款规定的评估可将大学分为 3 类：
①普通大学。
②教育、科学研究和艺术创作的大学。
③高等研究型大学。

（5）由以下机构实施本条第（3）款中规定的评估：有学生代表参与的罗马尼亚高等

教育质量保障局、国家科学研究委员会、全国学术职称证书、学位文凭和证书委员会以及根据竞赛中的教育机构排名和分类所选出的一所国际机构。

(6)本条第(5)款规定之外的情况,遵照本条第(3)款规定执行。本法施行后的第一次评估只能由具有高等教育机构的排名和分类能力的国际机构或者欧洲高等教育质量保证名册中的外国质量保证机构实施。

(7)关于学士学位和硕士学位计划,对公办高等教育机构的资助将依照本条第(3)款规定提到的排名,基于由教育、研究、青年和体育部制定,并由教育、研究、青年和体育部部长批准的方法来执行。博士计划遵照本法第160条规定资助。

(8)国家资助各类大学的卓越计划。

(9)本条第(8)款的卓越计划是根据本法制定的大学学士学位、硕士学位和博士学位教育计划而设立的。

(10)公办大学的学士学位、硕士学位以及博士学位的经费来自公共基金的拨款。

第 194 条

(1)为了提高高等教育教学质量和工作效率以及国际知名度和资源的集中程度,公办和民办大学可以采取以下措施:

①遵照法律规定组成大学联盟。

②合并高等教育机构和法人。

(2)自本法生效之日起,获得认证的大学可以发起组建大学联盟、大学合并或兼并的谈判。根据全国高等教育拨款委员会的建议,经教育、研究、青年和体育部部长批准,教育、研究、青年和体育部优先向合并大学的财务联合机构分配财政资金。

(3)合并或兼并优先围绕高等研究型大学进行,并考虑地理位置上的邻近性。

(4)根据教育、研究、青年和体育部或大学的倡议,应当定期对高等教育机构的学习计划进行评估。公布评估结果,供教育受益者参考,并提高机构透明度。

第 195 条

(1)每所大学有义务遵照国家科学研究委员会的规定以及教育、研究、青年和体育部部长批准的框架方法,在5年内对各院系在5个研究水平上的绩效进行内部评估和分类。并公布评估和分类结果。

(2)根据内部评估结果和校长的建议,大学评议会可以决定改组或解散绩效不佳的院系或机构,但不能以任何方式损害学生利益。

第 196 条

自本法颁布12个月内,罗马尼亚政府设立了罗马尼亚高等研究所,主要目的是资助罗马尼亚的精英和侨民。罗马尼亚高等研究所设立的方法是由教育、研究、青年和体育部制定,并由政府批准。

第 197 条

国家通过现行法律规定的专项财政机制鼓励卓越计划的高等教育机构,主要体现在以下两点:

①根据国家高等教育资助委员会制定的质量标准和条件,并经教育、研究、青年和体育部部长批准,卓越计划中的大学将至少获得分配给国家公办大学资金的30%作为追加资金,这笔追加资金可作为大学基本资金使用。

②教育、研究、青年和体育部部长为公办大学的发展拨付预算资金。机构发展基金是专门针对在各方面都表现卓越的高等教育机构,并根据国际竞争标准分配资金。根据教育、研究、青年和体育部的建议,由政府决定高等教育机构发展基金的分配和使用方法。

第二节 对卓越人才的支持

第198条

对表现突出的教职员工、学生和科研人员的支持形式:

①在国内外大学通过竞争获得的学习或研究经费。

②开展和完成研究(包括博士论文)的补助金。

③批准一些灵活的教育方式,允许加快大学学习进度。

④为他们在国内的专业发展提供支持工具和机制,以便他们能够充分利用其天赋和通过培训获得技能。

第十章 促进大学发展

第一节 总 则

第199条

(1)学生被视为高等教育机构的合作伙伴和学术团体中具有平等地位的成员。在宗教教育中,学生是学术团体的成员。

(2)只有在获得认证的高等教育机构注册的人才能获得学生和大学社团成员的身份。

(3)学生可以在同一时间被两所不同的高等院校或者同一学校最多两个培养计划录取和注册。依照现行法律规定,任何经济援助或奖学金都只能用在1个高等院校,并用于这所学校中的1项学习计划。

(4)为了测试知识、认知、艺术或体育能力,并接受学士、硕士或博士学位培养计划,高等教育机构为每个培养计划和学习周期组织入学考试。

第二节 学生注册、大学成绩单

第200条

(1)只有当高等教育机构可以在学术领域为一定数量的学生提供最优质的教学和舒适的生活条件时,高等教育机构才可以招生并实施培养计划。

(2)高等教育机构校长通过自身责任声明公布招生能力。

(3)在实施培养计划后,学生和大学应签订合同规定各方的权利和义务。

(4)依照本法,对培养计划实际招生超出其招收能力的大学采取解除其公共责任的措施,并依照本法给予一项或多项处罚。

第201条

(1)罗马尼亚大学成绩库是一个电子数据库,记录了罗马尼亚所有已认证的或者临时许可的公办和民办大学所有学生的成绩。大学成绩单的登记册是成绩库的一部分,以确保对文凭的严格管理。

(2)教育、研究、青年和体育部在全国高等教育拨款委员会的建议下,应起草一份分配个人注册码的条例,以及记录在成绩库中的信息目录。

(3)成绩库是一份受法律保护的官方文件。伪造记录是一项重罪,将受到法律的惩罚。

(4)大学的成绩单和相应的电子系统的登记簿应当在两年内建立。

(5)根据认证大学现有的登记资料,与成绩库相对应的数字数据库用来记录并保存罗马尼亚大学颁发的大学文凭。

第202条

(1)指导大学生社团活动的原则如下:

①非歧视原则。所有学生均从高等教育机构获得平等待遇,禁止对学生进行直接或间接的歧视。

②高等教育援助和辅助服务原则。除了课程、研讨会或实验室外,教学人员向学生提供咨询和通知服务;有关专业指导的咨询;心理咨询、电子邮件账户、访问专项数据库和有关个人学校记录的数据库。

③参与决策的原则。在高等教育机构内,由学生代表参与做出院校所有重大决策。

④言论自由原则。学生有权在其所在的教育机构中自由地表达自己的学术观点。

⑤透明性和获取信息的原则。学生有权自由访问和免费获得有关其教育课程的信息,以及其所属的学术团体的活动信息。

(2)在宗教大学中,学生的权利、自由和义务是按照每个宗教的教条和规范制定的。

(3)学生的权利、自由和义务被列入《学生权利和义务守则》,这项守则由学生会提出,并经教育、研究、青年和体育部部长批准。

(4)宗教大学的学生是按照宗教的教条和规范组织的。

(5)每一所大学应建立一套监测学生权利和义务遵守情况的制度。学生协会每年都会提交一份关于守则遵守情况的报告。报告应当公开。

第203条

(1)学生有权依法在公办或民办高校设立研讨室、社团、科学或文学俱乐部、艺术或体育俱乐部、出版社。

(2)在各种学习形态、学习计划或学习周期中,在学院内部或不同层次的大学,通过普选、直接和无记名投票的方式民主选举产生学生代表。在每个学术团体中,他们都是学生利益的合法代表。高等教育机构不参与学生代表选举的过程。

(3)在宗教大学,依照各自信仰宗教的特定教条和规范标准开展学术团体活动。

(4)学生代表的身份不受学校管理制度的制约。

(5)学生可以在大学中负责决策和执行的机构中任职。

(6)依法成立的国家学生联合会是代表大学生利益的团体,与公共机构有关。

(7)学生组织是每个学术团体中代表学生利益的合法代表,在大学的决策和执行机构中也可以有合法学生代表。

(8)在发展高等教育的同时,教育、研究、青年和体育部应当与依法设立的全国学生联合会合作。

(9)学生可以参加志愿活动,在学校章程规定的条件下,可以获得一定数量的学分。

第204条

(1)在现行法律条件下,低收入家庭的学生可以通过国家贷款和奖学金机制,从国家担保的银行获得助学贷款。在学习期间,贷款可能包括学习费用和生活费用。

(2)在农村工作5年以上的毕业生,应当免除75%的贷款,并按照国家规定的数额支付相应的金额,最高限额为5 000列伊。

第205条

(1)依照法律,学生可享受大学医疗中心和心理学家或州立医疗中心和医院的免费医疗和心理援助。

(2)在整学年,学生可享受当地市内公共交通、道路、铁路和船舶等国内运输费用50%的折扣优惠。根据教育、研究、青年和体育部部长的命令,孤儿或来自寄养家庭的学生可以享受免费交通。

(3)在批准的预算限额内,学生可以免费进入博物馆观看音乐会、剧院演出、歌剧、电影和其他由公共机构组织的文化和体育表演。

(4)获得罗马尼亚政府授予的奖学金的罗马尼亚籍留学生,可在罗马尼亚境内享受第(3)款规定的内容。

(5)高等教育机构有权在大学评议会规定的条件下,除批准的学生注册人数外,向持有高中毕业证书且来自寄养机构的毕业生提供至少一个免学费的入学名额。

(6)依照法律,来自经济风险较高或社会边缘化环境下的考生,如罗姆人,农村地区或居民数量不到1万人口的城市的高中毕业生,可享受由预算保障的教育。

(7)根据教育、研究、青年和体育部制定的规范,科学、技术、文化、艺术和体育等课外活动以及为学生提供优质服务的活动,由国家预算提供活动资金。其他来源的资金也可用于此目的。

(8)本条第(6)款规定也适用于艺术和体育的学生。

(9)有关学生缴纳学费的事项在大学评议会设定的条件下变更。

(10)教育、研究、青年和体育部可以根据设立的基金,每年向在国家级竞赛中获奖的国内的大学生或研究生提供奖学金。

(11)公办高等院校和获得认证的民办高等院校的在校生和毕业生可以参加本条第(10)款提到的奖学金的评选。

(12)寄宿学校、学生宿舍和大学食堂的运营费用由各高等教育机构的自有收入和国家预算专项资金支付。

(13)学校向学生收取的住宿费和餐食费最多不得超过运营成本和政府补贴的差额,运营成本包括员工成本、公用部门成本、原材料成本与耗材和日常维护费用。

(14)公办大学公布每一所寄宿学校的盈利和亏损情况以确保公开。

(15)对不选择学生宿舍的学生,也可以提供补助。

(16)如果实践培训在大学以外的地方开展,公办高等教育机构在其财力范围内,为学生在此期间的密集实践训练提供伙食、住宿和交通费用。

(17)大学免费颁发所有学位证书和学生身份证明,如证书和身份证。

第 206 条

(1)国家每年应根据政府规定为外国留学生提供一定数量的奖学金。这些奖学金只授予那些符合最高质量标准的公办或民办大学的学习计划。

(2)大学可以根据其自治权自主支配招收外国留学生所获得的全部收入。

第十一章　大学管理

第一节　总　则

第 207 条

(1)公办或民办高等教育机构的管理结构如下:
①大学评议会和大学董事会。
②院务委员会。
③学部委员会。

(2)管理岗位如下:
①大学级别的校长、副校长、行政主任。
②大学级别的院长、副院长。
③学部级别的主任。

(3)大学博士研究机构由大学博士研究委员会和委员会主席管理。由大学博士研究委员会制定任命大学博士研究委员会主席的程序。

(4)学部级别的部长及其董事会的主席应由所有教学和研究人员普选、直接或无记名投票方式选举产生。

(5)大学层级的管理结构和岗位根据下列程序确定：

①院务委员会由至多75%的教学和研究人员以及至少25%的学生代表组成。院务委员会的教学和研究人员代表由全体教师和研究人员普选或无记名投票选举产生，并在教职人员和学生代表中担任常设职务，学生代表由学部全体学生普选或无记名投票选举产生。

②学院层级的院长由大学校长组织的公开竞聘选拔产生。选拔竞争对来自大学或国内外同类学院的人员开放，这些人员在院务委员会全体会议的基础上，获得参加竞选的许可。院务委员会有义务批准至少2名候选人。

③由校长任命院长，由院长任命副院长。

④在多语言和多元文化的大学中，至少有1名副主任是根据科系中少数民族教职员工或掌握少数民族语言的教学人员的建议聘任的，院长在学科点或以国家少数民族语言教学的科系内工作的情况除外。在学部或科系内工作的教职员工必须至少推荐3名候选人。

(6)大学博士研究管理委员会成员由博士生导师通过普选、直接或无记名投票方式选举产生。

(7)大学章程规定，大学、学部、科系建立和选择管理结构和职位必须遵守学部、学院、教学科系、培养计划的代表性原则。

(8)宗教大学须经创办人批准选举产生管理人员。

第208条

(1)大学评议会由至多75%的教学和研究人员以及至少25%的学生代表组成。大学评议会的所有成员由担任终身职务的教研人员和学生代表通过普选、直接或无记名投票选举产生。每所学院在大学评议会均有代表，代表占比由大学章程规定。在宗教大学，大学评议会将按照有关法规和创始教派的具体教条和规范标准组织。

(2)大学评议会主席通过无记名投票选举产生的。大学评议会主席主持评议会会议，并代表评议会和校长对话。

(3)大学评议会下设专门委员会，负责监督和管理高等学校和董事会的行政管理活动。监督和检查报告定期在大学评议会会议上讨论，并作为大学评议会决议的基础。

第209条

(1)公办和民办大学校长的任命方法如下：

①依照本法根据新设立的大学评议会批准的方法公开竞聘。

②由大学内任职的所有教研人员以及大学评议会的学生代表和学院的理事会进行选举。通过普选、直接或无记名投票选举产生。

(2)根据本条第(1)款规定确定聘任校长的方法，在任命校长之前至少6个月确定聘任方法，由大学内任职的所有教研人员以及大学评议会的学生代表和学院的理事会通过普选、直接或无记名投票选举产生。

第 210 条

(1)校长的聘任基于公开竞争的方式,本法规定了任命程序。

(2)新设立的大学评议会建立了一个选拔和招聘委员会,其成员 50% 来自大学,50% 是大学外部的国内外科研人员。委员会至少包括 12 名成员,其中 1 名是根据大学章程从大学评议会中选出的学生代表或毕业生代表。此外,新设立的大学评议会依法制定和批准校长告示、选拔和招聘方法。

(3)根据本条第(2)款规定组织校长的公开竞聘。竞选委员会是本条第(2)款提到的选拔和招聘委员会。

(4)根据新设立的大学评议会的听证会,准许国内外科研人员参与校长一职的公开竞选,并根据大学评议会成员多数同意原则决定校长人选。新设立的大学评议会有义务批准两名候选人。批准的两名候选人随后参加按照本条第(3)款规定组织的公开竞聘。

第 211 条

(1)根据本法第 209 条聘任的校长,自当选之日起 30 日内由教育、研究、青年和体育部部长任命。在发布任命令后,校长可签署所有正式的书面文件,包括财务和会计文件以及学位和证书。

(2)教育、研究、青年和体育部部长根据大学评议会的建议任命校长,校长任命副校长。在多语言和多元文化的大学中,至少有 1 位副校长是根据当时隶属于国家少数民族语言教学部门或国家少数民族语言教学部门内部的教职人员的建议任命的,除非校长在研究部门或隶属于国家少数民族语言教学部门任职。在研究部门工作或隶属于研究部门的教职人员必须至少提名 3 位副校长候选人。

(3)教育、研究、青年和体育部部长任命的校长与大学评议会签订管理合同,该合同规定了管理绩效标准和指标以及双方的权利与义务。

(4)院长由新任校长组织的公开竞赛选拔,并由大学评议会批准。依照大学评议会制定的具体方法,院务委员会根据多数同意原则选举产生候选人并经由委员会批准。候选人可参加竞选。院务委员会至少确定两名院长候选人。

(5)行政主任根据新任校长管理计划的书面协议履职。

(6)校长、副校长、院长、行政主任和 1 名学生代表组成大学行政委员会。

(7)民办大学的管理委员会由创办人任命。

第 212 条

(1)民办大学的校长与教育、研究、青年和体育部部长签订院校合同。

(2)根据管理合同与大学章程的规定,大学评议会可以解雇校长。

(3)教育、研究、青年和体育部部长可以撤销对院长的委任命令。

第二节 大学评议会、校长、行政委员会、院长和主任的职能

第 213 条

(1)大学评议会代表学术团体,是大学最高的决策和审议机构。

(2)大学评议会的职能如下:

①授予大学学术自由和大学自主权。

②通过与学术团体的讨论,制定并施行大学章程。

③根据校长的建议,批准教育机构发展与运行的战略计划。

④根据校长的建议并依照现行法律,批准大学的结构、组织和运作方式。

⑤批准并执行预算计划。

⑥制定和批准质量保证和学术道德守则。

⑦根据《学生权利和义务守则》的规定施行学生权利和义务准则。

⑧批准大学组织和运作的方法及规章。

⑨与校长签订管理合同。

⑩通过专门委员会管理校长和董事会的活动。

⑪证实行政委员会职位的公开竞争有效。

⑫批准研究和教学人员竞争的方法和结果,以及定期评估人力资源职能。

⑬在校长的建议下,根据大学评议会的方法并依照现行法规,批准对低绩效人员的处罚措施。

⑭符合大学章程的其他权责。

(3)大学评议会的组成和规模由大学章程确定,以确保有效决策和学术团体的代表权。

(4)大学评议会成员任期为 4 年,可连任 2 届。学生代表的任期由大学章程规定。

(5)在至少三分之一大学评议会成员的要求下,校长组织召开大学评议会会议。

(6)校长是大学与第三方关系的法定代表人和大学行政领导人。校长是大学的授权信贷官。校长应具有以下职能:

①根据管理合同条款管理大学。

②与教育、研究、青年和体育部协商签署机构合同。

③与大学评议会签订管理合同。

④建议评议会批准大学职能结构和规章。

⑤建议评议会批准预算草案和有关预算执行情况的报告。

⑥在每年的 4 月向评议会提交本法第 130 条第(2)款规定的报告。根据专门委员会制定的文件,评议会对上述报告进行验证。这些文件是公开的。

⑦领导行政委员会。

⑧根据管理合同、大学章程和现行立法,履行评议会规定的其他职能。

(7)校长的任期为4年。根据大学章程的规定,竞选结束后,校长任期至少可以延长一次。每位校长在同一个高等教育机构任期不得超过8年。

(8)大学章程规定了副校长的职能和任期。

(9)院长代表学院,并负责管理和领导学院。院长向院务委员会提交有关教师状况的年度报告。院长领导院务委员会会议,并实施校长、行政委员会和评议会的决定。根据大学章程和现行立法确定院长职能。

(10)院务委员会是学院的审议决策机构,职权如下:

①根据院长的建议,批准学院的组织结构和职能。

②批准由学院管理的学习计划。

③管理院长的活动,批准有关学院状况、质量保证的年度报告。

④履行大学章程规定的职能以及由评议会批准并符合现行立法的其他职能。

(11)院系主任负责管理该院系。依照大学章程,院系委员会协助主任履行这一职能。院系主任负责本院系的课程、机构、研究和质量管理以及财务管理。

(12)依照大学章程,选拔、聘用、评估、培训、激励教职员工和终止劳动关系是由学部部长、博士组织学院的管理者或院长负责。

(13)在民办或公办大学,学校董事会在校长的领导下确保大学的业务管理并实施大学战略决策。董事会的职能包括:

①制定大学运营预算。

②批准预算执行和年终结余。

③批准有关组织教学和研究职位竞聘的建议。

④批准新教育计划的建议,并向大学评议会提交不再适用与大学使命相悖或在学术和财政上效率低下的教育计划的提议。

⑤批准超过公办大学的评议会或民办大学创办人设定的最高运营资金额。

⑥向大学评议会提交大学的中长工期战略以及对事关大学利益的政策。

(14)在道德委员会、调解委员会、质量保证委员会和其他社会委员会中均应至少有1名学生代表。

第214条

(1)校长、副校长、院长、副院长、系主任以及研究单位、设计或微型制作单位的负责人职位不能兼任。

(2)当组织领导职位空缺时,根据大学章程规定组织领导职位的局部选举或举行公开竞聘,最长不得超过3个月。

(3)大学章程规定了高等院校副校长和副院长的人数。

(4)在高等教育机构,管理职位的职能和职权由大学章程依法制定。如果出席人数不少于总人数的三分之二,大学评议会、院务委员会和学部委员会的决策由出席会议的成员多数同意原则表决通过。管理机构的成员有同等的审议表决权。

(5)学校董事会决定大学的行政结构和组织方向。行政董事通过学校组织的竞选产生。校长是竞选委员会的主席。教育、研究、青年和体育部的代表必须是竞选委员会的成员。最终由大学评议会和校长认定竞选结果。

(6)根据大学章程规定,研发机构由该机构主管领导。

(7)根据大学章程规定,大学可以设立由来自外部学术、文化、专业领域的人士和经济环境的代表组成的咨询机构。

第 215 条

(1)达到退休年龄的人员禁止在公办、民办和宗教大学担任领导职务。本法生效时,在担任领导职务任期内达到退休年龄的情况除外。

(2)担任行政职务的人员或公职人员,保留其在公共教育体系中的职位。

(3)公职人员在执行公务期间不得行使大学领导职能。

(4)在任职期间,校长不得同时担任政党中的管理职务。

(5)公职可以与教学或研究职位相结合。

第三节 国家在高等教育中的作用

第 216 条

(1)国家通过议会、政府以及教育、研究、青年和体育部等部门行使高等教育权力。

(2)教育、研究、青年和体育部职能如下:

①作为欧洲高等教育领域的一部分,提出有关高等教育的国家政策和战略。

②制定高等教育制度的组织和运行规则。

③直接或通过主管机构监督高等教育的组织和运作以及学术研究、财务管理、学术道德和质量保证的遵守情况。

④定期对大学进行评估,并对大学的教育研究水平进行排名。

⑤约束大学在校生名册的管理。

⑥根据高等教育机构内部规范和欧洲标准,组织学历和证书的认证以及同等认定。根据教育、研究、青年和体育部批准和更新的名单,制定在欧盟成员国、欧洲经济区以及瑞士联邦的大学和在其他国家的著名大学获得的文凭和证书可以自动识别的方法。根据自己的方法组织对大学教学岗位和博士生导师素质的隐性认可。对认可和验证文凭和证书以及批准学习文件收取一定金额的列伊或外币。

⑦制定高等教育预算草案,并作为教学预算和研究预算的一部分。

⑧检查和管理国家指标和数据库系统,以便检测和预测其与劳动力市场的关系。

⑨支持高等教育学习和研究的建设。

⑩出版关于高等教育状况的年度报告。

第 217 条

(1)教育、研究、青年和体育部为履行职能,得到了全国专门机构的支持,这些机构根据职业声望和道德标准建立了国家统计局和高校预测委员会,国家学位证书、文凭和教育证书委员会,国家科学研究委员会,研究、发展与创新咨询委员会,国家高等教育拨款委员会,国家大学图书馆委员会和大学道德与管理委员会和国家研究、科技发展与创新道德委员会。这些机构的成员可能是教职人员和研究人员,拥有高级讲师或二级科学研究员以上职称或在国外获得的同等职称,罗马尼亚学院和文化机构的成员以及国家高等教育拨款委员会 1 名学生,或研究、发展与创新咨询委员会的商业环境代表或国家高等教育拨款委员会的观察员。

(2)本条第(1)款所述的委员会设有一个由教育、研究、青年和体育部部长要求设立和运作的技术秘书处。

(3)依照法律规定,教育、研究、青年和体育部部长管理本条第(1)款所述的专门机构的建立、组织和运行规章、结构及其组成。专门机构的预算是通过高等教育、研究、发展与创新基金执行机构进行管理的,并按照教育、研究、青年和体育部或其他合法资金来源的合同编制的。高等教育、研究、发展与创新基金执行机构负责制订预算。

(4)国家科学研究委员会是根据教育、研究、青年和体育部部长命令,通过重组国家高等教育研究委员会而设立的。

第 218 条

(1)国家高等教育统计与预测委员会的主要职能是制定和不断更新高等教育指标,以监测和预测其与劳动力市场的动态关系。该委员会负责公布与这些指标相对应的年度数据。

(2)大学道德委员会具有以下职能:

①监督高等教育体系的学术道德遵守情况。

②审计大学道德委员会,提交并公布有关学术道德的年度报告。

③监督高等教育机构履行本法规定的义务的情况。

④起草和出版学术道德与道义学参考规范的公共文件。在仲裁诉讼中,大学道德与管理委员会基于本文件中阐述的原则和程序进行仲裁。

(3)全国研究、技术开发与创新道德委员会是根据第 206/2004 号法律及其修订和完善法案规定的,具有良好的科技研究、技术开发和创新行为的机构。

第 219 条

(1)国家学位证书、文凭和教育证书委员会具有以下职能:

①提供大学授予高等教育学位、专业研究和专业学位、博士生导师资格和能力证书的必要和强制性的最低标准。并由教育、研究、青年和体育部部长批准。国家学位证书、文凭和教育证书委员会接受提交获得能力证书的文件的最低标准不取决于候选人的教学职位或专业程度。最低标准与授予教授职称的标准相同。

②提出本法第 295 条第(1)款所提及的方法。

③根据教育、研究、青年和体育部的要求,每年进行 1 次审计,主动举办填补大学教学和研究职位的竞赛。向教育、研究、青年和体育部部长提交机构审计报告,并根据数据和文件陈述结论。

④根据具体指标,向教育、研究、青年和体育部提交有关高等教育人力资源教学研究的年度报告,并公布该报告。

⑤法律或组织运行条例规定的其他职能。

(2)国家高等教育拨款委员会具有以下职能:

①提出资助大学的方法,并确定每个学生在每个教育周期和学习领域的平均成本。

②应教育、研究、青年和体育部的要求,定期审计大学的发展计划,有效管理大学公共基金,并根据项目向大学提出补充资金的建议。

③向教育、研究、青年和体育部提交 1 份有关高等教育拨款状况和优化措施的年度报告,并公布该报告。

(3)国家科学研究委员会具有以下职能:

①制定高等教育科学研究质量条件、标准和指标,并递交教育、研究、青年和体育部审批。

②应教育、研究、青年和体育部的要求或主动定期审核大学或研发单位的研究状况。

③管理为竞争性拨款而提出的研究项目的研究计划和评估流程。

④向教育、研究、青年和体育部提交关于高等教育和大学研究状况的年度报告,并将报告公布在国家科学研究委员会的网站上。

(4)全国高校图书馆委员会负责高校图书馆系统的战略发展、定期评估和协调。

第 220 条

(1)为监测高等教育机构的管理效率以及高等教育对劳动力市场的公平性和相关性的监测,自本法颁布之后最长 12 个月内,为高等教育建立 1 套参考统计指标体系。该体系与所在领域欧洲参考统计指标相关。

(2)教育、研究、青年和体育部将与国家高等教育统计局、罗马尼亚高等教育质量保障局、国家科学研究委员会、国家高等教育拨款委员会、国家学位证书、文凭和教育证书委员会和国家资格管理局共同制定指标体系,并由政府批准。关于高等教育状况的年度报告是根据本条第(1)款所提供的指标编写的。

第 221 条

(1)依照法律规定,教育、研究、青年和体育部通过国家科学研究局开展研究工作。

(2)教育、研究、青年和体育部在行使权力的同时,还与国家校长委员会以及国家或国际专业科学代表机构和协会、工会联合分会、全国学生联合会合作。

第十二章 大学财务与资产

第一节 总 则

第 222 条

(1)公办高等教育体系对政府批准的学生实行免费教育,可以在法律限定范围内收取相关费用。

(2)在免费的公办高等教育体系中,对法律规定的学校教育延期、入学登记、重新注册、重新考试和对提供教育计划逾期的其他形式收取费用,但不包括在教育计划中的活动。

(3)公办高等教育经费的筹措是由公共资金按照以下要求进行:

①把高等教育作为公共责任,把整个教育体系作为国家的重中之重。

②确保高等教育质量标准符合欧洲高等教育领域人才培养的需求,并促进以知识为基础的民主社会公民的个人发展。

③确保人力资源专业发展符合劳动力市场的多元化。

④确保高等教育的发展以及科学研究和艺术创作引领一流大学融入全球科学。

⑤公布高等教育机构年度预算执行情况。

(4)公共高等教育经费是根据合同或其他部委拨款获得的,并根据有关部委或其他资金来源(包括贷款和外援)提供者的要求,用于高等教育机构培养专业人才。

(5)公办大学所有经费来源都是自己的收入。

(6)国家支持获得认可的民办高等教育。

(7)公办和民办高等教育机构可以接受国内外的捐款。

第 223 条

(1)公办高等教育机构由国家预算、预算外收入和其他来源资金资助。

(2)高等教育机构的收入包括从教育、研究、青年和体育部预算中按照合约方式分配的资金,用于基础性经费、补充性经费和额外经费,以实现投资目标;在竞争基础上,分配用于机构发展的资金,用于招生、学生奖学金、社会保护的资金和依法向罗马尼亚或外国自然人收取的费用,以及利息、捐赠、赞助获取的资金。高等教育机构在大学自治的条件下,使用这些收入以实现国家对教育和学术研究的政策目标。

(3)公共资金中的追加资金是教育、研究、青年和体育部给予的,用于鼓励公办大学和民办大学中优秀的教育机构和教育计划。追加资金是依据本法第 197 条第(1)款拨付的。

(4)教育、研究、青年和体育部根据每名学生、每个学习领域、每个学习周期和每种教学语言的平均成本,通过学习补助金为公办大学提供基础资金。学习补助金将分配到确保可持续发展和竞争性社会的优先领域,以及在该领域内质量等级体系中最高质量的培养计划。根据不同计划在这个层次结构中的地位决定分配给培养计划和学术研究的补助金金额。

(5)基础教育经费已经在整个教育周期中实施多年。

(6)经教育、研究、青年和体育部批准的补充性经费可用于以下方面：

①对住宿和寄宿的补贴。

②根据捐赠以及其他投资和改革成本的优先次序和具体标准分配的资金。

③以竞争为基础分配科学研究资金。

(7)大学经费是以教育、研究、青年和体育部与大学之间的协议为依据的,具体协议如下：

①有关基础教育经费、学生奖学金、社会保障基金、机构发展基金以及投资目标资助额的机构协议。

②有关改革资金、捐赠资金和其他投资费用以及住宿和寄宿补贴的补充协议。

③教育、研究、青年和体育部以及国家高等教育拨款委员会定期审核机构协议和补充协议。

(8)依照57/2002号法律关于科学研究与技术开发的规定、随后修订和完善的条例以及有关研究与开发专门性法律规定,资助学术研究。

(9)按照注册系统中的学生人数分配学生奖学金和社会保障资金,不包括学费。

(10)奖学金用以鼓励成绩优异的学生,社会助学金用以资助贫困学生。每年由国家高等教育拨款委员会提出社会助学金的最低额度,社会助学金金额必须高于最低食宿费用。

(11)大学可以从学校的预算外资金中提供奖学金。

(12)每种资助类型的合理支出类别及补充资金和追加资金的分配方法由政府根据教育、研究、青年和体育部的要求决定。该决定不得晚于本法公布后6个月。

(13)公办大学校长通过与教育、研究、青年和体育部签订的机构协议直接负责高等教育机构的资源配置,资源配置优先考虑高绩效院校。

第224条

罗马尼亚国家可以为在邻国学习或长期居住在国外的罗马尼亚公民,以及希望在罗马尼亚公办教育机构和研究院内学习的罗马尼亚公民提供奖学金。

第225条

(1)关于先进科学技术的硕士和博士教育计划、以国际语言授课的教育、与国际知名大学的联合教学,均可以依照国家高等教育拨款委员会的建议获得资助。

(2)年末机构协议预算执行余额以及学术科研经费和预算外收入仍然可供大学使用,并纳入大学的收入和支出预算。此收入不计入国家预算,也不影响下一年度的国家预算拨款。

第 226 条

(1)公办和民办大学依法管理学校资产。

(2)根据民法典的规定,大学的财产权是物权,通过租赁、贷款等获得的使用权或依法享有的行政权力。

(3)大学财产还包括由合同、协议或司法判决产生的应收款。

(4)公办大学的资产包括来自国家公共部门或私营部门的动产和不动产。

(5)大学依法对来自国家公共部门财产中的动产享有管理、使用、租赁的权利。

(6)根据政府决定,国家公共部门的物品可以依法转为私有制,并赠送给公办大学。

(7)公办大学对私有财产拥有所有权。教育、研究、青年和体育部等部门有权根据公办大学提交的文件,向其颁发所有权证书。

(8)公办大学对本条第(7)款规定的物品的所有权按《大学章程》规定行使,并应符合《普通法》的规定。

(9)公办大学的不动产所有权和其他物权,纳入这一领域专项立法规定的不动产公布程序。

(10)公办大学解散时,清算后剩余的自有财产归国家所有。

(11)在法律规定的条件下,民办大学对其资产拥有所有权或其他物权。

第二节 民办高等教育机构和民办高等宗教教育机构的组织与运作

第 227 条

(1)民办高等教育机构和民办高等宗教教育机构是法人,是在某一基金会或协会、宗教团体或者教育机构组织者主动提供的物质资源、财力资源的基础上建立的。

(2)按照本法规定,民办高等教育机构享有学术自主权、经济财务自主权,其私有财产受宪法保护。

(3)民办大学和民办宗教大学的结构、职能、领导任期等是根据《大学章程》制定,经创办人同意,并经大学评议会批准的,并严格遵守本法的规定。

第三节 民办高等教育机构和民办高等宗教教育机构的设立

第 228 条

(1)民办高等教育和民办高等宗教教育机构必须遵守本法规定的所有临时授权和认证程序。

(2)民办高等教育和民办高等宗教教育机构由政府根据教育、研究、青年和体育部的建议依法设立。

(3)已认证大学的法定办学年限应予以认可。

第四节　民办高等教育机构和民办高等宗教教育机构的资产

第 229 条

（1）民办高等教育机构和民办高等宗教教育机构的资产包括创办人的初始资产，以及后期获得的资产。

（2）民办高等教育机构和民办高等宗教教育机构在办学期间可以依法处置为其提供的资产。

（3）董事会做出所有关于民办高等教育机构和民办高等宗教教育机构资产的决策。

第五节　民办高等教育机构和民办高等宗教教育机构的解散

第 230 条

（1）创办人可以依法解散或清算民办高等教育机构和民办高等宗教教育机构。

（2）民办高等教育机构和民办高等宗教教育机构解散或清算时，资产归属于创办人。

（3）解散的同时要保障学生的利益。

第六节　民办高等教育机构和民办高等宗教教育机构的资金

第 231 条

民办高等教育机构和民办高等宗教教育机构的资金来源包括：

① 创办人提供的资金。

② 学费和其他教育收入。

③ 赞助、捐赠、补助金、竞争性资金、研发、创新和其他合法来源资金。

第四篇　教职员工条例

第一章　大学教育中的教职员工

第一节　总　则

第 232 条

总则规定以下内容：

① 教职人员和教学辅助人员以及教学管理、职业指导和管控人员的职务、权限、职责、权利和义务。

② 教学管理、职业指导与管理人员的初始和继续教育。

③ 教学及辅助教学管理、职业指导与管理职位的任职条件和方法，以及这些职位的解聘、停职和退休的条件和方法。

④ 管制、基于区别对待和实施处罚的标准。

第 233 条

（1）教职人员包括教育系统中负责培训和教学的人员。

（2）教职人员应是受相应教育程度的人员，具有充分行使权利的能力，并符合职业道德规范以及生理和心理条件。

第 234 条

（1）教育、研究、青年和体育部与卫生部共同编制的以特定形式颁发的健康证明作为聘用和担任教学或辅助教学管理、职业指导与管理职位的条件。通过教育、研究、青年和体育部与卫生部之间的协议，确定生理状况是否符合职位要求。

（2）认为受到不公正对待的教学及辅助教学管理、职业指导与管理职位人员，可以要求专家对其工作能力提出意见。

（3）在通过刑事定罪的最终司法判决确定的期限内，本条第（1）款所述的职位不能由失去这项权利的人持有。

（4）心理条件不符合职业要求的教育机构的管理人员在经教师委员会同意后，可以进行全面的体检。同样适用于教学管理、职业指导与管理职位的人员，以及附属教育机构的职工。

（5）职工如有以下不符合教学职位品德的行为，不能担任教学管理、职业指导与管理职位：

①在教育机构或邻近地区进行任何贸易活动。

②从事淫秽或色情方面的文字、音频或视频资料的交易。

③进行色情活动或涉及淫秽表演等活动。

第 235 条

军事、情报、公共秩序和国家安全教育机构应遵守以下条款：

①本法对军事、情报、公共秩序和国家安全具体性质的规定，由其命令、规章和指示做出。

②军事、情报、公共秩序和国家安全教育机构的教职人员，从本法规定的教职人员以及军事、情报、公共秩序和国家安全教员中聘用。

③军事、情报、公共秩序和国家安全方面的教职人员，分别享有本法规定的权利和义务以及现役军人和具有特殊地位的公务员的权利和义务。

④对于与军事、情报、公共秩序和国家安全方面的教职人员相对应的教学职位，岗位说明规定了其任职条件、教学工作量、能力要求和职责。

⑤按照本法规定以及军事、情报、公共秩序和国家安全教育机构的具体条例培训教职人员。

⑥军事、情报、公共秩序和国家安全教育机构的教职人员可以根据本法规定的条件获得终身职称。

第二节 职前培训和继续教育

第 236 条

(1)针对教学职务的职前培训包括：
①在依法认可的专项计划实施期间,在各大学进行初始的、理论的和专门的培训。
②两年的艺术学硕士教育。
③在另一所教育机构进行为期一学年的实习。
(2)除第(1)款的规定外,在师范高中对学前教育教师进行培训。
(3)为了取得另一专业文凭,毕业生可以修读最少 90 个可转换学分的课程单元,证明其在文凭所述学科相关的基础领域中所获得的教学能力。这一课程单元可以与美术硕士的学习同时进行或在美术硕士学习结束后进行。

第 237 条

(1)在分析系统培训需求的基础上,教育、研究、青年和体育部制定了教职人员职前培训的理论体系和课程要点。
(2)职前培训理论和专业心理训练课程由教育、研究、青年和体育部或罗马尼亚高等教育质量保障局或其他认证机构定期进行认证和评估。

第 238 条

(1)选择教师职业的高等教育机构的毕业生有义务完成两年制的美术硕士教学课程。
(2)艺术硕士课程的学习方案是根据教学职位的专业标准制定的,由教育、研究、青年和体育部批准。
(3)在公办高等教育机构中,参加由教育、研究、青年和体育部认证的美术硕士课程的学生,可以获得国家财政预算资助的奖学金。
(4)从国家预算中获得的奖学金数额等于新任教师的薪资。
(5)教育、研究、青年和体育部制定由国家预算资助的奖学金制度。
(6)美术硕士毕业生获得毕业课程领域的美术硕士学位和教师资格证书。
(7)小学和学前教育专业的教育计划由教育、研究、青年和体育部部长批准。

第 239 条

(1)仅在获得学士学位和硕士学位后,才可以登记实习期。
(2)按照教育、研究、青年和体育部部长的指令,并根据提供职前培训的教育部门或机构与学校督导处签订的框架协议,建立了一个永久的教育机构网络,用于艺术学硕士期间的实习和教职人员的职前培训。
(3)在本条第(2)款所述的框架协议的基础上,提供初始培训的教育部门或机构与学校督导处签订 1~4 学年的合作合同,为组织和发展实习提供条件。
(4)职前培训的教育部门或机构可以独立与提供该领域服务的机构,如咨询中心、儿童俱乐部、少年宫、语言治疗中心和非政府组织建立伙伴关系。

（5）艺术学硕士教育计划的实习可以在欧盟计划中的国外实习期间进行，这是对新入职教职员工培训的组成部分，该培训期由欧洲通行证流动证明文件加以认证。

第 240 条

（1）在以下情况下，实习生可以担任实习期为一学年的教学职务：

①在参加竞聘空缺或保留职位或部门之后。

②在省级督导机构对竞争后空缺职位进行分配之后。

（2）实习生在为期一学年的实习期内，应根据临时担任的教学职位，依照现行法律及其他相关规定实施教学。

第 241 条

（1）根据教育、研究、青年和体育部部长批准的方法组织全国教师资格考试，包括以下两个阶段的考试：

①第一阶段为淘汰不合格教师的考试。在为期一学年的实习期间，由学校督导机构实施，督查包括评估教育机构一级的专业活动、民办专业组合和至少 2 次课堂检查。

②第二阶段为结业考试。在为期一学年的实习结束时进行，包括教育、研究、青年和体育部为每个专业批准的基于一个主题和一本参考书目的书面考试。

（2）通过教师资格考试的教师将获得大学预科教育教师从业资格。

（3）依照本法，符合长期就业合同条件并且已通过教师资格考试的教师，根据所属教育机构的行政委员会的决定，可以继续担任教学职位或领导职位。

（4）未能通过教师资格考试的人员，至多可以参加两次考试，每次考试前应有一学年的实习期。

（5）第二次为期一学年的实习和教师资格考试可以在第一次实习开始后隔一段时间再次进行，时间间隔不得超过 5 年。

（6）未能通过教师资格考试的人员可以在国家的大学预科教育体系中作为新任教师任职，有固定的任期。

第 242 条

（1）教职人员的持续发展包括专业发展和职业发展。

（2）二级教学资格和一级教学资格可以证明在教学生涯中所取得的各种能力水平。

（3）教育、研究、青年和体育部规定了获得职业资格等级的考试、选题、参考书目、组织程序和考试过程。

（4）获得教师资格证书后，具有 4 年以上教学资历的教职人员如果通过以下考试则可获得二级教学资格：

①在 4 年内通过 1 次专项检查，并在专项检查之前至少进行 2 次学校自查。

②根据教育、研究、青年和体育部批准的每个专业的题目和参考书目，采用跨学科和创造性的方法进行专业测试。

③教育学的口试以教育、研究、青年和体育部批准的课程为基础,包括心理学和教育社会学。

(5)从教4年以上的教职人员取得二级教学资格后,如通过以下考试则可获得一级教师资格:

①根据教育、研究、青年和体育部批准的主题和参考书目,组织每个专业的初试。

②特殊学校考核前至少进行两次学院考核,并在4年内考核完,以最高成绩为准。

③在该领域主管机构任命的科学导师的监督下,阐述方法科学的教学工作。

④根据教育、研究、青年和体育部的方法,向已设立的委员会展示方法科学的教学工作。

(6)资格考试未通过的情况下,时隔至少两年后可以再次参加二级和一级教学资格证书的考试。

(7)依照教育、研究、青年和体育部制定的方法,受雇于大学预科教育机构,满足职前培训条件并在其所教授的专业或基础领域获得博士学位的教学人员,被授予一级教学资格。

(8)获得终身教师资格证书或二级资格证书平均成绩为10的教职人员,可以参加一级教学资格考试,与本法规定的期限相比,分别提前一年参加一级教学资格考试。

(9)终身教师资格和二级或一级教学资格均是通过学习获得的专业认证。

(10)教学资格等级由教育、研究、青年和体育部制定。

第243条

(1)基于教育、研究、青年和体育部制定的方法,在大学预科教育系统中获得一级教学资格证书的教职人员,在教学和管理活动中有特殊贡献的可以被授予"荣誉教授"称号。

(2)被授予"荣誉教授"称号的教职人员享有下列权利:

①经有关教育机构同意,优先调任教学职务。

②指导教师继续教育的章程。

③在平均分相等的情况下,优先担任教学职位。

④获得由教育、研究、青年和体育部发起的国家项目基金。

⑤学校督导机构委派人员解决其户籍归属问题。

第244条

(1)教育、研究、青年和体育部根据国家战略和政策,制定目标并协调大学预科教育体系中的教职员工的继续教育。

(2)大学预科教育中的单位和机构根据自身需要制定目标和继续教育计划,包括对员工的职业培训。

(3)继续教育的提供机构及其教育计划的认证和定期评估,继续教育的组织和课程框架的制定方法由教育、研究、青年和体育部通过专业方向实施和制定。

(4)教学人力资源中心是教学和辅助教学人员的教育和管理辅助中心,可视为继续教育的提供者。

(5)教学管理、职业指导与管理人员的继续教育和专业再培训均是以教师的专业水平、质量标准和专业能力为基础的,并规定如下:

①根据所担任的教学职位,提升和发展专业领域的能力,以及在心理教育学和方法论领域的能力。

②通过培训和教学资格等级考试,培养教师职业发展的能力。

③培养教学管理、职业指导与管理能力。

④通过培训计划获得新技能或担任新的教学职位,根据职前培训获得的新技能除外。

⑤拓展在当前活动中可能运用到的其他能力,如计算机辅助教学、外语教学、教育咨询和就业指导、成人教育等。

⑥在与社会环境和教学环境的互动与交流中,发展和提高交际能力,承担组织、管理和提高专业团体的战略绩效以及对适当活动的自我控制和反思等方面的责任。

(6)在可转换学分制中,由教育、研究、青年和体育部部长批准的对教学管理、职业指导与管理人员进行持续培训的方法描述了上述能力及其评估和认证方法。

第 245 条

(1)参加继续教育是教学管理、职业指导与管理人员的权利和义务。

(2)通过教育、研究、青年和体育部部长批准的方法开展继续教育活动的组织、发展、评价和筹资。

(3)教学管理、职业指导与管理人员的继续教育取决于教育和职业培训领域的发展,包括国家课程规划以及个人发展的利益和需求。

(4)不同于当前专业,通过学习获得一门新的专业技能被认为是继续教育。

(5)除个别专业,教职员工可以通过政府提供的培训课程,获得与该专业毕业生相同的基础学科领域的教学能力。

(6)教职员工以及大学预科教育中的教学管理、职业指导与管理人员有义务定期参加继续教育,从通过教师资格考试之日算起,每5年累计至少90个专业可转换学分。

(7)职业培训计划具有高等教育机构的属性,并按照具体的规范制定。

(8)由教育、研究、青年和体育部制定,并经教育、研究、青年和体育部部长批准的专业可转换学分的累计、认可和均等制度,通过继续教育的各种方案和组织形式对教学管理、职业指导与管理人员进行评估和验证。

第 246 条

(1)教育、研究、青年和体育部通过在教育管理领域获得认证的培训教师间的竞争,选出至少获得60个专业课转换学分的教师组建国家教育管理体系。

(2)由教育、研究、青年和体育部部长批准的方法制定选拔程序和标准。

(3)在教育管理中,只有属于国家教育管理专家组的教师,才能在教育单位和学院督导机构中担任教学管理、职业指导与管理职务。

第三节 教学职位和辅助职位的任职条件

第 247 条

教学职位包括:

①婴幼儿教育:为每组婴幼儿安排 1 位育婴师。在具有加班或周工作计划的机构中,安排职工轮班。

②学前教育:为每组儿童安排 1 位幼师。在具有加班或周工作计划的机构中,安排职工轮班。

③初等教育:为每个班级的学生安排 1 位小学教师。

④体育馆或高中的教师。

⑤根据每种教育方式的性质,在学前教育或初等教育中,为每个班级设立教学岗位。

⑥特殊教育和复杂的专业委员会,包括家庭支持教师、心理学教师、心理咨询师、心理学家、言语治疗师、心理医生。每个小组或班级都设有教师,特殊教育教师职位。

⑦心理教育学援助中心和职位需要心理教育学家、心理学教师、社会学家、言语治疗师、学校辅导员。

⑧国际学校语言治疗中心和学校值班室需要具有特殊心理教育学、心理学或教育学资格的教师或语言治疗师。

⑨在教职工资源中心需要方法学教师、副教授、教练、职业发展导师。

⑩在学校体育俱乐部需要教师、教练、教练兼教师。

⑪校外活动教师。

⑫在教育机构为教师提供职前培训和专业发展的导师。

⑬在文献资料中心工作的资源教师。

⑭副教员,是在另一所学校担任终身职务的教职人员,是按小时支付报酬的退休教师或学校课程领域的知名专家。

第 248 条

(1)为了担任教师职务,必须在某个教学单位中,并在导师指导下,从事为期一学年相应的教学工作,并符合以下要求:

①大学本科毕业并取得本科学历。

②两年制的艺术学硕士毕业。

(2)为了完成省级学校督导机构中教学岗位的实习培训工作,根据教育、研究、青年和体育部制定的方法建立导师队伍。

（3）根据教育、研究、青年和体育部制定的认可和验证方法，自法律生效之日起，教育家、教师、校长、领班教员、教练和正规、非正规或非正式地取得专业资格的教师，符合幼师、小学教师、辅导教师的任职条件。

（4）教育学院的本科和研究生的毕业生或在现行法律生效之前从大学或其他同等学校毕业的受聘于学前和小学教育机构的毕业生，视为符合在学前教育和小学教育机构担任教师职位的条件。

（5）在特殊教育中担任教学职位，必须满足本条第（1）款规定的条件，根据教育、研究、青年和体育部部长制定的条件，除了应具有特殊教育心理理论与实践培训课程以外，还应满足专业要求。

（6）在学校体育俱乐部、少年宫和儿童俱乐部担任教练职务，必须是毕业于高中或教练学校并获得文凭，或者毕业于专门从事各项体育活动的职业机构或高等教育机构。

第 249 条

辅助人员包括：

①图书管理员、资源教师和编辑。

②计算机专员。

③实验室助理。

④技术人员。

⑤学校教师。

⑥校外教育指导员。

⑦社会助理。

⑧合唱指挥员。

⑨学校调解员。

⑩秘书。

⑪财务管理员。

⑫资产管理员。

第 250 条

担任辅助岗位必须满足以下条件：

①图书管理员、资源教师和编辑——由教育机构、图书馆管理机构研究生院的毕业生或在该领域获得学位的毕业生担任，或由毕业于其他机构但在读期间曾在图书馆管理领域的档案管理专业学习的毕业生。

②计算机专员——高等教育机构或专门的大学预科教育机构的毕业生。

③实验室助理——高等教育机构、研究生院或特殊高中的毕业生。

④技术人员——研究生院或特定高中的毕业生并取得相应的学位。

⑤学校教师——获得学士学位的毕业生。

⑥校外教育指导员——毕业于高等教育机构、特殊教育研究生院、高等师范院校或其他同等高等学校,完成学业并取得该职位专业资格证书的毕业生。

⑦社会助理——高等教育专科机构毕业生,以及从卫生学校或儿科护士研究院毕业的研究生。

⑧合唱指挥员——高等教育专科机构或专科高中毕业生。

⑨学校调解员——取得社会援助专业毕业文凭、学校调解员专业毕业文凭、师范高中毕业文凭或其他高中毕业文凭的毕业生,以及经教育、研究、青年和体育部批准的学校调解员职业培训班的毕业生。

⑩秘书——高等院校毕业,具有学士学位证书的大学毕业生或教育机构研究生。

⑪财务管理员——符合现行法律规定的会计师、首席会计师的条件。

⑫资产管理员——符合现行法律规定的工程师、经济师的条件。

第251条

(1)教育、研究、青年和体育部协同劳动和社会保障部,有权根据教育动态,设立和规范新的教学职位,尤其是辅助职位。

(2)本条第(1)款规定的新职位的教学规范由教育、研究、青年和体育部制定。

第252条

(1)在本法颁布之日起,保留大学预科教育体系中终身职务的教员在国家职位竞赛中获得的权利。

(2)在大学预科教育体系中,按照政府分配或其他规定在国家教育体系中担任终身职务的教职人员,与在全国职位竞聘中成为终身职位的教职人员具有相同的权利。

(3)在大学预科教育系统中担任终身职务的教职人员通过以下方法来减少流动:

①接受大学预科教育机构之间的调转。

②根据教育、研究、青年和体育部每年在11月15日制定的方法,由省学校督导或布加勒斯特学校督导组负责协调空缺职位或岗位的分配。

(4)减少的活动如下:

①职位或教学规范不符合法律规定的学龄前儿童和学生人数的规范体系的情况。

②无法将同一教育机构或附近的教育机构中补课的班级数量减少至一半以下的情况。

第253条

在本法颁布之前的3年内,未担任终身职务和未参加全国职位竞聘的符合资格的教职员工,最低评分为7的,如果满足以下条件,可以在学校任职或担任领导人职务:

①任职的可行性得到证实。

②学校董事会对此表示同意。

第四节 教职员工的聘用形式

第 254 条

(1)根据法律规定的条件,在教育机构或学校联盟中,教职员工可以以为期一学年以上的个人长期或短期就业合同的形式被聘用,也可以延长合同,按小时支付报酬。

(2)按照现行的学习规范制定教育机构或学校联盟的教学职位。

(3)在公办、民办大学预科教育中,教学职位是根据教育、研究、青年和体育部制定的框架方法,在具有法人资格的教育机构内完成竞聘后设立的。

(4)关于教学职位空缺、组织职位竞聘、聘用教师的决定,由教育机构一级行政委员会根据校长的建议,依照教育、研究、青年和体育部制定的方法做出。

(5)教育事业单位的行政委员会设立可供任职的教师职位或领导人职位以及院校章程中有关空缺、保留职位的规定,并制定这些职位任职的条件和方法。

(6)学校督导人员会同教育机构进行分析和纠正,并批准空缺或保留的教学职位或领导人职务。

(7)在教师职位或领导人职位甄选和聘用程序开始前至少 30 日,由学校督导人员在各教育机构及各部门的网站上公布职位表。

(8)本条第(4)款规定的竞聘包括:

①对签订个人聘用合同的教职员工进行的专业教学实践测试或课堂专项考核和笔试。

②介绍简历和参加面试,并按小时支付教职员工和退休教职员工的报酬。

(9)教育机构单独或分组在地方或省级学校联盟组织教学岗位和领导人职位竞聘,根据本条第(1)款所述的职位条件进行。

(10)职位竞聘委员会由教育机构行政委员会批准。省级督导机构的代表必须是职位竞聘委员会的成员。如果职位竞聘是在学校联盟内部组织的,或者是在地方或省级临时协会组织的,则由教育机构行政委员会确认。

(11)在大学预科教育中,教师职位和领导人职位的竞聘由组织职位竞聘的教学机构行政委员会确认。

(12)在民办教育中,由民办教育机构的管理层对职位竞聘和就业情况进行确认,并以书面形式告知学校督导机构。

(13)获得终身教师资格的候选人、具有教学权利的教师以及在教育机构行政委员会认证的职位竞聘中获胜并担任空缺教学职务的教师,依照相应的方法和条件,均为终身教师资格的持有人。教育机构的主任与他们单独签订一份无固定期限的聘用合同。

(14)未获得终身教师资格的候选人、新任教师以及在教育机构行政委员会认证的职位竞聘中获胜并担任空缺教学职位的教师,依照相应的方法和条件,与教育机构校长签订为期至多一学年的短期聘用合同。如果这些候选人通过了终身教师认证考试,行政委员会可以决定将劳动合同从短期转为长期。

(15)在教育机构行政委员会认证的职位竞聘中获胜并担任空缺教学职位的候选人,依照相应的方法和条件,与教育机构校长签订为期至多为一学年的短期聘用合同,直到终身聘用的教师回到岗位。如果该职位仍然保留,教育机构行政委员会可决定在下学年更改个人聘用合同的期限。

(16)教育机构的校长以书面形式告知学校督导机构职位竞聘后候选人的甄选和教学岗位受聘情况,以及在由教育机构或学校联盟组织的职位竞聘结束后,未任职的候选人、尚未分配的教学职位和正式的教学职位工作量的情况。

(17)学校督导机构集中在省一级,其余的教学岗位和正式的教学职位工作量将按下列顺序分配:

①为完成正式教学工作长期被聘用的教师。

②进行实践培训的新任教师。

③在教育部门或学校联盟组织的职位竞聘后未分配的候选人。

④符合职业能力要求的退休教师。

(18)教育系统各分支机构的工会组织代表作为观察员参加教育机构或学校联盟的职位竞聘的全部过程。

(19)竞聘结束后未分配的教学职位或学年期间依旧空缺的职位,以小时为单位支付薪酬,直到学年结束或所保留的职位上的教师回到工作岗位。

(20)具有法人资格的教学机构的教职员工,经行政委员会批准后,由机构校长辞退。在民办教育机构,教职员工由创办人辞退。

第 255 条

(1)在议会中选出的通过劳动合同长期聘用的教师或在议会、院长会议、政府和教育、研究、青年和体育部担任专门职务的教职员工以及被议会选为国家中央机关职员的教师有权在任职期间保留教学职位或领导职务。

(2)本条第(1)款的规定也适用于担任省长、副省长、省议会副主席、市长、副市长以及教育、文化、青年和体育部体系中的职业指导与管理职位的教师。教职工资源中心的管理人员和专业人员享有同等的权利。在议会、院长会议、政府和教育、研究、青年和体育部董事会中的管理人员或专门机构的教职员工也享有这些权利。

(3)教育工会代表组织的领导有权依照现行法律规定和教育部门的集体劳动合同保留主席职位或教学职位。

(4)外派到国外执行国家任务的终身教师和在国际机构工作的终身教师,也享有本条第(1)款规定的权利。

(5)根据政府协议以及学院间或机构间的合同,进行国外教学、研究并从事艺术或体育活动的终身教师,保留其教学职位或领导人职位。

(6)教职员工育儿假为期两年,在此期间有权中断教学活动,并可以要求保留教学及领导职位。另外,根据法律规定,子女为残疾儿童的教职员工享有为期3年的育儿假,但只有其中一位家长或法定监护人可以享有这个权利。

(7)根据本条第(1)~(6)款规定的条件,教师职位或领导人职位的保留期可视为教育资历。

(8)以无限期劳动合同聘用的终身教师,经教育机构或学校督导机构批准,可享受每10年1次的学年无薪假期,在此期间保留其职位。

第五节 管理和职业指导与管理职位

第 256 条

(1)教育机构的管理职位是校长、副校长。
(2)学校督导的管理职位是总督学和副督学。
(3)根据教育、研究、青年和体育部的规定,按专业设立大学预科教育的管理职位。
(4)大学预科教育的职业指导与管理职位分布在以下职位:
①学校督导机构的学校督导员。
②教育、研究、青年和体育部的总督学、专门的督导职位以及政府决议设立的其他职位。

第 257 条

(1)管理职位及其副职可由在国家教育管理机构专家成员组中的终身教师通过公开竞聘的方式担任。
(2)填补校长或副校长职位的竞聘由教育机构通过董事会组织。
(3)在竞聘成功后,校长和副行政与教育机构所在地的行政区区长或行政委员会主席签订管理合同。
(4)任职期间,大学教育机构的校长和副校长不得兼任地方、省或国家级政党的主席或副主席。

第 258 条

(1)行政委员会设立了竞聘大学预科教育机构校长和副校长职位的职位竞聘委员会。根据所属单位不同,教职员工、学校督导代表、地方委员会代表和省委员会代表必须是职位竞聘委员会的成员。
(2)校长或副校长职位竞聘的方法、组织和过程,由教育、研究、青年和体育部部长制定。
(3)行政委员会对担任校长和副校长的竞聘结果进行验证,并公布相应的委任决定。
(4)管理框架合同由教育、研究、青年和体育部制定。如果地方议会或省议会在30日内不干涉履约合同,则视定为默许。
(5)教育机构的校长可由行政委员会三分之二成员同意原则决定予以解聘。在这种情况下,省学校督导机构必须进行审计。

(6)在校董事的提议下,以董事会三分之二成员同意原则投票表决,再由创办人决定解聘民办宗教教育机构的校长。

(7)如果校长职位空缺,临时管理员由副校长或1名董事会成员担任,并自动成为认证官。

第259条

(1)学校总督学、副督学和教职工资源中心主任由教育、研究、青年和体育部部长任命,这是根据教育、研究、青年和体育部组织的公开竞聘的结果。

(2)学校总督学、副督学和教职工资源中心主任与教育、研究、青年及体育部部长订立管理合同。在对管理绩效进行评估后,经双方当事人同意,可以延长管理合同期限。

(3)校外活动的单位负责人由学校总督学或教育、研究、青年和体育部部长根据其隶属关系,通过教育、研究、青年和体育部制定的方法进行一场公开的职位竞聘之后任命。根据他们的从属关系,校长与学校总督学或教育、研究、青年和体育部部长签订一份管理合同。在对管理绩效进行评估后,经双方当事人同意,可以延长管理合同期限。

第260条

(1)长期聘用具有本科学历的教师通过职位竞聘获得学校督导处管理职位和教职工资源中心主任职位。这些教师来自国家教育管理专家组成员,符合专业和管理能力标准,具有良好的道德威望。评估内容如下:

①简历。

②教学质量以及以往在国家教育体系中担任的教学管理、职业指导与管理职务。

③博士学位或一级教学资格。

④过去5年的表现情况。

⑤接受职位竞聘委员会关于教育管理和职业道德的面试。

(2)学校总督学、副督学和教师资源中心主任职务的竞聘在教育、研究、青年和体育部的总部举行。

(3)根据教育、研究、青年和体育部部长的任命令,聘任学校总督学、副总督学和教师资源中心主任的部级委员会分别由5名成员组成,包括:

①聘任学校总督学职位的部级委员会成员如下:

(i)大学预科教育的国务秘书担任主席。

(ii)3名来自督导领域的学校督查员。

(iii)来自教育、研究、青年和体育部,并具有该领域胜任资格的1名主管人员。

②聘任副督学和教师资源中心主任的部级委员会成员如下:

(i)由大学预科教育国务秘书担任主席。

(ii)来自该校的2名学校督导人员。

(iii)组织职位竞聘的学校督导处的主任。

(iv)来自教育、研究、青年和体育部,并具有该领域胜任资格的1名主管。

(4)在教育部门一级的工会代表组织领导人是竞聘委员会中的一员,具有督导员身份。

(5)对本条第(3)款委员决议的上诉应在竞聘结果被公布后的5日内提交给教育、研究、青年和体育部部长。可以对其决定向主管法院提出上诉。

第261条

(1)教育、研究、青年和体育部与学校督导处依法公布空缺职位,空缺职位表中包含与职业指导和管理职位相对应的职位,并确保在组织竞聘前30日在中央或地方等媒体公布信息。

(2)学校督导处的职业与管理岗位是在国家专家组的教师之间通过岗位竞聘获得的。

(3)教育、研究、青年和体育部的职业指导与管理岗位通过竞聘选举。

(4)举办职业指导与管理职位的竞聘包括以下内容:
①简历的分析和评价。
②课堂专项考核。
③在教学过程中协助教学、分析课例,并编写考核纪要的实践测试。
④关于教育管理和职业道德的面试。
⑤根据职位描述对应聘者进行笔试。

(5)在学校督导处主管职业指导与管理职位的竞聘委员会由学校总督学担任主席,由教育、研究、青年和体育部代表和学校督导处的1名教授或副教授组成。

(6)在教育、研究、青年和体育部中主管职业指导与管理职位的竞聘委员会,由国务院外事处的副秘书长担任。各部门的总干事由教育、研究、青年和体育部部长任命的教授或副教授担任。

(7)教育部门的领导作为工会组织代表有权查阅竞聘委员会的文件。

(8)根据教育、研究、青年和体育部的通知,由竞聘选出的教师出任学校督导处的职业指导与管理职务。教育、研究、青年和体育部的职业指导与管理岗位由教育、研究、青年和体育部部长任命。

(9)学校督导处与督导人员签订管理合同。经双方同意后,可以延长管理合同的期限。

第六节 教学工作量

第262条

(1)教职员工每天工作8小时,每周工作40小时,工作内容包括:
①根据教育计划,在学习周期结束时进行教学、学习、评价和实践训练活动。
②教学方法和培训活动。
③教学之外的教育活动包括指导、课后辅导和继续教育。

(2)根据本条第(1)款规定,教职员工个人职位描述规定了与教学岗位的任职资格、专业和技能相对应的实际活动。职位描述由行政委员会批准每年审查1次,并附在个人雇用合同上。

(3)在课堂上,对学前儿童和学生的教学、学习、评价、实践训练和评估时间与本条第(1)款第①项所规定的活动相对应,并做出如下规定:

①在早期教育中,为每个群体设立1个学龄前教师的职位,按正常工作时间工作。

②在小学教育中,每个班或同步课堂设立1个教师岗位,不能设立独立班。

③中学、大学和非大学教育的教师、为单位或班级提供综合和额外的艺术或体育课程的教师、校外活动机构的教师以及心理援助中心或办公室的教师,每周工作18小时。

④授课教师每周工作24小时。

⑤特殊教育教学工作人员的正式教学工作量如下:授课教师每周工作16小时,教师教育者和实习指导教师每周工作20小时。

⑥综合教育中的教职员工职位,校际语言治疗室的教师职位,家庭教师的职位,实施特殊疗法的教师职位,有医学物理知识、运动疗法、心理教育和其他背景的教师职位,根据教育、研究、青年和体育部所制定的方法,视空缺的类型和程度设立。

⑦在文件和信息中心设立1个资源教师职位。

(4)对于具有导师资质的教育人员,针对学龄前儿童和学生的教学、学习、评价、实践训练和当前评价工作的工作量每周减少2小时。

第263条

(1)大学预科教育的教学计划规定了教学工作量,该教学计划是与学士学位所修专业或者毕业证书上至少90个可转换学分课程单元的专业相对应的,这些学分用以证明与学位所修专业相对应的基础学科的教学技能。

(2)本条第(1)款规定的教学工作量还包括依照教育、研究、青年和体育部制定的方法设立的学科课时。

(3)如果不能按照本条第(1)和第(2)款的规定完成教学工作量,则可以通过本法第262条第(1)款第③项规定的教学活动完成。

(4)在工作活动范围内,初等教育专业的研究生如果能够通过文凭或资格证书证明其教学资格,则可以教授初等教育中的各组或班级的外语课程。如果初等教育各组或班级的教师不能通过文凭或资格证书证明其教学资格,初等教育的外语课程也可以由受过高等教育的教师讲授,工作按小时支付报酬。

(5)按照法律规定,如果小学教师能够提供文凭或资格证书,则可以教授各自所在班级的外语,并按小时支付报酬。初等教育的外语课程也可以由受过高等专科教育的教师教授,按小时支付报酬。

(6)以国家少数民族语言教学的初等教育教师,对其超出罗马尼亚课程计划的课时按小时计酬。

(7)在初等教育中,教育计划规定的体育教学由受过体育专业高等教育的教师授课。

(8)在少年宫和儿童俱乐部,教学工作量包括教育计划规定的活动,与教育、研究、青年和体育部规章批准的会议和研讨会的活动相一致,并在第262条第(3)款规定的准则范围内进行。

(9)如果中学教师的工作量无法达到要求,可以通过增加三分之二的基础专业或专业时间完成,农村的中学教学工作量可以是专业或基础专业时间的二分之一。

(10)由教育、研究、青年和体育部部长批准,可以适当减少教学管理、职业指导与管理人员的活动正式教学工作量。

(11)根据法律规定,辅助人员每周活动的时长与在其他国家部门中所规定的同等职位工作人员的活动时长相同。个人职位描述规定了辅助人员的工作任务。

第七节 荣 誉

第264条

(1)大学预科教育中的教职员工可以通过参加竞赛获得荣誉证书。在学校督导机构一级的现有教学职位中,有16%的人获得了奖学金,奖学金总额占基本收入的25%。奖学金的颁发期限为5年。

(2)教育、研究、青年和体育部与教育机构一级的工会组织代表协商后,制定奖学金授予的方法和标准。

第265条

(1)依照法律规定,在教学、教育、科学活动中取得优异成绩的教师,被授予奖章、勋章、奖牌和荣誉称号。

(2)在大学预科教育中可以授予教师的勋章和奖章有:"斯皮鲁·哈雷特"勋章、"教学工作荣誉成员"奖章。该奖章授予在教育领域有卓越表现的退休教师。

(3)除了本条第(2)款所述的荣誉外,教育、研究、青年和体育部部长有权授予大学预科教育中的教职员工以下荣誉:

①公众认可。

②Ⅰ、Ⅱ、Ⅲ类"奥尔赫·拉扎"证书。

③颁发给在教育上有卓越表现的已退休或即将退休教师的优秀证书。

(4)在过去12个月的活动中,Ⅰ、Ⅱ、Ⅲ类"奥尔赫·拉扎"证书的奖励金分别为基本工资总额的20%、15%和10%。将基本工资总额的20%作为对表现卓越的退休教师的奖励。

(5)本条第(3)款规定的荣誉和奖励是根据教育、研究、青年和体育部部长批准的规章授予的,授奖人数不超过各省或布加勒斯特各区教学岗位总数的1%。

(6)荣誉奖励的资金由教育、研究、青年和体育部提供。

第八节 权利和义务

第 266 条

大学预科教育机构的工作人员享有适用法律、专项法律、具体条例和个人劳动合同规定的权利和义务。

第 267 条

(1)教职员工在学校放假期间享受带薪年假,时间为每年 62 个工作日。在合理的情况下,教育机构可以中断法定休假,并给予相关工作人员工作报酬。

(2)行政委员会根据教育机构和个人的利益,确定每名教师的休假天数,但为了应对全国性考试,必须保留一定数量的教职员工。

(3)如果未休年假,剩下的假期可以在下学年的学校假期时补休。

第 268 条

(1)以研究、出版合同为基础,编制博士学位论文或者其他工作的教职员工,享有每年 6 个月的带薪休假。经教育机构行政委员会批准,领取报酬。

(2)在本条第(1)款规定的教职员工不得按小时从事教学活动。

(3)公立教育机构关闭时,其职工按照现行法律获得遣散费。

第 269 条

学校督导机构和教职员工俱乐部(罗马尼亚教师队伍)中的教学管理、职业指导与管理人员依法享受法定休假。

第 270 条

法定休假制度由教育、研究、青年和体育部制定。

第 271 条

职业主动权包括以下内容:

①根据符合教育心理学原则的方法设计职业活动,实现教育主题的教育目标。

②利用教育资产和资源,履行职业义务。

③传授创新思想,使教育过程现代化。

第九节 教师的安全权

第 272 条

(1)教学人员在教学活动期间不得受到任何学校或行政部门的干扰。

(2)管理层调查学生或工作人员的身体或心理状态因何种方式受到危害的情况,不视为干扰教职员工的教学活动。

(3)只有经教师同意才能以某些方式记录教职员工的活动。

（4）在学校范围内进行的活动，只有在校长允许的情况下才可记录，但本条第（3）款所述情况除外。

第十节　参与社会生活的权利

第 273 条

（1）为了个人利益和集团利益，教职员工有权参与社会活动和公共生活。

（2）依照现行法律的规定，教职员工有权成为合法设立的工会协会、工会组织或专业性、文化性、国家性以及国际性组织的成员。

（3）如果教职员工的行为不影响教育的尊严、教职员工的尊严和法律规定，那么教职员工可以在学校范围内自由地表达他们的专业意见，并可以在学校之外的地方以个人名义参加社会活动。

第 274 条

（1）根据教育机构委员会的批准，教职员工应享有预算内专项资金、预算外资金或赞助、全额或部分支付国外的交通费和参加科学活动所产生的费用。

（2）本条第（1）款所述的教职员工应向学校提出申请，以使用获得批准的活动经费。

第 275 条

（1）教职员工有相互尊重、相互支持的义务，以履行职业职责。

（2）教学管理、职业指导与管理人员以及辅助工作人员都有义务履行职位说明中提到的职责。

（3）教学管理、职业指导与管理人员以及辅助工作人员依法必须参加继续教育活动。

第 276 条

附属教学机构中未居住在其任教地区的教学人员，其交通费用将按现行法律规定予以报销。

第 277 条

在职的教职员工子女，免缴高等教育入学考试的登记费，免费享受学生宿舍以及免除寄宿学校的住宿费用。

第 278 条

教职员工和辅助工作人员应当享受社会保障预算的补偿，其中包括住宿费、伙食费和治疗费用的 50%。

第 279 条

主动要求接受专业教育或继续教育的全职教师，有权享受无薪休假。无薪休假的期限 7 年内累计时间不得超过 3 年。如果教师可以证明他们正在从事专业教育或继续教育活动，则由校董会批准其休假。

第十一节 纪律和世袭责任

第 280 条

(1)根据现行法律,大学预科教育部门的教学及辅助教学管理、职业指导与管理人员,按照个人劳动合同,对故意违反其职能,以及对违反有关教育利益和单位或机构声誉的行为规范,负有法律责任。

(2)适用于本条第(1)款规定的工作人员,可根据其渎职行为的严重性采取以下纪律处罚:

①书面意见。
②警告。
③如有必要,减少基本收入,在 1~6 个月的时间内,教学管理、职业指导与管理人员的处罚金可达基本收入的 15%。
④连续 3 年取消竞聘资格,以及担任高级教学职位、获得教学资格等级或教学管理、职业指导与管理职位的权利。
⑤解聘教学管理、职业指导与管理职位的人员。
⑥解除劳动合同。

(3)任何人都可以向教育部门或教育机构举报违纪行为。举报以书面形式做出,并在教育部门或教育机构的登记处登记。

(4)为了调查大学预科教育机构的教职员工、学校督导机构的管理人员以及教育、研究、青年和体育部的职业指导与管理人员的违规行为,应当按照下列规定设立纪律委员会:

①对于教职员工,成立有 3~5 名成员的委员会。其中 1 名成员应是工会组织代表,其他人应至少担任与被审查者同等的教学职位。
②对于大学预科教育机构的管理人员,成立有 3~5 名成员的委员会。其中 1 名应是员工代表,其他人应至少担任与被审查者同等的教学职位。委员会还应包括省或布加勒斯特地区学校督导机构的督导人员。
③对于教育、研究、青年和体育部的职业指导与管理人员,成立有 3~5 名成员的委员会。其中 1 名成员应是工会组织代表,即受到审查的人是其雇员或代表,而其他人则应至少担任与被审查者同等的教学职位。
④对于省或布加勒斯特地区学校的管理人员,成立有 3~5 名成员的委员会。其中 1 名应是员工代表,其他人应至少担任与被审查者同等的教学职位。

(5)纪律委员会:

①由大学预科教育机构的行政委员会设立,负责教学人员的管理工作。
②由教育、研究、青年和体育部部长设立,对教育、研究、青年和体育部所有的职业指导与管理人员以及省或布加勒斯特地区学校督导机构的管理人员负责。

(6)在对假定的不当行为进行分析的过程中,应确定以下内容:发生的情况及其后果、罪行存在与否，以及其他相关证据。对相关人士的审讯及其答辩状的审查是强制性的。拒绝出席审讯的被调查者，即使他在至少 48 小时前收到书面通知并拒绝做出书面声明，也将在会议纪要中被记录为拒绝调查，而且这种行为并不能阻止被调查。被调查的教师有权知道调查的所有行为，并为自己的辩护提供详细的证据。

（7）对事实的调查和决议的传达是在被发现之日起 30 日内进行的，并将其登记在检查记录手册或大学预科教育机构的总登记册内。如果被调查者无罪，须告知不存在犯罪行为的事实。

（8）受处分的教育机构从业人员，有权在与学校督导机构纪律委员会沟通后的 15 日内提出异议。学校督导机构以及教学管理、职业指导与管理人员在与中央纪律委员会进行沟通之后的 15 日内，有权就各自的决议提出上诉。

（9）学校督导机构纪律委员会以及中央纪律委员会的组成、组织和运作准则及其职能是根据教育、研究、青年和体育部批准的条例制定的。

（10）保障受处罚人员向法院提起申诉的权利。

第 281 条

（1）大学预科教育机构的校长、教职员工或至少三分之二的行政委员会成员可以提出处罚意见。经行政委员会批准，根据大学预科教育机构校长的决议实施和通报处罚决定。

（2）对于大学预科教育机构的管理人员，学校董事会可以提出处罚措施，由学校督导机构予以通报。

（3）对学校督导机构和教职员工俱乐部的处罚，应当由教育、研究、青年和体育部部长提出处罚建议，并以命令的方式进行传达。

（4）对教育、研究、青年和体育部部长以及职业指导与管理人员的处罚，分别由上级领导或者国务秘书提出，并以命令的方式进行传达。

第 282 条

处罚是由设立研究委员会的政府根据研究委员会的报告制定的，由教育机构校长、学校督导机构主任或教育、研究、青年和体育部部长通过书面决策传达给相关人员。

第 283 条

大学预科教育的教学和辅助教学管理、职业指导与管理人员的责任是根据劳动法确立的。有关收费以及有关追偿和赔偿损失的其他文件由所在单位或所在单位的管理人员编制，但法律另有规定的情况除外。

第十二节　退　休

第 284 条

（1）在社会保障和养老保险制度规定的条件下，教职员工享受退休金待遇。

（2）国有教育机构的教学管理、职业指导与管理人员，在达到法定退休年龄时退休。退休后禁止担任任何教学管理、职业指导与管理职务。

(3)教学管理、职业指导与管理人员也可以在学年期间退休,但应分别经教育机构的行政委员会和学校督导处批准。

(4)退休教师可在退休后按小时从事教学活动。

(5)为教育机构工作的退休教师,享受医疗救助,并有权使用教学人员的休息和医疗设施。

第二章 高等教育和研究机构的教职员工章程

第一节 大学教学工作量

第 285 条

(1)高等教育机构的教学岗位:

①助理教授。

②讲师。

③高级讲师。

④大学教授。

(2)高等教育机构的研究岗位:

①研究助理。

②科研人员。

③三级科研人员。

④二级科研人员。

⑤一级科研人员。

(3)研究岗位与教学岗位的等价性:

①持有博士文凭的研究助理等同于助理教授。

②三级科研人员等同于讲师。

③二级科研人员等同于高级讲师。

④一级科研人员等同于大学教授。

(4)副教职员工可在高等教育机构中担任助理教授、讲师、高级讲师或教授。

(5)根据学校科研需求,大学评议会可以通过邀请学科领域内知名的国内外大学教授、讲师或其他专家担任外聘教职员工。未获得罗马尼亚认可的大学教学等级的专家,大学评议会应根据国家标准对这些人的表现进行相应的教学等级评估。

(6)用人高校负责办理工作许可证。

(7)科研人员、副研究员,包括3个教育周期的学生,以及其他工作人员,根据法律可以在院校、博士生院、科研机构、研究和微型生产中心或其他单位担任不同的职务。属于依法聘任。

第 286 条

（1）教学和研究人员的职位表每年编制 1 次，在学年开始前至少 15 日制定工作量，在学年期间不得进行修改。

（2）根据下列内容确定教学岗位数量：

①教育计划。

②学习方式。

③教学和研究规范。

（3）教学和研究岗位按层次列入教学职位表，包括相应的教学和研究岗位以及每周正常的教学工作量，如神学院活动、实践工作或实验室项目、专题研究指导工作、本科生和博士生指导、专业实践工作、研究及其他同等活动。

（4）教职员工的职位由各院系或博士学院编制，须同其成员进行协商，并经大学董事会制定教学和研究职责后进行编制。在各院系中，教学人员职位表按顺序填写，并由高等教育机构校长签字。

（5）教学和研究职位表应由大学董事会或博士生院董事会批准，并经大学评议会批准。

（6）大学评议会根据学校的预算和具体情况建立辅助教学和研究人员的工作岗位，由学院、研究组、科室或博士生院的具体工作人员组成。

（7）辅助教研人员的职位数量，由大学评议会根据院校、学部、研究项目、院系或博士生院的预算和具体情况而定。

（8）高等教育的辅助教学和研究岗位的一般分类，以及对这些职位的研究水平要求，由教育、研究、青年和体育部以及劳动、家庭和社会保障部共同制定。

（9）院系或博士生院组织岗位竞聘后，依法聘任教学研究辅助人员和非教学人员。

（10）个人职位描述明确了教学辅助人员及非教学人员的职责，视情况而定，岗位职责是在院长或系主任批准的个人职位描述中确立的，应由校长批准，并附在个人聘用合同上。

第 287 条

（1）大学工作量应包括：

①教学工作量。

②研究工作量。

（2）正式教学工作量可包括：

①教学活动。

②神学院活动、实践工作和实验室课程以及每年的项目指导。

③本科论文指导。

④硕士论文指导。

⑤博士论文指导。

⑥在教育计划中记录的其他教学、实践和研究工作。

⑦教学、艺术、体育活动的管理。

⑧评估活动。

⑨指导学时,在关于可兑换专业学分制的学生科学俱乐部会议上为学生提供指导。

⑩为了教育的利益参加理事会和委员会。

(3)高等教育每周正式教学工作量按常规课时量化。

(4)正式教学工作量是根据教育计划确定的,并按每周的平均正式教学工作量计算,不考虑大学每学期的教学时间长短。平均每周的正式教学工作量是通过将个别职位描述中的常规教学工作量除以在整个大学的教学和神学院活动的教育计划中提到的周数计算得来的。

(5)根据本条第(2)款第②项规定,在特许大学教育系统中传统的神学院课程是教学课程。

(6)在特许大学教育中,课程包括2个常规学时。

(7)在大学硕士教育和博士教育中,课程涵盖2.5个常规学时,本条第(2)款第②项中所述的神学院课程或类似活动的课程代表1.5个常规学时。

(8)在获得学士、硕士、博士学位的周期内,如果完全采用国际通用的外语教学,正式的教学工作量、神学院课程或类似活动的课程可以根据1.25的乘法系数计算,除了指定语言的课程。

(9)本条第(2)款第③~⑥项规定的被列入正式工作量的活动,根据大学评议会批准的方法,以常规课时对其进行量化,物理课应至少涵盖0.5个常规学时。

(10)本条第(2)款①~⑤项规定的每周最低教学工作量为:

①大学教授为7个常规学时,其中至少4个应涵盖教学工作量。

②讲师为8个常规学时,其中至少4个应涵盖常规教学工作量。

③高级讲师为10个常规学时,其中至少2个应涵盖常规教学工作量。

④助理教授为11个常规学时,包括本条第(2)款中的第②③⑥项。

(11)本条第(10)款第①~③项提到的教职员工的正式教学工作量,如果因学科特殊,在其职位描述中未规定正式教学工作量,其工作量在相应规定基础上增加2个常规学时。

(12)每周的教学工作量不得超过16个常规学时。

(13)根据大学自治原则,大学评议会可以根据自己的规定和质量保证标准提高每周最低教学工作量,但不得超过本条第(12)款所述的最高限额。

(14)经院务委员会同意,经系主任提议,并由博士生院院务委员会决议,不从事科学研究活动或相关活动的教职员工的教学工作量应高于最低工作量,但不得超过本条第(12)款规定的最高限额。

(15)如果教学工作量不符合本条第(10)款规定的内容,经院务委员会同意,经系主任提议,并由博士生院院务委员会决议,实际教学工作量与最低教学工作量之间的差值应通过科研活动完成。正式教学工作量的减少量不得超过正式教学工作量的二分之一,1 个小时的科研等同于 0.5 个学时。教师在竞聘结束后获得的教师职位,应保持其终身教师的素质。

(16)正式教学工作量不能达到本条第(10)~(15)款规定的终身教师,可在其要求下,以科学研究的总时数进行临时注册,以确保在岗位竞聘成功后,保持终身教师的教学素质。在此期间,教师承担着高等教育研究的职责。

(17)在本法规定的范围内,大学评议会根据学生学科领域、专业、学科占比和学习方式,确定有效的大学正式教学工作量。

(18)持有短期或者长期聘用合同的研究人员可以在各教育机构、博士生院、研究和微型生产单位或者中心担任不同的职务。

(19)高等教育的研究人员按照院系或博士生院管理的各岗位描述开展活动。

(20)高等教育的辅助人员和非教学人员执行各岗位描述中的具体活动。在公立高等教育机构中,每周工作时间与国家其他部门依法设立的同等职位的工作时间相同。

(21)在高等教育机构中担任管理职务者,或者在教育、研究、青年和体育部执行指导与管理任务的人员,经大学评议会批准,可以最多减少 30% 的工作量。

(22)所有正式教学或研究工作量的总工作时间为每周 40 小时,这是由本条第(1)款规定的增加教学和研究工作量导致的。

第 288 条

(1)任意 1 项超出第 287 条规定的正式教学工作量的教学活动,应按小时支付报酬。所有学校的全职工作人员,按小时支付的最大课时数不得超过最低教学工作量。

(2)依照法律和大学章程的规定,拨款或者合同规定的研究活动经费,根据财务主管的决定给予支付。

(3)只有在大学评议会批准的情况下,全职人员才能在其他高等教育或研究机构中进行教学或研究工作。

(4)基于合同的研究活动,应当按照法律、大学章程和合同规定支付报酬。教学研究的合同确定了实际的支付方法和支付金额。

(5)终身聘用教授和讲师,或者连续 6 年在同一所大学工作的拨款主管,可以享受 1 年的休假。在休假期间,经大学评议会批准,他们享受基本工资,并保留其终身聘用的职位,但不得从事个人职位描述以外的活动。

(6)国家事业单位选派的教职员工、国家机关或其他专业机构公职人员,也可以从事与教学工作量相对应的教学工作。

第 289 条

(1)当教学和研究人员达到法定退休年龄 65 岁时,予以退休。

(2)退休后,不得在公立、民办、宗教高等教育机构中担任任何管理职务或行政职务。在大学,担任任何级别的管理和行政职务的人员,在已达到退休年龄的情况下,被强制终止任职。民办大学的董事会成员除外。

(3)考虑到专业绩效标准和财务状况,公立、民办和宗教大学的评议会,准予教研人员在退休后继续从事教学和研究活动。需要签订一份为期一年的雇用合同,该合同每年都可以延长,直到受雇人满70岁。已经达到退休年龄的教授如在教学和研究方面有杰出的表现,大学评议会可以决定授予其"名誉教授"的荣誉称号。

(4)担任博士生导师的教学和研究人员,可以在年满60岁时退休,并可以继续指导正在攻读博士学位的博士生,直到年满70岁;年满65岁的博士生导师可以继续指导新的博士生,但只能作为与另外一名教学和研究人员合作的联合导师。

(5)有关工资与退休金相结合的规定,不适用于从事本条第(3)款和第(4)款所述工作的教职员工。

第290条

(1)参加日常课程的博士生被大学博士研究机构或大学博士研究机构成员机构短期聘为研究助理或助理教授,同时根据第164条第(3)款规定,减少第287条规定的工作量。他们的职位和职责由大学评议会制定。

(2)参加日常课程的博士生享有研究助理或助理教授的所有权利,包括工龄。

第291条

(1)教学科研人员是指拥有本法规定的大学职称或者科研职称的人员,他们从属于高等教育机构,并从事教学活动和科研工作。

(2)与高等教育机构建立工作关系的教职员工可以是终身教授或副教授。参与教学过程和专业培训的教职员工是教学人员或辅助人员。

(3)终身雇用的教师,是指在赢得岗位竞聘后,在大学依法长期担任教学岗位的教学人员。员工应自行选择并确定其工作地点。长期聘用的教学人员也包括依法享有工作岗位的教学人员。短期聘用的教学、研究人员,可视为副教授或者副研究员。

(4)终身雇用教师仅存在于高等教育机构或研发机构。如果教学人员在多所高等教育或研发机构中从事教学或研究活动,他只能担任其中一个机构的终身雇用职务,在其他教学机构可作为教学人员或助理研究员。终身雇用教职员工的高等教育机构,有义务依法保存和管理工作记录或者职工登记簿,并对名誉教师职位提出要求。

(5)大学中的研发人员和相关人员,应当服从第319/2003号法律关于研发人员的规定。

(6)公立高等教育机构关闭时,其职工按照现行法律获得遣散费。

第292条

学习方式及学习维度是由大学评议会依照教学计划和教育周期制定的。符合质量标准后,由罗马尼亚高等教育质量保障局提出,并由教育、研究、青年和体育部批准。

第二节 教学职位和教学工作

第 293 条

根据大学章程和现行法律以及教育、研究、青年和体育部制定的框架方法,各高校决定教学职位和教职员工的评估、激励、继续教育和解聘办法。

第 294 条

(1)依照本法,教学和研究人员可以短期受聘于教学或研究职位。只有在获得博士学位并通过高等教育机构组织的公开竞聘,教学或研究人员才能被长期聘用。

(2)罗马尼亚本国和外国公民均可以参加教学或研究职位竞聘,依法不受歧视。

(3)劳动法规定以外的职位,短期合同的期限一般最长为 3 年。

(4)博士生的短期聘用期限最长为 5 年。

(5)依照现行规定,根据大学评议会的标准评估得出的个人专业成绩以及机构的人员需求和财务资源,大学和通过岗位竞聘聘用的教学和研究人员签订的短期聘用合同期限可以延长。

第 295 条

(1)空缺职位竞聘的框架方法是根据国家学位证书、文凭和教育证书委员会的提议,由教育、研究、青年和体育部发起,由政府决定。

(2)根据第 219 条第(1)款第①项规定的最低标准,确认参加每个职称或教学职位竞聘所需遵守的最低要求以及参加职位竞聘的组织和过程,解决利益冲突和质量保证不相容的问题以及大学制度与现行法律不相容的问题。

(3)大学有义务遵守此规定,并在竞聘前两个月公示所有竞聘职位和相关课程。空缺职位应在大学官方网站和由教育、研究、青年和体育部管理的专门网站上公布。

(4)本法施行后,配偶、亲属(包括第三顺序亲属)不得在同一所大学内担任任何一方直接管理、控制、评估另一方的职务,或者与另一方有任何上下级权力关系的职务。

(5)如果违反本条第(3)款和第(4)款的规定,竞聘结果无效。

第 296 条

(1)依照现行法律规定,预留的、空缺的或临时的教学工作,由该机构的终身聘用的教师或教学人员担任,按小时支付报酬。

(2)聘请国内外专家担任客座教授或客座副教授,必须经学院委员会认可,并经学部委员会批准。聘请的专家应在发明、创新、奖项和科学出版物等领域具有杰出的贡献。

(3)高等教育体系中的科学研究人员的职务和等级,可以依照现行法律进行评定。

第 297 条

(1)根据第 295 条第(1)款及相关法律,各大学建立了自己的授衔方法,以及由大学评议会批准的教学和研究职位的任职方法。该方法不涉及服务的期限,不得歧视来自其他国家或者其他院校的人员。

(2)岗位竞聘的结果由大学评议会公示,从竞聘后新学期的第一天开始执行。

第 298 条

(1)各系主任、院长和校长对大学评议会负责,以确保工作竞聘顺利进行,并遵守素质规范、大学道德规范和现行法律。

(2)在不符合规定的情况下,大学评议会可以采取适当的方法,对院长或者系主任进行处罚甚至免职。

第 299 条

(1)大学对教学和研究岗位的任职方式负有公共责任。

(2)根据学校道德与管理委员会的报告,发现教学、研究岗位的聘任程序有违反相关法律规定的,由教育、研究、青年和体育部依照本条例的规定进行处罚。

(3)如果法院裁定大学空缺的教学和研究岗位竞聘违反程序,则岗位竞聘结果无效并重新开展空缺岗位竞聘。

第 300 条

(1)工作资格涉及以下内容:

①准备一篇资格论文。

②公开向由国家学位证书、文凭和教育证书委员会指定的专业委员会进行资格辩护,委员会应至少由 3 名罗马尼亚本国或外国的博士生导师组成。

③在公开辩护后认可其资格论文。

④获得资格证书。

(2)资格论文必须证明教学和研究的能力和成果。论文应以文献的形式呈现,展示获得博士学位后取得的专业成就,证明学术、科学、专业贡献的原创性和相关性,并应能够预见候选人未来研究或学术生涯的独立发展。

(3)只有持有博士文凭且符合第 219 条第(1)款第①项规定的最低标准的人,才可以报名参加资格考试。

(4)必须向学位证书、文凭和教育证书委员会提出资格申请。

(5)资格证书由学位证书、文凭和教育证书委员会颁发,并经教育、研究、青年和体育部部长批准。

第 301 条

(1)依照现行法律,担任助理教授必须是博士研究生或已获得博士文凭,并符合特定教师职位的标准,其必须经大学评议会批准,对资历没有特定的要求。

(2)非博士学位者,如担任高等教育机构助理教授累计超过 5 年,劳动合同将依法终止。

（3）担任高级讲师的最低条件如下：

①持有博士文凭。

②符合特定的职业标准，由高等教育机构大学评议会批准，依照现行法律规定，无任何资历和条件的要求。

（4）担任高级讲师必须满足以下条件：

①持有博士文凭。

②符合担任讲师职位的最低标准，标准符合第219条第（1）款第①项的规定。

③依照现行法律规定，每个职位都有明确规定的教师录用标准，且已得到大学评议会的批准，没有任何资历和条件的要求。

（5）大学教授的任职条件如下：

①持有博士文凭。

②持有资格证书。

③遵守担任教授所必需的最低标准，最低标准符合第219条第（1）款第①项的规定。

④依照现行法律规定，在不施加任何资历条件的情况下，符合特定教师职位的任职标准，而且必须经大学评议会批准。

（6）在高等教育机构中，除法律规定的其他条件外，研究助理的职位只能由博士生或持有博士文凭的人担任。

（7）在高等教育机构中，除法律规定的其他条件外，科研职位或者更高职位，只能由持有博士文凭的人担任。

（8）在医学高等教育中，担任副教授的候选人必须至少有住院医师的职称。在卫生部体系中没有对应学科的职位和与临床前职位相关的职位是一种例外情况。

（9）在医学高等教育中，担任讲师和高级讲师的候选人必须具有专科医师的职称，而在岗位竞聘中获得领导人职务的候选人也必须是首席医生。在卫生部和临床前学科的体系中没有对应职位的学科是本规定的例外情况。

第三节　教职员工素质评价

第302条

（1）有关教学、研究、技术管理人员专业情况的资料和信息，记录在个人工作卡上。只有持证者、人力资源部的负责人和高等教育机构的主管才能获得个人工作证。

（2）在教学岗位表上，个人工作证记录在院系或博士生院的教学职位表中。每位教学和研究人员的月收入是根据职位表制定的。职位表是合法文件。

第303条

（1）大学教师和研究人员的教学研究活动的结果和绩效，以5年为期进行定期评估。该评估是根据大学评议会批准和应用的方法进行的。

(2)学生必须对教师的绩效进行评估。评估结果是公开的。

(3)根据现行法律规定以及教学和研究人员的成果和绩效,支付其报酬。

(4)教学和研究人员的劳动合同,还应当包括对研究和教学活动成果的最低标准的假设,以及在不符合最低标准的情况下,终止履行合同上的有关条款。

第四节 教职员工的权利和义务

第304条

(1)高等教育机构的教职员工享有大学章程、大学道德规范、个人就业合同和现行立法规定的权利和义务。

(2)依照大学章程和现行法律规定,保障教职员工科学、文化、艺术创作的著作权。

(3)保障大学人员的学术自由。基于这种自由,他们有权利在大学自由地表达他们的学术观点,并根据学术自由的标准,享有教学、研究和创作的自由。

(4)教学研究人员有权发表研究、书籍、艺术作品,并申请国家或国际资金,不受学术限制。

(5)依照法律,教学和研究人员有权参加工会联合会、工会组织、职业和文化协会、国家和国际协会或组织以及依法设立的政治协会。

(6)受聘于教师岗位的终身雇用教授,已被选定在议会工作,即在政府或在议会、立法委员会、宪法法院、申诉专员公署、总统府、政府和教育、研究、青年和体育部担任特定职位以及由议会选定为中央国家机构的人,有权在任职期间保留教学职位。教学人员可以将其教学或研究活动与公共职务相结合。

(7)本条第(6)款规定也适用于终身教授,这些名誉教授可以担任地方行政长官、地方行政副长官、省长、副省长、市长、副市长以及在教育、文化、青年和体育系统中担任教学管理、职业指导与管理职务。教师资源中心的管理职务和专业人员享有同等的权利;被任命为管理人员或者在政府机构和隶属于总统府、议会或政府的院校、委员会和机构中担任管理职务或专门职务的教师,也享有这些权利。

(8)因国家使命被派往国外任职的终身教授和在国际机构工作的终身教授及其随从人员,如果他们在教育领域担任教学职务并作为终身教授也可以享受本条第(6)款的规定。

(9)在教育领域从事教学工作的终身雇用教授,根据政府协议或公约、大学间或机构间签订的合同,被派往国外从事教学、研究工作或从事艺术和体育活动,或被派去从事专门工作,其职位保留特定期限。

(10)在教育领域从事教学工作的终身教授以及要求专门从事或参加国内外科学研究的教授,有权享受无薪休假。在7年的时间内,休假时间累计不得超过3年。高等教育机构或校董会的管理人员,如果可以证明各自的活动符合无薪休假条件,批准无薪休假。

(11)从事教学工作的终身教授,经高等教育机构批准,可以每10年享受1次为期

1年的无薪假期,在此期间,保留任期内的职位。

(12)保留职位的期间被视为教育资历。

(13)教授享有以下休假的权利:

①大学放假期间的年假至少有40个工作日。在有正当理由的情况下,教育机构的管理层可以中断法定休假,所涉及的人员将获得报酬。教育、研究、青年和体育部与工会组织在教育部门的代表共同制定法定休假的方法规范。

②根据受教育者及相关人员的利益,由大学评议会确定每名教授的休假时间。

(14)高等教育机构可以全部或部分地承担机构开销,并自行承担住在各地的教学人员的住宿费和交通费。

(15)教育工作人员享受教育、研究、青年和体育部与卫生部签订协议中规定的医务室、心理咨询室、诊所和医院提供的医疗救助。

(16)教师有权中断教学活动,并要求保留教师的教学职位或领导职位,以便享受为期两年的育儿假,为照顾残疾儿童的教师享有为期3年的育儿假,依照法律规定,只有其中一方家长或法定监护人享有这项权利。

第 305 条

负责公共秩序的权力机关保护学术界的教职员工和学生。保护教职员工和学生免受人身和职业尊严的个人或团体侵害,或妨碍教职员工和学生行使其权利和义务的个人或团体侵害。保护请求由大学章程授权的人员提出。

第五节 大学道德

第 306 条

(1)每所大学都设有大学道德委员会。

(2)大学道德委员会的结构和成员由理事会提出建议,经大学评议会同意,由校长批准。委员会成员必须是具有职业声望和道德权威的人。担任校长、副校长、院长、行政主管、系主任或研发、设计、微生产机构主任的人,不能成为大学道德委员会的成员。

(3)大学道德委员会有下列职能:

①依照大学道德规范和义务准则,根据报告和职权,分析并解决违背大学道德的问题。

②准备一份年度报告,其内容符合大学道德和研究活动道德规范,报告必须提交给校长和大学评议会,这是一份公开的文件。

③协助制定大学道德规范和义务准则并提交给评议会,以便获得批准并纳入大学章程。

④履行第 206/2004 法律规定的职责,管理科学研究活动、技术开发和创新的正当行为。

⑤依照法律规定,承担在本法规定的范围内或学校章程规定的其他责任。

第 307 条

大学道德委员会的决定必须得到大学法律顾问的认可。学校承担大学道德委员会的决定和活动的法律责任。

第 308 条

(1)任何来自大学内部或外部的人都可以向大学道德委员会举报任何侵犯大学成员利益的行为。

(2)大学道德委员会应当对举报人的举报情况保密。

第 309 条

自收到举报后,大学伦道德委员会应启动大学道德规范和义务准则规定的程序,更具体地说,根据修订的第 206/2004 法律有关管理科学研究活动、技术开发和创新的正当行为的规定。自收到举报之日起 90 日内,该委员会应向举报人提供答复,并应在结束后,与该人员就程序的结果进行沟通。

第 310 条

下列行为被视为严重违反科学活动和大学活动的非正当行为:

①剽窃他人的研究或者出版物。

②捏造结果或者用虚假数据代替结果。

③在申请资金或基金中插入虚假信息。

第六节 荣 誉

第 311 条

(1)在高等教育机构工作的教学人员,应当以竞赛的方式给予奖励。在高等教育机构中,有 16% 的教师职位应被授予奖励,奖金金额占基本工资的 25%。该奖励准予连续授予 5 年。

(2)授予教职员工的职级和勋章如下:

①"斯皮鲁·哈雷特"勋章是"司令员、爵士和军官"职级。给在高等教育中担任教学管理、职业指导与管理职务的教学人员授予的勋章。

②"阿尔玛梅特"勋章是"司令员、爵士和军官"职级。给在高等教育中担任管理和研究职务的教职人员授予的勋章。

③"荣誉教师"奖章,授予在教育和职业活动中有出色表现的退休教师。

第七节 纪律处罚

第 312 条

(1)根据就业合同以及影响教育利益和单位或机构声誉的行为规范,教学和研究人员、辅助教学和研究人员,以及高等教育机构的管理人员和职业指导与管理人员,对违反其职责的行为承担纪律责任。大学章程中规定的行为规范认为应不损害舆论权、言论自由和学术自由权。

(2)对教学、研究人员实施的纪律处罚如下:

①书面警告。

②减少基本收入,如果有必要可减少管理人员和职业指导与管理职位的津贴。

③在一段特定时间内,中断担任高级教师或管理人员和职业指导与管理职位的权利,以及作为博士学位考试委员会、硕士学位考试委员会或毕业考试委员会成员的权利。

④免去管理职务。

⑤因纪律原因取消劳动合同。

第 313 条

(1)系主任或研究、设计和微生产单位负责人,大学校长、院长或至少三分之二的院系人员,教师委员会或大学评议会,可以向高等教育机构提出纪律处罚。他们必须对接到的举报或自己的违规行为采取进一步行动。

(2)第 312 条第(2)款第①项和第②项规定的纪律处罚由教师委员会制定。第 312 条第(2)款第③项和第④项规定的纪律处罚由大学评议会制定。

(3)院长或者校长应当酌情实施处罚。

(4)在高等教育机构中,处罚应当以书面形式,由该机构的人力资源服务部门转办给教学、研究人员和辅助教学、研究人员。

第 314 条

(1)纪律处罚只能在举报的事实基础上进行调查、审讯当事人及管理其辩护声明之后实施。

(2)对教职员工的违纪行为进行调查,研究和行政人员建立由 3~5 人组成的分析委员会,教学岗位上的教职员工至少与不正当行为者的职位相同,并且是工会组织的代表。

(3)根据具体情况,分析委员会成员由以下人员聘任:

①经大学评议会批准后,由大学校长聘任。

②由教育、研究、青年和体育部聘任,作为高等教育机构的管理人员负责解决对大学评议会决议的上诉。

第 315 条

劳动法规定了教学、研究和辅助人员的责任。依照劳动法,应采取赔偿损失和消除歧视的措施。

第 316 条

如果受过纪律处罚的人在一年内没有其他违法行为,并修正了他的活动和行为,实施纪律处罚的权威部门可以取消处罚,并在有关人员的就业情况下做出相应的说明。

第 317 条

(1)任何人都有权向教育单位或机构举报有关违纪行为的事实。以书面形式举报,并在教育单位或机构登记簿上记录。

(2)保障受到纪律处罚的人有上诉权。

第八节 对违反大学道德规范以及研究活动中不正当行为的处罚规定

第 318 条

大学道德委员会对教育和研究人员以及辅助教学和研究人员在进行科学研究时违反大学道德或有不正当行为予以如下处罚:

①书面警告。

②减少基本收入,如果有必要减少管理人员和职业指导与管理职位的津贴。

③在一段特定时间内,中断竞争担任高级教师或管理人员和职业指导与管理职位的权利,以及作为博士学位考试委员会、硕士学位考试委员会或毕业考试委员会成员的权利。

④免去管理职务。

⑤因纪律原因取消劳动合同。

第 319 条

大学道德委员会对本科生、硕士生和博士生违反大学道德的行为予以如下处罚:

①书面警告。

②开除。

③大学道德准则规定的其他惩罚。

第 320 条

依照第 318 条或第 319 条规定,一旦违反道德规范和职业准则的规定,大学道德委员会应当按照道德规范和职业准则的规定,实施一项或者多项处罚。

第 321 条

在科研领域存在不正当行为的情况下,应当根据经修订的 206/2004 号法律关于科学研究、技术开发、创新领域正当行为的规定,设立大学道德委员会,依照人力资源研发的道德和职业道义规范和职业道德准则,实施第 318 条或第 319 条规定的一项或多项处罚,或者法律规定的其他处罚。

第 322 条

大学道德道义委员会制定的处罚,由系主任或校长自处罚确立之日起 30 日内施行。

第 323 条

（1）国家科学研究、技术开发和创新道德委员会，应根据举报内容或依职权分析在研发活动中违反正当行为准则的案例，并公布个人有罪或无罪的决定；在做出有罪判决的情况下，判决结果应明确依法适用的处罚办法。

（2）国家科学研究、技术开发和创新道德委员会应当对举报人的信息保密。

（3）国家科学研究、技术开发和创新道德委员会的决定由教育、研究、青年和体育部批准。国家科学研究、技术开发和创新道德委员会的法律责任，由教育、研究、青年和体育部制定。

第 324 条

（1）对于已发现并证明高等教育机构员工在研发活动中有违反正当行为准则的行为，科学研究、技术发展和创新道德委员会应处以下列一项或多项处罚：

①书面警告。
②撤销或纠正已发表的违反正当行为准则的论文。
③撤销博士生导师的资格或资格证书。
④撤销博士学位。
⑤降低或撤销大学教师职称、研究等级。
⑥免去在高等教育机构的管理职务。
⑦终止聘用合同。
⑧在特定时间内，禁止获得公共研发基金。

第 325 条

经法律认定，在科学研究和大学活动中具有相关违法行为的人员，禁止担任教学和科研职位。同时，将依法认定教学和研究职位竞聘的结果无效，并被终止与大学的劳动合同。一切违法行为由国家科学研究、技术开发和创新道德委员会依照现行法律予以查处。

第 326 条

国家科学研究、技术开发和创新道德委员会制定的处罚，自公布之日起 30 日内，由教育、研究、青年和体育部、国家科学研究权威机构、国家学位证书、文凭和教育证书委员会，确保公共资金用于研发的承包单位负责人以及高等教育机构或研发机构的负责人实施。

第九节　教学和研究人员的收入

第 327 条

教学科研人员的收入是根据现行法律和大学评议会的决定确定的。

第五篇　终身学习

第一章　总　则

第 328 条

(1)该篇规范了罗马尼亚终身学习的整体框架。

(2)终身学习指在其一生中,在正规、非正规、非正式的环境下为培养和发展个人的、国家的、社会的或职业的能力而开展的全面教学活动。

(3)能够进行终身学习教育的学校包括早期教育、大学预科教育、高等教育、成人继续教育和培训。

第 329 条

(1)终身学习的主要目标是实现人的全面发展和社会的可持续发展。

(2)终身学习注重培养和发展某一活动领域的关键能力、特定能力及资格。

第 330 条

(1)终身学习发生在正规的、非正规的和非正式的学习环境中。

(2)正规学习是基于一个明确的教学计划,在一个机构内进行的一种有组织的、结构化的学习。这种类型的学习伴随着目标、资源和持续时间,取决于学生的意愿,并以获得知识和能力认证而结束。

(3)非正规的学习被整合到计划的活动中,有学习目标,没有明确地遵循课程,在持续时间上可能会有所不同。这种类型的学习取决于学生的意愿,无法自动地对获得的知识和能力进行认证。

(4)非正式学习是与工作、家庭和休闲有关的日常活动。它不是在目标、持续时间和学习支持上组织或结构化的。这种类型的学习并不取决于学生的意愿,也不会自动地对获得的知识和能力进行认证。

(5)依照现行法律,在非正规和非正式的环境下培养的知识和能力可以被授权的机构认证。

第 331 条

(1)在正规环境下实施高等教育的机构或组织是大学预科教育机构,隶属于当地政府的教育和职业培训中心,是依法被授权或认证的民办或公办教育和职业培训机构,是依法提供授权项目的政府或非政府组织,以及为雇员提供职业培训的机构。

(2)非正规环境下维持学习的机构或组织是本条第(1)款中提到的机构和组织,以及儿童保健和保护中心、少年宫、学生俱乐部、文化宫、美术馆、剧院、文化中心、图书馆、档案中心、电影院、文化之家、职业或文化协会、非政府组织和其他机构。

(3)在非正式环境中维持学习的机构或组织是在本条第(1)项和第(2)项中提到的

机构和组织。非正式学习往往是无意识的。当孩子、年轻人和成年人在家庭、工作、社区、社交网络中,自愿参加体育或文化活动,或者其他类似活动时,就会发生非正式学习。

第 332 条

(1)本法第二篇规定了大学预科教育系统的组织和运作。

(2)本法第三篇规定了大学教育系统的组织和运作。

(3)成人职业培训的组织和运作,由与成人继续职业和工作培训有关的法律规定。

第 333 条

(1)国家经济上保障和资助以下人员获得教育和继续职业培训的机会:

①未接受义务教育的成年人。

②在获得职业资格证书之前退学的青年人以及未接受任何形式教育或专业培训的青年人。

③非职业教育系统中的毕业生、中等教育毕业生、失业的或在不相关领域工作的高等教育毕业生以及具有劳动市场从业资格的高等教育毕业生。

④具有特殊教育要求的人员。

⑤在国外工作一段时间后回国的成年人。

⑥居住在社会环境和经济环境差的成年人。

⑦居住在城乡环境中,40 岁以上且文化程度较低的职工,教学能力下降或不合格的职工。

⑧有重大辍学风险的学生。

⑨所有渴望参加终身教育计划的公民。

第 334 条

终身学习是在公私合作的基础上由公共和私人基金资助的,资金来源于非政府组织、欧洲项目的无偿资金、终身教育账户资金和受益人捐赠。终身学习也可以由雇主出资或雇主和雇员联合出资。

第二章　终身学习的责任

第 335 条

国家通过教育、研究、青年和体育部,议会,政府,劳动、家庭和社会保障部,文化和国家遗产部,卫生部,行政部,以及内务部,行使终身学习领域的职能。

第 336 条

在终身学习领域,教育、研究、青年和体育部的主要职能如下:

①制定教育、职业培训、研究青年和体育领域的国家战略和政策。

②制定有关罗马尼亚教育体系的组织和运作条例。

③直接或通过认证机构监督、评估和控制教育系统和教育提供者的运作。

④制定验证和认可学习成绩的机制和方法。

⑤与文化和国家遗产部共同制定成年人和老年人非职业教育领域的政策。

⑥教育和职业培训相关立法规定的其他职能。

第 337 条

在终身学习领域，劳动、家庭和社会保障部的主要职能如下：

①与教育、研究、青年和体育部共同制定有关成人职业培训领域的国家战略和政策。

②规范职业培训和在职学徒培训。

③直接或通过认证机构进行监督、评估、认证和管理教育提供者，而不是那些属于国家教育体系的教育机构。

④教育和职业培训相关立法规定的其他职能。

第 338 条

文化和国家遗产部在终身学习领域的主要职能如下：

①激励公众增加对文化的接触和参与。

②提出并促进与地方公共行政当局的合作，并与公民社会的结构相适应，使文化机构和活动单位提供多样化、现代化和优化的公共服务，以满足公众的文化和教育需求。

③促进对专业能力的认可，以保障创作者、艺术家和文化领域专家的权利和利益。

④教育和职业培训相关的立法规定的其他职能。

第 339 条

（1）各部委和中央政府可以在特殊法律规定的职业教育和职业培训领域拥有一定权限。

（2）对国防、公共秩序、国家安全等公共机构工作人员的继续教育，依照本法的规定，应当按照本机构领导人的命令和指示进行管理。

（3）军事人员、情报人员、公共秩序人员和国家安全人员的非大学继续教育的组织结构、概况、专业设置、年度教育数据和受教育者的选择标准由国防部、行政和内务部、罗马尼亚的情报局和其他承担国防、信息、公共秩序和国家安全事务的机构，根据具体情况和教育水平制定。

第 340 条

（1）通过重组国家资格和成人职业培训委员会、全国资格认证和成人职业培训委员会的执行单位，建立国家资格认证机构。

（2）国家资格认证机构根据欧洲资格认证框架制定国家资格认证框架，管理国家资格认证注册和国家职业培训提供者名册。国家资格认证机构应当在全国范围内协调继续教育提供者的认证，协调继续职业培训体系中的质量保证体系和行业委员会的活动。国家资格认证机构有以下职能：

①准备、实施和更新国家资格框架和国家资格名册。
②确保国家资格体系与欧洲以及世界其他国家的资格体系的兼容性。
③向教育、研究、青年和体育部提出有关国家资格体系和人力资源开发（包括成人职业培训）的政策要素、国家战略要素和行为规范的建议。
④在全国范围内协调和管理职业标准和职业培训标准的编制。
⑤保障成人职业培训领域的质量。
⑥统筹和管理全国成人职业培训提供者的认证。
⑦编制成人职业教育提供者的国家名册和国家职业资格评估员名册。
⑧统筹专业能力评估中心的授权和专业能力评估员的认证。
⑨参与制定成人资格和职业培训领域的计划、项目或维护成人资格和职业培训领域的国家利益。
⑩促进社会对话，支持和统筹各部门委员会的活动。

(3)国家资格认证机构的资本支出，通过教育、研究、青年和体育部的预算，由自有资金或国家预算补贴保障。

(4)在国家资格审查机构中设立咨询委员会。咨询委员会由来自大学预科教育机构代表、大学代表、学生代表以及专业协会、中央公共行政机构、雇主协会、工会和行业委员会的代表组成。委员会应协助国家资格认证机构制定国家资格框架和成人职业培训的国家战略和行动计划。

(5)国家资格认证机构由教育、研究、青年和体育部协调。自本法施行之日起3个月内根据政府决策制定结构、组织及其职能。

第 341 条

(1)国家资格框架是资格分类的一种方法，根据一组对应于特定学习水平的标准，旨在整合和统筹国家资格证书子系统，提高与劳动力市场和公民社会有关的资格的透明度、获取、办理进度和质量。

(2)国家资格体系适用于普通中等教育、专业技术教育、职业继续培训、学徒培训、高等教育以及正规、非正规和非正式的终身学习环境。

(3)国家资格体系允许对在正规的、非正规的和非正式学习环境中获得的所有学习成果进行认可、衡量和连接，并确保认证资格和头衔的一致性。国家资格体系可以防止资格的重复和叠加，有助于学习者在职业规划上做出明智的决策，促进终身学习视角下的职业发展。

(4)国家资格体系有助于职业培训体系的质量保证。

第 342 条

(1)国家资格委员会对专业能力的评估人、评估人的评估人、外部评估人进行评估和认证。

(2)在现行法律规定的实施过程中，经教育、研究、青年和体育部批准，国家资格认证机构对专业能力的评估人、评估人的评估人、外部评估人的评估和认证标准和程序进行评估。

(3)国家资格认证机构应当编制全国具有专业能力的评估人和经认证的外部评估人员的名册。

(4)国家资格审查机构根据外部评估人员编制的评估报告,对评估中心和评估机构进行认证。

第343条

(1)社区终身学习中心是由当地政府与教育培训机构合作设立的。他们的作用是在整个社区中实施终身学习的政策和策略。由教育、研究、青年和体育部发起建立的社区终身学习中心应根据政府的规定进行运作。

(2)自治教育单位和机构单独或与地方政府、其他公共机构、民办机构、团体、社区中心、继续教育提供者、社会伙伴、非政府组织和其他类似实体协作,可以根据不同目标群体的具体需求,在教育服务的基础上,建立当地的终身学习中心。

(3)依法从公共和私人资金中筹集资金。所有的社区终身学习中心的收入由其自行支配。

第344条

(1)当地社区终身学习中心的职能如下:

①对当地的教育和职业培训进行调查和分析。

②制定终身教育领域的地方干预计划。

③通过以下方式为儿童、青少年和成年人提供教育服务:

(i)为获得或完成核心能力的补救项目,包括"第二次机会"类型的教育课程,或为提前退出教育体系或没有专业资格的成年人提供"优先教育领域"的课程。

(ii)验证非正规和非正式学习成果的课程。

(iii)发展职业资格、资格再认证、职业再培训、完善职业能力、培养职业能力和职业启蒙的职业能力培养课程。

(iv)创业教育课程。

(v)个人发展课程或休闲课程。

(vi)组织所有社区成员参与终身学习的推广活动。

④为以下内容提供信息、方向和咨询服务:

(i)获得教育和职业培训课程。

(ii)对非正规和非正式学习成绩的确认。

(iii)任职的准备工作。

⑤提供非正规和非正式学习成果的评估和认证服务。

⑥为社区成员提供现代化的信息和交流方式。

⑦促进与经济实体的伙伴关系。

⑧实施欧洲一级的文件,如欧洲通行证和青年通行证、护照和终身教育组合。

⑨管理参与中心服务的受益人信息。

(2)由政府决定社区终身学习中心的认证、定期评估、组织和运作方法。

第345条

(1)学习成果的认同、评估、认证过程:

①学习成果表示一个人在学习结束时所理解、掌握和能够做的事情,可以被定义为知识、技能和能力。

②认同学习成果表示一个人独自或在专业人员的帮助下意识到自身能力的过程。

③评估学习成果表示一个人获得一定的知识、技能和能力的过程。

④认证学习成果表示一个人在学习过程结束时获得的结果符合某个单位对学习过程的结果或资格的特定要求,并最终获得等级或证书。

(2)对学习过程结果的认可是一个过程,通过授予学习成果认证或资格证书,证明学习过程的结果是经过认证和验证的。

(3)根据教育、研究、青年和体育部,劳动、家庭和社会保障部以及国家资格认证机构所阐述的方法,鉴定、评估和认可非正规和非正式的教育环境中的学习成果,并由政府予以批准。该成果可以作为教育和职业培训的学分。

第346条

(1)对学习成果的鉴定、评估和认可的服务,可以由经正式授权的公立或者私立机构提供。

(2)对非正规和非正式的教育环境中的学习成果进行评估之后,由权威机构授予学位和证书,学位和证书与正规教育和职业培训体系中的知识和能力评估与认证具有同等效力。

(3)在非正规和非正式环境下的学习成果可以通过认证中心的评估直接获得认可或通过正式学习方案间接获得认可。

第347条

(1)通过使用教育和职业培训可转换专业学分系统来保证横向和纵向的职业流动。

(2)教育、研究、青年和体育部,劳动和社会保障部,文化和国家遗产部,国家资格认证机构制定可转换专业学分的授予方法,并由政府部门批准。

(3)学习成绩及其相关的在正规环境下或在非正规和非正式环境下的学习成绩经评估后获得的可转换专业学分,被转换并整合到学习人员参加的职业培训课程中。

第348条

(1)想要对在非正规和非正式环境中获得的专业技能进行评估的人,可以向有关职业或资格评估的评估中心提出申请。

(2)根据评估情况,由国家认证的评估中心颁发以下类型的证书:

①资格证书。根据职业培训标准或职业标准,如果候选人具备胜任某项资格或职业相关的所有能力,授予其资格证书。

②职业能力证书。根据职业培训标准或职业标准,如果候选人具备胜任某项资格或职业相关的一项或多项能力,授予其职业能力证书。

③证书与一份对证书的补充说明的附件一同颁发,其证明申请人具备胜任能力。

第 349 条

(1)终身教育组合代表一种工具,有助于鉴别和培养个人能力和胜任力,并能够评估一个人在学校学习、职业规划和融入职场的个人能力、胜任力的评价。

(2)终身教育组合包含在正规、非正规和非正式的教育环境下取得的学习成果。

(3)终身教育组合还包括欧洲的方法,这些方法强调个人的学习成果,如:欧洲通行证和青年通行证。

第 350 条

(1)终身职业咨询和职业指导是为各个年龄段的人提供服务和活动的总和,这些服务和活动帮助人们在人生的任何时刻都能在教育培训或工作领域做出抉择并管理其职业。

(2)向教育机构、培训机构、劳动就业服务、社会服务、青年服务部门和私营部门等方面提供职业咨询和职业指导服务。

第 351 条

国家为所有求职者提供免费的职业咨询和职业指导服务。

第 352 条

职业咨询和职业指导服务包括以下类型的活动:

①职业信息——指申请、担任和保留某个工作所必需的所有信息。

②职业教育——在"辅导和定位"领域课程的支持下,在教育机构中实施职业教育。这些机构提供劳动力市场的信息,培养求职者对教育、培训、工作和生活做出选择的能力。这些机构还提供了在社区生活或职业生涯中尝试不同角色的机会,同时也提供了职业规划的必要工具。

③职业咨询——帮助人们理清目标和抱负,了解教育背景。它有助于人们做出明智的决定,管理自己的事业,以及做好在人生的各个阶段之间的过渡。

④就业辅导——帮助人们理清当前的目标,培养为找到一份工作所需要的技能,并最终找到工作。

⑤工作安置——为找到工作而提供给个人的帮助。

第 353 条

(1)教育、研究、青年和体育部与劳动和社会保障部共同为提高质量,以及为个人在人生中所享有的职业咨询和职业指导活动的同步性和连续性而工作。

(2)本条第(1)款中所指的各部委按照共同命令制定联合方法和手段。这些方法和手段涉及咨询和指导方面的专家培训，欧洲通行证和青年通行证的使用方法。其目的是提高教师、培训师、父母以及公众对教育和职业培训中的咨询和指导工作的认识。

(3)为了确保欧洲领域的服务和人员流动的透明度和灵活性，教育、研究、青年和体育部与劳动、家庭和社会保障部做出必要努力，使罗马尼亚融入欧洲的咨询和指导体系。

第 354 条

(1)确保终身教育质量的系统包括确保大学预科教育质量的系统、确保高等教育质量的系统以及确保职前培训和继续职业培训质量的系统。

(2)国家教育和职业培训质量保证组织是一个非正式的机构。作为教育和职业培训质量保证的国家参照点，协调教育质量保证体系国家级的职业培训和职业继续培训。

第 355 条

(1)在每个具有罗马尼亚公民身份的孩子出生时，国家通过给予其相当于 500 欧元的列伊，来保障终身学习的权利。这是根据罗马尼亚国家银行的货币兑换汇率计算得来的，并在付款日生效。这笔款项来自国家预算，通过劳动、家庭和社会保障部拨付，用于教育目的。

(2)这笔款项由孩子的亲生父母、代理人或法定代理人根据出生证明，以孩子名义在国库设立一个存款账户，成为终身教育账户。

(3)子女的父母、纳税人，可以在法律条件允许的范围内从本条第(2)款指定的账户中扣除 20% 的年度所得税后存入该账户。

(4)对于存入本条第(2)款规定的账户的金额，按照公共财政部长规定的利率支付年利息。财政部设立的存款账户的利息由公共财政预算中的国家预算部分来支付。

(5)账户持有人是唯一可以从终身教育账户中提取资金的人。账户持有人从 16 岁开始，并根据父母、法定监护人或法定代理人的明确约定，可以从该账户中提取资金。国家财政部发行的票券相当于提取资金的凭证。教育、研究、青年和体育部制定了用于终身教育经费的证明方法。

(6)在其他条件下，除本条第(5)款规定的情况外，基于其他目的提取和使用这笔款项均构成犯罪，可处以 6 个月以上 1 年以下有期徒刑。

(7)由政府决定终身教育账户开设、管理和使用的相关规范。

第 356 条

(1)在终身教育领域工作的工作人员可以担任下列职务：教师、辅导教师、培训师、实习指导员、能力评估员、调解员、终身学习督导员、辅导员、导师、助教以及与终身教育有关的其他职位。

(2)经政府批准，教育、研究、青年和体育部，劳动、家庭和社会保障部，文化和国家遗产部和国家资质机构联合制定终身教育从业人员的专业化程序和专业化途径的规范。专业培训计划包括终身学习的具体目标，如：与受训人员年龄等有关的教育心理学能力训练,与使用现代信息和通信技术相关的能力发展;促进学习能力;使用基于项目的学习和教育组合;等等。

第357条

(1)根据现行的法律,由罗马尼亚政府建立国家科学博物馆。

(2)国家科学博物馆的主要目标是通过展示科学技术的主要成果,提供非正规和非正式的学习体验。

(3)国家科学博物馆的创立、组织、运作和筹资方法由政府决策。

第358条

教育、研究、青年和体育部与劳动、家庭和社会保障部,文化与国家遗产部联合制定了一套用于监测、分析和预测终身学习活动的统计指标。

第六篇　法律责任

第359条

(1)下列行为被视为轻微违法行为,并予以处罚:

①违反第86条第(3)款规定的父母或法定监护人,处以100列伊至1 000列伊的罚款或同等价值的社区工作。

②违反第143条第(5)款规定的,处以5 000列伊至50 000列伊的罚款。

(2)轻微违法行为的确立及根据本条第(1)款第①项规定的对轻微违法行为的罚款,应由校董会提出申诉,由行政和内政部的警察或者机构确立并执行。

第七篇　临时和最终条款

第360条

(1)本法律自《罗马尼亚政府公报》第一部分公布后30日内生效。

(2)〔1994〕84号《教育法》在《罗马尼亚政府公报》第一部分公布;1999年12月10日第606号《教育法》经修正和补充,《关于教职员地位的〔1997〕128号法》在《罗马尼亚政府公报》第一部分公布;1997年7月16日第158号法经修正和补充,《关于教育质量保证的〔2005〕75号政府紧急条例》中的第14条第(2)款,在《罗马尼亚政府公报》第一部分公布;2005年7月20日在《罗马尼亚政府公报》第一部分第642号经〔2006〕87号法律批准修正,修订后,《关于参加远程或兼职学习项目的学生继续学习毕业考试课程权利的〔2009〕10号政府法令》在《罗马尼亚政府公报》第一部分公布;2009年8月20日第581号和任何其他相反规定,将于本法生效之日废止。

(3)其他规定:

①从2012~2013学年开始实施小学预备年级的措施。

②从 2011~2012 学年 5 年级开始实施初中九年级教育。
③高中毕业考试从 2012~2013 学年 9 年级开始,并按本规定组织。
④高中入学考试从 2010~2011 学年 5 年级开始,并按本规定组织。
⑤为每个新生儿提供 500 欧元标准的终身教育,该措施在 2013 年开始施行。
⑥对每个学生的标准成本和"根据学生的拨款"原则的资助措施,在 2012 年开始实施。

(4)本法施行之日起,经认证的高等教育机构应停止未经授权运作或未经认证的所有专业领域的教学。如继续进行教学则属于违法行为,依法对教育机构进行清算,并对责任人依法进行处罚。

(5)在咨询国家校长委员会之后,根据罗马尼亚高等教育质量保障局的建议,教育、研究、青年和体育部对本条第(4)款相关的行为加以规范。

(6)教育、研究、青年和体育部应当起草实施本办法所产生的方法、规章和其他条例,并在生效之日起 8 个月内,制定实施的临时性措施。

第 361 条

(1)在本办法生效之日起担任助教的教职人员在 4 年内取得博士学位者,应晋升为助理教授。

(2)担任助教职务的个人就业协议有效期为 4 年。

(3)担任助理教授或研究助理的个人如不是博士研究生或没有拿到博士学位,其就业协议应在 4 年期限满后终止。

(4)除第 301 条(2)款规定外,担任高等教育机构助理教授职务的个人不受本规定的约束。未取得博士学位的个人的就业协议,应当在本办法生效之日起满 4 年时终止。

(5)讲师、教师或者高中教职人员的就业协议,未取得博士学位的,应当在本办法生效之日起 4 年期满时终止。

(6)在高等教育机构中担任科学研究人员或者高级研究人员的就业协议,未取得博士学位者,自本办法生效之日起 4 年期满时终止。

第 362 条

本法施行之日起,公立高等教育机构遵守具有多元文化、多语言大学的法令,具体规定如下:

①在克卢日巴贝什·博尧伊大学采用罗马尼亚、匈牙利和德国语言教学。
②位于塔尔古穆雷的医药大学采用罗马尼亚语和匈牙利语教学。
③位于塔尔古穆雷的戏剧艺术大学采用罗马尼亚语和匈牙利语教学。

第 363 条

(1)大学管理委员会应当在本法施行后 6 个月内,对新大学的组织结构、工作规章和管理方法进行补充。

(2)在任期结束时,应根据本规定建立新的大学管理机构。

阿尔巴尼亚

阿尔巴尼亚共和国位于东南欧巴尔干半岛西部，北部和东北部分别与塞尔维亚、黑山和马其顿接壤，南部与希腊为邻，西临亚得里亚海，隔奥特朗托海峡与意大利相望。首都是地拉那。国土面积为 2.87 万平方公里。人口为 285 万人(2019 年 1 月)，其中阿尔巴尼亚族占 82.58%，少数民族主要有希腊族、罗马尼亚族、马其顿族、罗姆族等。官方语言为阿尔巴尼亚语。56.7% 的居民信奉伊斯兰教，6.75% 信奉东正教，10.1% 信奉天主教。全国划分为 12 个州，下辖 61 个市。

阿尔巴尼亚为议会制共和国，实行自由、平等、普遍和定期的选举。总统为国家元首，由议会以无记名方式选举产生，每届任期 5 年，可连任一届。总统任命总理，根据总理提名任命政府成员。议会是国家最高权力机关和立法机构，实行一院制，任期 4 年。司法机构设宪法法院、最高法院、总检察院、上诉法院、地方法院。最高法院和各级法院行使审判权。最高法院院长和总检察院检察长由议会选举产生。

近年来，阿尔巴尼亚经济保持稳定增长，将旅游业作为优先发展的产业。2019 年国内生产总值为 158 亿美元。农业方面以发展有机农业为目标，耕地面积 62 万公顷。

阿尔巴尼亚实行 9 年制义务教育，教育较为普及。全国有超过 5 000 所学校。2018—2019 学年学前教育注册学生 78 942 人；9 年制基础教育注册学生 167 104 人；注册中学生共 116 646 人，其中高中生 95 359 人，中专生 21 289 人；高等教育注册学生 139 043 人。公立高校 15 所，私立高校 26 所。地拉那大学是阿尔巴尼亚著名综合性大学。

注：以上资料数据参考依据为中国外交部官方网站阿尔巴尼亚国家概况(2020 年 4 月更新)。

阿尔巴尼亚高等教育法

第一章 总 则

第一条 法律的目的

本法规定了高等教育的使命、目标,以及阿尔巴尼亚高等教育机构的建立、组织、行政、管理、财务和质量保证体系。这项法律符合欧洲标准,决定了国家和社会在高等教育中的作用。

第二条 高等教育的使命

高等教育的使命:

(1)通过教学、科研和服务,建立、传播、发展和保护知识;发展和深入推进艺术、体育健身运动;培养和储备高素质的青年专家和科学家。

(2)提供从终身高等教育受益的机会。

(3)推动国家和地区经济发展。

(4)提高民主化水平并促进社会及青年的发展。

第三条 基本原则

1.高等教育机构享有学术自治和学术自由。

2.高等教育机构的高等教育自治具有以下权利:

(1)选举治理机构和行政机构的权利。

(2)依照本法制定的法规及规章,组织高等教育机构内部结构、规范教育活动的权利

(3)依法招聘学术、行政人员和其他职员的权利。

(4)独立开发和实施课程及研究项目的权利。

(5)决定学生参与各种教育计划资格的权利。

(6)依照法律、法规筹集资金的权利,以及单独与政府或其他机构签订有关培训、资格或研究协议的权利;与教育机构、企业或其他国内外院校,以及公办或民办院校签订协议的权利;根据本法规定管理公共资金或其他收入的权利。

3.高等教育机构的学术自由体现在教学的自由、科学研究的自由和创作的自由。

4.根据欧洲地区教育的规则和原则实施高等教育。

5.高等教育机构分为公办和民办高等教育机构。高等教育是世俗教育。

6.国家保障高等教育机构的不可侵犯性。社会治安机构只有在申请通过或高等教

育机构最高权力机构许可的情况下,才能进入教学场所。公共治安机构未经高等教育最高权力机关批准,在发生犯罪或自然灾害时,不得擅自进入教学场所。根据相关法律规定,违反高等教育机构豁免权的应受到处罚。

第二章 高等教育机构

第四条 高等教育机构的职能

1.高等教育依据本法建立、管理,并由本法认可的高等教育机构提供。

2.高等教育机构是公办或民办的法律实体,高等教育机构设立法案规定了高等教育机构的权利和义务。

3.高等教育机构提供获得认可的教育计划。高等教育机构的组织结构是根据教育计划的类型确定的。

4.高等教育机构包括大学、专科院校、高等学校、大学校际中心和职业学院。

第五条 大学

1.大学是复合和集成结构,在科学、艺术和专业领域提供高等教育,推动知识、科学发展并促进知识转化。

2.大学提供以科学知识、研究和现代技术为基础的教育;提供继续教育、培训与资格认证并培养青年专家和科学家。

3.大学开展应用科学研究和创造性活动,提供符合其使命的服务,促进教师的职业发展。大学根据章程中规定的使命和职能,将教育、研究和其他服务保持在一个适当的比例。

4.大学提供了如第二十八条规定的3种周期教育的教育计划。大学至少由2个院系组成。

5.对存在共同利益的教育和研究活动,大学可以与其他大学、研究中心、国内或国外的政府机构、公办和民办的科学、文化和经济机构合作。在大学校际中心也可以开展合作。

第六条 专科院校、高等学校和大学校际中心

1.专科院校提供职业教育和艺术、体育、安全、国防领域以及其他职业活动领域的创新活动教育。根据教育周期及院校章程,专科院校提供3个不同周期的教育计划,并至少由两个所属领域的科学研究机构的学院组成。

2.高等学校提供第一周期和第二周期的高等教育。依照学校章程,高等学校在各自领域提供应用科学研究和服务。高等学校至少有两个院系。

3.大学校际中心开发并推广科学研究计划和项目,促进高等教育完成大学第一周期的研究。大学校际中心的结构类似于院系结构。大学校际中心是根据教育和科学部部长的建议,由部长委员会决定设立的。大学校际中心依照本法及其章程行使职责。

第七条　职业学院

1.职业学院提供大学和非大学职业教育中各个领域的教育和培训,旨在培养实践型人才。

2.职业学院也可以依照章程和条例开展应用研究、艺术或体育活动。此外,职业学院还提供各项服务。

3.职业学院在第一周期提供不同领域的教育。

4.职业学院有权将活动附加到大学、专科院校或其他高等教育学校。

第八条　高等教育机构单位

1.高等教育机构包括主要单位、基本单位和辅助单位。

2.学部、科研院所和职业学院作为高等教育机构及其附属机构的组成部分,被视为主要单位。

3.各院系和研发中心被视为基本单位。

4.实验室、实验站、教学单位、图书馆及其他进行研究、实施项目和提供服务的单位被视为辅助单位。

5.高等教育机构章程和法规规定了其组织结构。

第九条　学部

1.在研究和教育领域及其他相似或交叉领域,学部是协调教育、研究和文化发展的主要单位。学部提供不同层次的教育计划,授予毕业生文凭。

2.每个学部至少有3个基本单位,其中有2个是院系。

3.高等教育机构章程规定了学部结构、组成、运作和管理体系。

第十条　研发机构或研发中心

1.高等教育机构内的研发机构或研发中心开展研发活动与服务,并完成第二周期和第三周期的教育计划。

2.高等教育机构的章程、政策和程序决定了研发机构和研发中心的结构、组成、运作和管理体系。

第十一条　高等教育机构的附属院校

1.高等教育机构可以在总校所在地以外的地区设立附属院校,并提供教育计划、科学研究以及其他服务。

2.本地的附属院校是:

(1)高等教育机构的一个特殊单位。

(2)高等教育机构的一部分。

3.高等教育机构章程规定了开设附属院校的标准和程序。

第十二条　院系

1.院系是教育和研究的基本单位。包括同质的研究领域和各学科教育群体。

2.院系研发中心具有与学部类似的结构,它们共享研究利益和研究领域。

3.院系鼓励、协调和管理教育、艺术和科学研究,尊重每位教师的学术自由及使用学部的物力和财力的权利。院系应至少由7名全职教师组成,其中3人应获得荣誉或奖项。不符合这项标准的高等教育机构需在5年内符合这些标准。

4.院系应设立教研组。教研组组长至少应具有"博士"学位,并应通过公开竞聘进行选拔,由教授委员会成立的特设委员会决定是否聘用。高等教育机构章程应规定设立特设委员会和岗位竞聘的程序。基本单位的负责人应建议主要单位的主管部门任命在特设委员会名单中排名第一的候选人,任期为4年。

5.设有大学中心医院、临床学科的公办高等教育机构的学院应组织医疗服务。医疗服务是学部的基本单元,也是校医院的一部分,它实现了教学和研究功能,以及在高科技层面的基础培训和诊断功能。根据部长委员会制定的标准决定服务人员的数量和能力。

6.负责高等教育机构中大学中心医院服务工作的,应当是承担学部基本单位服务功能的主管,该主管是通过竞聘选拔出来的。他应当是在医疗服务领域的知名人士,至少在各自研究领域拥有博士学位和专业经验,并且在国内外完成了科学研究和刊物出版。竞聘的参选资质和选拔的方式应在高等教育机构和大学中心医院的章程中列明:

(1)应设立1个评估委员会用以评估竞选服务主管的候选人,委员会成员应由学院的教授委员会提议,经大学中心医院委员会批准后由校长公布。评估委员会应由5人组成,他们是在服务机构或学院的教授委员会界定领域因学术或科学贡献而闻名的国内外人士。

(2)认证委员会应推荐两名最能胜任的候选人给大学医疗中心,大学医疗中心从中挑选1名候选人并提交高等教育机构的校长和大学中心医院的总干事审批。

(3)董事会和大学中心医院总干事应以5年为1个周期对服务单位及其负责人的活动进行评估。

第十三条 大学中心医院

1.大学中心医院是教育系统和卫生保健系统的单位。作为大学或学部的一部分,大学中心医院承担高水平医疗教学和研究职能。作为卫生保健系统的一部分,承担诊断和治疗职能。

2.大学中心医院应根据教育和科学部部长和卫生部部长的提议,由部长委员会批准。

3.大学中心医院包含7个服务单位。

4.大学中心医院的活动应按由教育和科学部部长和卫生部部长联合制定的条例加以规范。

5.提供医学领域研究课程的学院能与其他非大学附属医院就学生实践培训和科学研究签订协议或合同。

第三章　高等教育机构的管理和行政机构

第十四条　高等教育机构的管理和行政机构的职能

1.高等教育机构的管理和行政机构包括学术评议会、教区长、行政委员会、学术道德委员会、学部委员会和其他委员会。

2.高等教育机构有权根据机构活动设立负责特定任务的其他机构。

第十五条　学术评议会

1.学术评议会是高等教育机构的一个大学决策机构,决定大学政策,规划、协调、治理和监督高等教育机构的教学和研究活动,并评估其绩效。学术评议会定期召开会议并由校长领导。

2.学术评议会的任务如下:

(1)保障科研人员的学术和研究自由以及学生的权利。

(2)批准机构的长期发展计划以及年度活动计划。

(3)经行政委员会批准,按多数票同意原则通过预算草案。

(4)批准财政资源的分配方案。

(5)以三分之二的票数同意原则批准章程。

(6)批准在学术评议会职权内的规章制度。

(7)评估和批准部分新的教育、研究和发展计划,以及为实现开设或关闭科研单位的方案或计划,做出必要的结构变革。

(8)依照国家标准进行评估、保证和承担机构的质量保证责任。

(9)评价高校学术人员教学科研绩效。

(10)确保考试依照机构标准举办和评估,提供充足的质量和透明度。

(11)在全体学术人员、行政人员以及学生公开会议上,批准教学与研究活动的年度报告及财务报告。

3.学术评议会要求行政委员会依照章程和条例评估学术评议会所涉及的各个方面。

4.依照本法,高等教育机构章程规定了学术评议会的其他任务、权力以及运行方案。

第十六条　教区长

1.教区长是一个行政机构,由校长领导,成员包括:

(1)校长。

(2)副校长。

(3)主要院系的院长或主任。

(4)名誉校长。

2.教区长的主要职责：

(1)为高等教育机构的发展制订长期计划。

(2)在学术评议会批准下,起草年度活动计划并监督计划的实施。

(3)决定人力、物力和财力资源的分配标准。

(4)制订预算草案并向学术评议会提交。

(5)准备一个资本投资计划,在权限内签署合同和协议。

(6)推荐有关教育与研究项目的计划,并为了实现目标做出必要的结构调整。

(7)监测并公布机构活动的评估结果。

(8)制定高等教育机构和教育和科学部之间的拨款规则协议。

(9)提出机构的整体组织结构以及各个层级的人员数量。

(10)制定高等教育机构的规章,并提交学术评议会批准。

3.教区长征求学术评议会和行政委员会对各自权限范围内的各方面的意见和建议。

4.教区长每学期向学术评议会和行政委员会做报告。

5.教区长会制定教育研究和财务活动的年度报告,并于每年的12月20日之前提交学术委员会和行政委员会批准。

6.高等教育机构的章程和规章规定了教区长的职责及职能。

第十七条　行政委员会

1.行政委员会是高等教育机构中的一个大学决策执行组织,定期组织和监督高等教育机构有关行政、财务、资产的经济管理和行政管理的活动。

2.行政委员会的主要职责和权力如下：

(1)批准财政资源的分配标准。

(2)以三分之二的票数同意原则批准预算草案。

(3)评估来自国家预算资金和其他合法资源的使用效率,并公布评估结果。

(4)批准各个层级的人员结构和数量。

(5)批准校长提交的年度财务报告。

(6)评估高等教育机构的发展计划和年度活动计划。

(7)批准行政、财务和会计的内部章程。

(8)起草行政委员会操作规程。

3.校长和名誉校长可以参加会议但无表决权。

4.行政委员会构成如下：

(1)来自高等教育机构的学术人员,至少持有博士学衔和管理经验,由高等教育机构中各主要单位的学术评议会或学术人员选出。

(2)由教育和科学部部长及科学、经济、文化、中央和地方政府领域的代表提名的成员。

(3)有1名来自学生会的代表。

5.根据本条第4款第(2)项规定,行政委员会成员由教育和科学部部长任免。以三分之二的票数同意原则选举主席。

6.副校长、院长和副院长既是行政委员会的成员,同时也是学术评议会的成员。

第十八条 学术道德委员会

1.学术道德委员会是高等教育机构的一个组织,处理有关大学道德的问题。该委员会针对有关问题向校长提出建议。

2.学术道德委员会的成员由学术评议会选出。学院也可以设立类似的委员会。

3.高等教育机构章程和规章规定了学术道德委员会的组成、职责和功能。

第十九条 学部委员会和其他委员会

1.学部委员会是一个决策机构。根据院系的建议,并在院系的授权下使用人力资源和物质资源,以保证教学计划的质量。学部委员会提出新的学习和科研计划以及建立和撤销其他部门或单位的建议。审议并批准有关教学、研究和财务活动的年度报告。

2.院长是学部委员会的主席。

3.高等教育机构章程规定了学部委员会的职责、权力及职能。

4.高等教育机构其他主要单位的委员会是学院的决策机构,有着类似于学部委员会的权力。在院校的章程和规章中规定了其具体的职责和权力。

第二十条 教授委员会

1.教授委员会是高等教育机构的主要单位,负责博士学位以及科学教育学博士后培养计划的组织和管理,并提供第三周期的学习课程。如果各学院未配备必要数量的全职教授,在高等教育机构也可以设立教授委员会。在高等教育机构中从事教学工作的退休人员不得成为教授委员会的成员。

2.高等教育机构章程和其他规章规定了教授委员会的组成、职责和功能。

第二十一条 公办高等教育机构中大学中心医院的管理权

1.公办高等教育机构的大学中心医院由董事会和院长进行管理。

2.董事会是最高的管理机构,由卫生部部长或由其授权的副部长担任主席,董事会由4名成员组成:

(1)高等教育机构校长。

(2)医学院院长。

(3)医学院的教授委员会主席。

(4)保险和卫生保健机构的局长。

3.董事会应按照教育、体育和青年部以及卫生和社会保障部的治理政策,并根据大学、卫生领域各学部的战略发展计划,批准大学中心医院的发展政策和战略以及活动草案和财务计划。

4.董事会的主要职能如下：

(1)向校长推荐两名大学中心医院院长候选人,再通过竞聘进行选任。

(2)任命通过竞聘选出的副局长候选人担任保险和卫生保健机构局长或高等教育机构校长。

(3)在竞聘特设委员会选出的候选人中,选任大学中心医院的服务负责人。

(4)批准大学中心医院的草案和组织结构。

(5)批准大学中心医院的活动报告。

(6)批准大学中心医院的金融活动和资产负债表的报告。

(7)批准大学中心医院的规章和章程。

(8)依照本法和大学中心医院的章程,制定其他职能。

5.董事会应每年至少召开4次会议。

6.大学中心医院是唯一在董事会监管下的行政机构。

7.院长是大学中心医院的最高管理人员,负责管理和组织本院的医疗、财务、行政和技术活动。

8.高等教育机构的章程和规章规定了大学中心医院的权力和职责以及董事会和院长行使职权的方式。

第二十二条　公办高等教育机构的管理主体

1.公办高等教育机构的主要管理职位：

(1)校长。是高等教育机构的主要当权者。

(2)部长或院长。是学部或学院的主要当权者。

(3)基层单位的负责人。是职业学院及其分支机构、研究机构或研究中心的主要当权者。

2.高等教育机构的管理者是校长和院长,应是副教授职称或博士学衔或西方大学的客座教授,而且必须有在这些大学的教学经验。

3.在内务部的领导下的高等教育机构的管理者相当于校长或院长,有权担任校长或院长。

4.高等教育机构的学术人员或机构外部人员可以竞聘本条第1款规定的管理职位。如果管理职位的候选人不是任职机构的职工,他将成为任职机构的职工。

5.高等教育机构章程规定了领导人或领导机构成员应达到的其他标准和职责。

第二十三条　高等教育机构管理机构和领导人的选举

1.公办高等教育机构通过选举产生管理机构和领导人。

2.公办高等教育机构管理机构的选举如下：

(1)学术评议会由学术人员、非学术人员和学生组成。其成员由各自的组织机构选举产生。

(2)学院委员会由学术人员、非学术人员和学生组成。其成员由各自的学部选举产生。

(3)主要单位的研究机构或研究中心的委员会由学术人员及非学术人员组成。其成员由各自组织机构选举产生。

(4)职业学院委员会由学术人员、非学术人员、学生和商界代表组成。其成员由各自学院选举产生。商界代表与职业院校的教育计划类型有关。

(5)学术评议会和学院委员会的成员中至少有15%是学生会的代表,至少5%是非学术人员,剩余的是学术人员。

3. 公办高等教育机构的领导人选举如下:

(1)公办高等教育机构的校长由全体学术人员、非学术人员和学生无记名投票选举产生。

(2)院长或部长由全体学术人员、非学术人员、学院或研究中心、研究机构或职业院校的学生无记名投票选举产生。

(3)系主任由院系的学术人员无记名投票选举产生。

4. 在领导人的选举中,非学术人员的投票和学生的投票以系数计算。学生占总票数的20%,非学术人员占总票数的5%。

5. 校际中心主任是由公开竞聘产生的。获胜的候选人应由教育和科学部部长提出,并由阿尔巴尼亚共和国总统任命。校际中心组成单位的主任由公开竞聘选出,并由校际中心主任任命。竞聘的标准和程序由校际中心章程确定。

6. 阿尔巴尼亚共和国总统任命校长,校长提名院长或部长,院长或部长提名系主任。

7. 教育和科学部部长宣布高等教育机构选举的起始日期。选举遵守由高等教育机构批准的选举条例进行。选举条例规定选举程序和标准。

第二十四条 高等教育机构的其他领导人

1. 高等教育机构的其他领导人包括:

(1)名誉校长。

(2)副校长。

(3)副院长或副部长。

(4)学院或其他主要单位的名誉院长。

2. 名誉校长负责财务和行政问题的日常管理,协助编制预算和分配财力、物力以及人力资源,确保对财务活动的监督并保证其合法。名誉校长不得担任高等教育机构的其他学术或行政职务。

3. 名誉校长的候选人是由行政委员会选举产生的。校长向教育和科学部部长提议批准选定的候选人。名誉校长必须具有法律或经济学博士学位,并且有不少于5年的工作经验。名誉校长的选举和提名程序是由一部专门的法律规定的。

4. 获得学术评议会同意的校长候选人可任免副校长人选。

5. 获得学院委员会同意的院长候选人可任免副院长人选。

6.学院或其他主要单位的校监负责学院的日常行政和财务管理,监督预算执行、财务活动和法律秩序。校监不得在其他高等教育机构或主要单位担任任何其他学术或行政职务。

7.学院或其他主要单位的校监必须有法律或经济学博士学位,并且有不少于5年的经验。学院的校监由校长从学校行政委员会推荐的3名候选人中指定。

8.公办高等教育机构章程规定了以上领导人的资格要求以及其他任务和职责,以及他们各自的资格要求。

第二十五条 管理人员和领导人的任期

1.公办高等教育机构的管理人员和领导人的一个任期为4年,连任不得超过两届。本法第二十三条第3款第(3)项中所述的系主任无任期限制。

2.新设立的公办高等教育机构的校长由教育和科学部部长提名,任期为1年,连任不得超过两届。

3.由被任命的校长任命院长或部长。由被任命的院长或部长任命系或研究中心的主任。

4.本条第2款和第3款所述的领导人的选拔标准、要求以及程序是公开的。

5.新设立的高等教育机构的学术评议会、学部委员会、研究所和研究中心由该机构的所有博士学位及以上的教职员工组成。他们的任期直至高等教育机构举行新的选举。

6.新设立的公办教育机构的其他管理人员以及领导人的任期与校长的任期相同。

第四章 高等学校中的研究组织

第二十六条 学习形式

1.高等教育机构的学习形式:
(1)全日制。
(2)非全日制。
(3)远程教育。

2.在本条规定中,每种学习形式的适用和施行均经教育和科学部部长批准。

第二十七条 教育计划

1.高等教育机构提供经认证的教学课程,该计划在欧洲学分转换系统之后,以模块进行组织,以学分进行评价。全日制学生每年的平均学分为60学分。

2.教育计划由学校自主编制,并经学术评议会批准。

3.高等教育机构应在学生申请入学之前公布已认证的教育计划。

第二十八条 大学学习周期和学衔

1.高等教育机构的教育计划由3个连续周期组成:

1.1 第一周期

(1)第一周期的教育计划旨在提供关于一般的科学方法和原则的基础知识,以及在某一个广泛的专业和专业领域内的专项技能。

(2)第一周期的教育计划应完成180个学分正常教育年限为3年。

(3)完成第一周期的教育计划之后,应被授予该教育领域的大学学士学位。

1.2 第二周期

1.2.1 "理学硕士"或"美术硕士"教育计划:

(1)第二周期的教育计划为拥有学士学位的毕业生提供了进一步学习专业理论和实践知识,以及在一个专业领域的科研训练机会。

(2)第二周期的教育计划应完成120个学分,包括30~40学分的研究项目和论文,正常教育年限为2年。

(3)学生完成学业后参加国际认可的英语考试。

(4)完成第二周期的教育计划之后,应被授予该教育领域的"理学硕士"或"美术硕士"学位。

1.2.2 第二周期的综合教育计划:

(1)高等教育机构提供医学、口腔医学、药学、兽医和建筑学领域的教育,提供第一周期和第二周期的综合教育计划。

(2)第二周期教育的综合教育计划应完成不低于300个学分,正常教育年限不少于5年。

(3)学生完成学业后参加国际认可的英语考试。

(4)完成第二周期的教育计划之后,应被授予该教育领域的硕士学位。

1.2.3 专业硕士的教育计划:

(1)专业硕士的教育计划至少向毕业生提供大学学士学位以及严格的职业教育和培训。

(2)专业硕士的教育计划应完成60~90学分,正常教育年限为1.5年。

(3)学生完成学业后,参加国际认可的英语考试。

(4)完成第二周期的教育计划之后,应被授予该职业教育和培训领域专业硕士学位。

(5)高等教育机构有权录取在"理学硕士"或"美术硕士"文凭的第二周期已获得专业硕士文凭的考生,并参照第二周期的教育计划,建立在硕士教育期间已获得有效学分的认证或转换标准。

1.3 第三周期

1.3.1 博士教育计划:

(1)博士教育计划是在自主研发和自主创新活动基础上完全学术研究的第三周期教育。

(2)被录取的博士应是已取得"理学硕士"或"美术硕士"学位的考生。

(3)博士教育计划持续至少3年,并包含组织60学分的理论教育。根据在组织理论教育期间获得的成绩,高等教育机构为有资格参加研究项目和准备博士论文的候选人建立分类标准。基于国际认可的英语考试以及一般理论水平的评价方法,高等教育机构确定资格标准和英语的认可标准。未能达到既定标准的候选人不应当继续接受博士教育,他们可被授予一份结业证书,这份证书包含研究模块及其信用和评价。

(4)完成博士教育计划之后,应被授予博士学位。

1.3.2 长期专业教育计划:

(1)长期专业教育计划指职业培训计划,在医学、口腔医学、药学、兽医学、司法学和建筑学等领域提供了独立的专业知识。教育计划包括理论研究,将实际应用和专业培训相结合。在司法方面的专业教育计划受专项法律的监管,并在法官学院施行。

(2)执行长期职业教育计划,学生应获得不少于120个学分,依照专业规范的法律,正常教育年限不少于2年。

(3)学生完成学业后参加国际认可的英语考试。

(4)完成长期的专业教育计划之后,应被授予该专业所在领域的大学文凭。

1.3.3 医药领域的博士教育计划:

医药领域的博士教育计划可以将各大学或学院批准的教育计划与长期专业教育结合起来。

2.高等教育机构仅提供符合要求和国家标准领域的第二周期和第三周期教育计划。

3.第一周期、第二周期和第三周期教育计划是大学教育计划。

4.继中学教育之后,高等教育机构有权提供不低于120学分的非大学职业教育计划。非大学职业教育计划的正常教育年限不得少于2年,并且在完成学业后,应被授予所学领域的专业文凭。根据高等教育机构制定的标准,在高等教育之后的教育过程中累计的学分可以转换到第一周期的大学教育中。

5.有关教育计划的细则应包含在高等教育机构章程中。

第二十九条 教育计划的组成要素

1.第一周期、第二周期以及教育培训计划包含以下要素:

(1)关于长期计划、类型、主要目标、教育短期计划以及必修学分的基本数据。

(2)在国家资格框架下施行的教育计划类别。

(3)规定了入学前必要的知识和技能,以及在招生受限情况下的选择标准。

(4)通过教育计划取得进步的评价方法和条件。

(5)法律规定的培养计划转换的条件及完成部分培养计划的条件。

(6)按照法律授予的学术和专业学衔等。

2.第三周期教育计划为独立科研提供了准备基础。第三周期教育计划是确定研究领域、研究内容和研究活动的个人计划。

3.高等教育章程和法规详细规定了各项教育计划。

第三十条　跨学科教育计划

1.高等教育机构的不同院系可以联合组织跨学科教育计划。这个计划可以由不同的高等教育机构开展。

2.完成跨学科教育计划之后,由两所高等教育机构共同颁发毕业文凭。

第三十一条　联合教育计划

1.联合教育计划是通过与一所或多所国内外公办或民办高等教育机构合作,在其中一所高等教育机构进行的。

2.联合教育计划由高等教育机构施行。学生毕业后,被授予联合或双学位。

第三十二条　培训教育计划

1.高等教育机构提供的培训教育计划以终身学习的形式,旨在培训、鉴定、完成、更新和强化知识。培训教育计划也可以是高级研究培训。终身教育的培训计划帮助提高专业技能,提升学历。

2.在培训教育计划的框架内,高等教育机构组织各种非正式教育形式,如暑期班、培训班等。

3.教育培训计划的组织结构是由高等教育机构自主决定的。

4.完成终身教育培训计划之后,被授予相应的文凭或证书。

第三十三条　学位、证书及其他文件

1.完成高等教育机构培养计划之后,被授予相应的文凭证书,这个证书是正式的文件。

2.完成第一周期或第二周期的综合教育计划之后,被授予的毕业文凭证书应附有文凭补充说明文件或附件。

3.文凭补充说明文件是在高等教育欧洲区的要求下编制的,描述了文凭补充说明文件持有人已完成的研究的性质、层次、内容和成绩。

4.按照教育和科学部的指示,学历和学历补充说明文件的内容和形式由学术评议会决定的。

5.已完成一项培训计划或部分培养计划的个人,被授予相应的证书,这个证书是一个正式的文件。

6.任何形式的文凭证书在颁发之前应在教育和科学部下设的国家注册证书机构注册。

第三十四条　学年和教育贷款

1.高等教育机构的学习按学年进行。教育和科学部部长宣布学年的开始。

2.学年由学期组成,每周应举办不少于20课时的班级讲座、研讨会及实验。

3.高等教育机构的章程中规定了继续教育计划的组织形成。

第三十五条　第一周期的录取标准

1.所有已通过国家成人高等教育考试的阿尔巴尼亚公民有资格申请第一周期教育。

2.阿尔巴尼亚共和国高等教育机构第一周期的外国学生的录取配额根据本条第二款和第三款确定。在这种情况下应把双边或多边国家协议考虑在内。

3.高等教育机构对已取得高中毕业证书的考生,有权提出第一周期教育的考生录取标准。第一周期教育的录取标准须经教育和科学部审查并评估。教育和科学部通过咨询高等教育与科学委员会和校长会议,由教育和科学部部长批准第一周期教育的录取标准和程序。

第三十六条　第二周期和第三周期的录取标准

1.完成第一周期教育计划且满足高等教育机构学术要求的个人,均有被第二周期教育录取的资格。

2.已获得理学硕士或艺术硕士学位或同等学历文凭,以及满足由相应的机构设立的录取标准的申请人,有资格申请注册第三周期教育。

3.按遵照高等教育与科学委员会的建议,高等教育机构制定第二周期和第三周期教育的录取标准。

4.公办高等教育机构第二周期和第三周期的入学名额,基于教育和科学部的建议,由教育和科学部部长批准。教育和科学部在咨询公办高等教育机构并听取教育与科学委员会的建议后准备提案。

5.在内务部的领导下,公办高等教育机构的第二周期和第三周期录取名额由现任部长提议并经部长委员会批准。

第三十七条　调转

1.高等教育机构制定了在相同或不同高等教育机构中同一周期内各个教育计划间的调转制度,以及从以前的教育计划调转至第一周期教育计划的机会。

2.依照高等教育机构章程,由高等教育机构的主要招生单位做出全部或部分认可学生修满的学分的决定。

第三十八条　参加第二项培养计划

1.完成第一个培养计划的人可以申请参加第二个培养计划。在这种情况下,申请人支付教育计划的全部费用。优秀学生除外。

2.高等教育机构章程规定了要满足的第二个培养计划录取标准。

第三十九条　国外文凭、证书、成绩和学衔认证

1.阿尔巴尼亚共和国文凭体系认可国外文凭、证书、成绩和学衔,用以保障就业或在学术研究上继续深造的权利。

2.在阿尔巴尼亚共和国,教育和科学部通过文凭认证机构认可由国外高等教育机构颁发的文凭、证书、成绩和学衔。文凭认证机构起到国家信息和外国资格认证中心的作用。在外国资格认证的框架内,教育和科学部可以授权高等教育机构执行认证程序,以促进学术研究。这项规定在教育和科学部颁布的条例中有明确规定。

3.对外国机构授予的成绩和学衔的官方认证责任主体是学术评价委员会。

4.教育和科学部颁布的条例规定了按照国家协定对外国高等教育机构颁发的文凭、证书、成绩和学衔进行评估和认可的程序、标准和要求。

第四十条 文凭和学习周期的认证

1.通过认证,全部或部分教育计划、其他院校或国外院校授予的文凭得到认可,持有文凭的人有权继续进行相同或类似的教育计划。

2.由高等教育机构对已提交的申请进行认证。

3.依照本法及相关法律,高等教育学院章程规定了认可程序和要求。

第五章 高等教育机构的设立、变更和终止

第四十一条 高等教育机构的章程和规章

1.高等教育机构章程根据相关法律条例规定了高等教育机构的活动内容。

2.该章程是由高等教育机构依照本法规定的条例编制的。经学术评议会以三分之二的票数同意批准后,从批准日起两个月内递交教育和科学部部长审批。如果有异议,教育和科学部部长将章程返还给高等教育机构做进一步修订。如果教育和科学部部长无异议或在规定的期限内未表明态度,将由校长颁布该章程。章程的修订遵循同样的程序。

3.高等教育机构根据由本法和《高等教育机构章程》制定的《高等教育机构条例》开展活动。有关高等教育机构开展活动的条例符合《高等教育机构章程》的规定。

4.依照本法和基本法,《高等教育机构章程》规定了高等教育机构的组织结构,管理人员和行政领导人的活动和任务及其选举或提名方式,机构和教育计划的内部评价的程序和频率,学术人员、非学术人员、学生的责任和权利,以及规范高等教育机构活动的其他责任。

第四十二条 高等教育机构的名称和标识

根据基本法,每所高等教育机构都有官方名称和标识,也可以变更名称和标识。变更名称和标识的申请由学院院长根据学术评议会的决定提出。

第四十三条 高等教育机构的设立、重组和终止

1.所有高等教育机构的设立、重组和终止是根据教育和科学部部长的提议,由部长委员会决定的。

2.设立一所新的公办高等教育机构应满足本法及规章等要求。

3.重组或终止学院之前,应由各学院学术评议会发表意见。

4.重组或终止高等教育机构的标准和程序,由部长委员会根据教育和科学部的建议确定。

5.根据高等教育机构的建议,经教育和科学部部长批准,设立、重组或终止高等教育机构的主要单位。

6.在高等教育机构提出设立、重组或终止建议之后,教育和科学部要求国家认证机构委员会对高等教育机构进行评估。

7.不受教育和科学部管辖的高等教育机构由各部委管理。

第四十四条　公办高等教育各周期教育计划的开设、重组和终止

1.公办高等教育机构应根据高等教育机构的申请,按照教育和科学部部长指令开设、重组或终止教育计划。教育和科学部部长有权要求公办高等教育机构在重点领域开设新的教育计划。

2.在不影响教育目标的前提下,经基本单位提议,由主要单位批准,并经高等教育机构学术评议会同意后可进行调整。

3.教育和科学部部长依据高等教育认证委员会的评估结果做出是否批准的决定。

第六章　民办高等教育

第四十五条　民办高等教育机构

1.民办高等教育机构依照本法及其规章设立和运行。

2.民办高等教育机构可以由本地或国外法人提出申请设立。创办人负责新设立的民办高等教育机构的所有活动、行政管理和财务管理。

3.根据教育和科学部的建议,民办高等教育机构的许可在符合国家标准和部长委员会制定的要求后生效,许可生效后机构才可运行。

4.许可证的模板由教育和科学部决定。

第四十六条　民办高等教育机构的许可

1.由法人把民办高等教育机构的设立计划递交给教育和科学部。

2.教育和科学部确认颁发许可证所需的文件,包括教育使命、长期目标、教育计划、资金计划以及项目审议的条款和程序等。

3.教育和科学部根据高等教育认证机构对教育项目中包含的关于教育计划的评价,对提交的教育计划做出决策。

4.在国外认证的民办高等教育机构必须向认证委员会提交国外认证证书,认证委员会根据要求对教育计划进行评估。

5.在教育和科学部认定已提出的活动项目、教育计划、物力、财力资源和院校章程符合本法和其他规章的情况下,将其转交给部长委员会做最终批准。

6.教育和科学部在以下情况可驳回项目建议书:

(1)高等教育认证委员会对所有的教育计划做出负面评价。

(2)高等教育机构不能证明其能够提供活动要求所必需的财力和基础设施保障。

(3)院校章程违背本法。

(4)不符合现行立法的其他情况。

在驳回的情况下,教育和科学部应当通知申请人驳回的决定及原因。申请人可以向法院提起上诉。

7.如民办高等教育机构在第二年才启动教育研究活动,则授予的办学许可证将无效。

8.如果民办高等教育机构倒闭,必须为在该机构注册的所有学生完成学业提供必要的财务资源。

9.民办高等教育机构只能在学年末结束其活动。

第四十七条　民办高等教育教育计划的开设、重组和终止

1.在民办高等教育所有周期教育中新的教育计划的开设、重组和终止应当根据高等教育机构的要求,按照教育和科学部的指令执行。

2.提交的计划中应包含有关该计划的教育使命、长期目标、教育计划、拨款方案以及考评教育计划的时间期限和程序。

3.教育和科学部要求高等教育认证委员会提交关于教育计划的评估结果。

4.教育和科学部在以下情况可驳回教育计划:

(1)高等教育认证委员会对整个教育计划做出负面评价。

(2)高等教育机构不能证明其能够提供活动要求所必需的财力和基础设施保障。

在驳回的情况下,教育和科学部应当通知申请人驳回的决定及原因。

第四十八条　民办高等教育机构中的研究组织

1.在民办高等教育机构中,教育计划的研究组织应符合本法第二十七条、第二十八条、第三十条、第三十一条和第三十二条的规定。颁发文凭证书的外国高等教育机构或其他机构提供了另一种模式。这些高等教育机构必须与学分评价相结合,以使学习能够获得认可和转化。

2.持有办学许可的民办高等教育机构,其教育计划必须在学生注册前公布。

3.在每学年初,民办高等教育机构必须提供该机构的财务状况、学术人员构成以及下一学年每个学习计划的学费。

4.违反本法及相关条例的民办高等教育机构,根据教育和科学部的建议,部长委员会可以采取具体措施,甚至两年内禁止民办高等教育机构招收新生或者废止其办学许可证。

第七章　高等教育机构教职员工

第四十九条　高等教育机构教职员工

1. 高等教育机构教职员工包括学术人员、教学研究辅助人员、行政人员。

2. 依照本法和相关条例，高等教育机构的法规和规章规定了高等教育机构教职员工的职责和权利。

第五十条　学术人员和职称

1. 高等教育机构的学术人员从事教学与科学应用研究，为学生提供咨询、建议以及行政服务。

2. 高等教育机构的学术人员按角色和从事的活动分为教授、教员、讲师：

（1）"教授"是学术人员、学科带头人、科研带头人。这类学术人员有博士学位和"副教授""教授""名誉教授""教授助理""副院士""院士"等职称。

（2）"教员"是主要从事教学的学术人员。他们持有博士学位和"教员"职称。

（3）"讲师"是从事教学和科研活动的学术人员。在教育和科学部部长的建议下，讲师应至少具有"理学硕士"或"美术硕士"文凭或者有同等文凭，同时还需满足部长委员会决议设立的标准。在高职院校和非大学教育计划的讲师应有"专业硕士"文凭。

3. 每种工作类别中的等级、排名以及每种情况下更详细的资格标准是由部长委员会决议规定的。

4. 在公办高等教育机构的工作人员总数是由教育和科学部部长批准的。

5. 工作分类、分级后，由部长委员会决定其薪资。

6. 职称由部长委员会和职称评定委员会确定的高等教育机构授予。"副教授""名誉教授""教员"职称由高等教育机构授予。"教授"职称由职称评定委员会授予。"副院士"和"院士"职称由科学院颁发。"教员"的职称应予具有博士学位的学术人员。"教员"职称应被授予至少获得理学硕士或艺术硕士学位或其他同等学力且在一所高等教育机构已获得"非常好"或"优异"的评价并有不低于5年的教学研究活动的学术人员。

7. 部长委员会根据教育和科学部部长的建议，颁布的条例规定了"教员""副教授""教授""名誉教授"职称的授予标准和程序。

第五十一条　客座讲师

1. 为了满足教育过程的需要，高等教育机构主要单位的委员会可以与客座讲师续签为期6个月或1年的合同。

2. 客座讲师的选聘应结合高等教育机构需求和客座讲师的胜任资格。

3. 各个主要单位的规章制度规定了客座讲师的地位和经济待遇。

第五十二条　签约讲师

1. 高等教育机构可以通过签订合同的方式短期聘请国内外知名教员担任讲师。国内外知名教员包括研究者、艺术家和有杰出贡献的海外知名人士。学术评议会根据主要单位的提议做出聘用决定。

主要单位的负责人应在基本单位负责人和教研组组长建议的基础上,根据工作场所的用途,在满足本机构需要的情况下,聘用全职学术人员从事每学期或每学年的教学和研究活动。签约讲师的就业方式应在高等教育机构章程中列明。

2.高等教育机构也可以通过临时合同聘用博士生,在他们学习或准备博士学位论文的过程中协助导师。在此期间,将签订临时合同的博士生视为讲师。

3.依照本法和其他法律规定,高等教育机构章程和规章规定了本条第1款和第2款中相关人员的聘用标准。

4.第五十一条和第五十二条规定的学术人员的费用由高等教育机构支付。

第五十三条　招聘标准

1.高等教育机构的章程和规章规定了高等教育机构所有工作的要求。工作人员可以是全职或兼职的:

(1)公办或民办高等教育机构聘用的全职学术人员,在经主要单位和高等教育机构的负责人批准后,有权在其他公办或民办、国内或国外高等教育机构担任客座与兼职学术人员。

(2)校长、院长或者其他领导人,无权参与国内或国外的公办或民办高等教育机构的全日制教学、研究或其他活动,除非是经教育和科学部部长或校长批准后兼任。

2.应聘者需在成人教育学院各主要单位进行公开竞争。高等教育机构章程规定岗位竞争的过程必须透明,岗位最终任职者必须符合公布的岗位要求,资格和技能必须完全符合职位描述。

3.为了聘任学术人员,主要单位的管理部门应当向上级管理部门提交在特设委员会做的分类中排名第一的候选人,特设委员会由主要单位的管理部门设立。根据本法以及《阿尔巴尼亚共和国劳动法》,高等教育机构的管理部门应与选定的候选人签订劳动合同。根据第五十条第1款规定,合同应当注明学术人员的职务和义务。

4.教学是一项义务,全体学术人员每周在礼堂至少上6节课。在大学医院服务单位开展临床活动的医学院学术人员每周至少在礼堂上3节课。

5.持有教授职称的学术人员可以任职到68岁,提前退休的情况除外。

6.在违反校纪、大学伦理、高等教育机构章程和规章的情况下,学术人员可能失业。获得教研组组长以及基层单位和上级机构主要单位的领导人的意见后结束与学术人员的雇用关系,但不包括公然违反劳动法和学术道德的情况。

7.具有教授职称的学术人员可以被临时借调到高等教育机构之外,担任国家和政府要职,其最长时限为5年。亦包括教育与科学体系中重要机构的管理职务。在借调期间,该学术人员的职位由临时合同聘用的学术人员或客座学术人员替代。

第五十四条 特殊地位

学术人员有资格享有特殊地位。除了本法赋予的权利外，特殊待遇及其他福利由部长委员会决议确定。

第五十五条 学术休假

1.高等教育机构的学术人员享有每7年进行为期1年的进修或进行学术科学研究的资格，由主要单位的教师委员会批准。高等教育机构的管理者在任期内无权享有学术休假。

2.享受学术休假的工作人员不需要承担任何教育任务。其资格和学术发展包括在其他高等教育机构开展的长达3个月的教学活动。

第八章 学 生

第五十六条 学生身份

学生在高等教育机构注册后获得学生身份，并在毕业后或者在其他情况下当注册无效时失去学生身份。本法以及高等教育学院章程和规章规定了学生的权利和义务，这是高等教育机构的一部分。

第五十七条 学生的权利和义务

1.学生的权利：

(1)参加讲座和研讨会等一切符合其身份的教育活动。

(2)依照本法和院校章程，使用图书馆、机房以及其他服务设施。

(3)依照本法和院校规章，可选举或被选举为院校的主体。

(4)表达对教学质量和学术人员工作的意见。

2.学生的义务：

(1)遵守学校的规则。

(2)致力于学业并参加学术活动。

(3)支付学校提供的教育和服务费用。

(4)遵守高等教育机构章程和规章确立的道德准则。

(5)尊重教职员工和其他学生的权益。

3.依照本法的规定，院校章程规定了学生的其他权利和义务。

第五十八条 学生会

1.学生会是独立的组织，不从事政治或经济性质的活动。学生会促进学生参与竞聘高等教育机构的治理机构、服务机构或教研机构中的学生代表。

2.学生会应依据有效立法，每两年由学生投票选出。凡入选学生会的个人，应在其完成大学学业前的最后一次选举中被获得票数最多的候选人取代。

3.学生会是设立在学院、学校以及国家层级上的。民办院校的学生会是全国学生会的一部分。

4.学生会不能成为各自高等教育机构的其他政治或非政治机构的一部分。依照本法并参考学生意见,高等教育机构法规和规章进一步规定和规范了学生会的设立、组织和运行。

5.学生会有对涉及高等教育机构公共利益的所有问题,包括教育方案和计划,学习活动的规定、学习的权利、服务质量、费用设置,初始的资产负债表和财务规划、费用或财政资源的分配,各种文化、艺术、运动或其他活动等表达意见和建议的自由。

6.高等教育机构支持并资助学生会的活动。

第五十九条　学生证

1.向公立院校的学生发放的学生证是一个独立的文档。该证能用于获取服务优惠政策。

2.教育和科学部制定学生证发放的标准和程序。

3.学生证持有人的福利由教育和科学部的国家预算分配的资金支付。

4.公共机构规定的学生证持有人的福利或津贴,由部长委员会以及关注学生利益的组织协议商订,与提供各种服务的私营组织或公司达成协议。

第六十条　奖学金

1.高等教育机构的学生有权申请奖学金或因卓越表现而被授予特殊津贴。

2.本条第1款所述的奖学金由国家或其他合法捐赠人提供。部长委员会制定奖学金发放的规则、标准和程序。

3.高等教育机构章程规定了机构提供的特殊津贴的标准和程序。

4.根据教育和科学部的建议,部长委员会可以考虑授予奖学金的其他情况或案例,也可以考虑为优秀学生和科学家授予奖学金。

第六十一条　学生注册

1.高等教育机构应管理学生个人注册数据,根据国家格式填写培养计划的所有学分、文凭授予信息以及文凭补充材料。

2.学生登记册以书面和电子形式存储,并由机构永久性保管。

3.在注册时,每个学生都被提供了注册号。直至获得文凭或证书该注册号都不会变。教育和科学部部长制定并发布注册号的规则。

第九章　高等教育质量保证及认证

第六十二条　内部质量保证

1.高等教育机构负责内部质量保证。高等教育机构建立了负责质量保证的单位,成员由学生代表和外部专家担任。质量保证机构定期评估教学、研究、艺术活动、绩效和效率以及高等教育机构的行政和财务活动。质量保证单位有经营自主权并有权获得高等教育机构的有关数据。

2.系统建立和运行的标准及程序由高等教育公共认证机构与高等教育机构合作编制,并载入高等教育机构章程的规定中。

3.高等教育机构公布评估结果。

第六十三条 外部质量保证

1.外部质量保证是通过质量保证流程和评估进行的。

2.外部质量保证由欧洲质量保证体系中国内外的高等教育公共认证机构或其他机构负责。部长委员会颁布的条例规定了负责外部质量保证机构的组织和活动。

3.认证委员会是公共认证机构的一部分。认证委员会是一个依托质量评估合议机构的建立在公办或民办高等教育机构中的对教育计划的认证。认证委员会独立运行。委员会的决定是公开的,同时公布其分歧。教育和科学部、高等教育与科学委员会、认证机构和高等教育机构、某些领域的专家以及学生代表在认证委员会中的人员比例处于平衡状态。教育和科学部部长从有关各方推荐的候选人中选出委员会成员。认证委员会主席从认证委员会推荐的候选人中选出,并由部长委员会在教育和科学部部长的建议下任命或否决。认证委员会的成员不得同时兼任校长、副校长或院长职务。

4.认证委员会成员的任期为5年。

5.为了在认证过程架构内促进质量保证流程和决策,并提出专业建议,认证委员会可以在各个领域设立专家委员会。这种委员会是临时的,由本国或国外的专家组成。

6.教育和科学部颁布了规定活动领域、功能和其他权力的规章。

7.公共高等教育认证机构和高等教育认证委员会提交并公布其年度活动报告。

第六十四条 质量保证

1.质量保证和认证可以在高等教育机构或培养计划层面进行。

2.质量保证和认证是基于国家质量标准进行的。国家质量标准是根据教育和科学部颁布的规章规定的。有关国家质量标准的提案是由高等教育与科学委员会与公共高等教育认证机构合作,根据欧盟高等教育领域的质量保证的指示完成的。

第六十五条 认证

1.认证决定可以是肯定的、否定的或者有条件的。在否定的情况下,表示该机构或教育计划在阿尔巴尼亚共和国未通过正式认可。

2.所有的公办或民办高等教育机构及其教育计划均须在颁发文凭之前通过初始认证。已通过第一次认证的高等教育机构有权颁发阿尔巴尼亚共和国认可的文凭。

3.所有的公办或民办高等教育认证机构都要每6年接受1次评估和认证。

4.公办和民办高等教育机构质量保证与认证的程序、规格、标准、要求相同。国外高等教育机构以及在阿尔巴尼亚共和国运营的国外高等教育机构分校提供联合文凭的高等教育机构,对其进行评估和质量保证时要考虑本国的认证和质量保证。

5.外部评估的费用由高等教育机构支付。

6.公布认证和外部评估结果。

第十章　国家与高等教育机构的关系

第六十六条　教育和科学部的职责

1.教育和科学部负责执行政府在高等教育与科学研究领域的政策。教育和科学部批准高等教育与科学研究中的策略,以及与政策有关的其他所有文件。

2.教育和科学部制定了在高等教育与科学研究中的必不可少的法律框架。

3.依照本法和相关规章,教育和科学部向部长委员会提出有关高等教育与科学研究预算草案建议。由教育和科学部批准每所高等教育机构的资金模式。

4.教育和科学部负责高等教育机构的质量保证和监督的工作。该部负责监督法律的实施,以及本法规定的公办和民办高等教育机构的公共资金使用情况。

5.在行使职权的过程中,教育和科学部应尊重高等教育机构的学术自治、学校自治和财务自主。

6.依照教育和科学部颁布的条例所规定的格式,教育和科学部保管高等教育和研究机构的登记册,以及已认证的教育计划的登记册。

第六十七条　合法管控

1.依照本法规定,教育和科学部至少每3年对公办或民办高等教育机构进行定期监督,并对公立高等教育机构进行至少1年1次的财务评估。

2.宪法法院的第9号决定自2008年2月19日起生效。

3.高等教育机构校长任意或严重违背法律和法规的情况下,教育和科学部部长责令校长停职,并将案件提交阿尔巴尼亚共和国总统,总统应在1个月内给出回应并采取行动。教育和科学部部长任命1位副校长担任代理校长,直到选举出新任校长。教育和科学部部长宣布提前组织新任校长选举。

4.基本单位的负责人公然或严重违反法律和法规的情况下,校长责令其停职,并由教育和科学部部长宣布对其解聘。部长应在1个月内给出答复并采取行动。校长任命1位副职担任代理负责人,直到选举出新任负责人。校长宣布提前组织新任负责人选举。

5.在类似的情况下,由院长宣布基本单位负责人停职,并建议校长解雇该负责人。校长应在1个月内给出答复。院长任命1名研究小组的选民代替负责人,直到选举出新任负责人。院长宣布提前组织新任负责人选举。

6.当教育和科学部有1个基本单位负责人或高等教育机构的1个中央单位的负责人公然或严重违反法律和法规,依照本法规定,由部长将材料递交相应机构并采取进一步行动。

第十一章　高等教育的中间结构

第六十八条　高等教育与科学委员会

1.高等教育与科学委员会是一个咨询机构,向教育和科学部以及部长委员会提供关于高等教育与科学发展的政策咨询。

2.以下事项由高等教育与科学委员会负责提供咨询并提出建议:

(1)国家高等教育与科学研究战略规划的编制、政策取向和法律法规的起草与制定。

(2)前沿领域、科学研究与技术开发计划。

(3)高等教育与研究的预算草案及分配原则。

(4)高等教育机构教育计划的评价和认证原则及标准。

(5)授予学术头衔和科学学位的标准,以及委员会评价学术头衔的标准。

(6)根据教育和科学部部长要求制定详细的政策及资助方式。

(7)教育和科学部部长要求的其他问题。

3.部长委员会颁布的规章规定了高等教育与科学委员会的活动。

第六十九条　高等教育与科学委员会的成员选举和构成

1.高等教育与科学委员会由19名成员组成,包括教育和科学部部长、科学院院长、校长会议主席、财政部代表、教育和科学部代表以及15名其他成员。

2.高等教育与科学委员会的专家成员是从各个学科领域通过公开竞争的方式选出的。选举由教育和科学部组成的选举委员会进行,选举委员会包含1名部长委员会代表、1名教育和科学部代表,以及1名由各机构任命的来自校长会议的代表。选举委员会核实本法规定的专业标准之后,根据参选者获得的分数编制候选人名单。教育和科学部部长颁布的专项法规制定了最终候选人的标准,并将最终结果予以公布。

3.财政部代表必须具有与其他专家成员相类似的专业资格。

4.部长委员会提名高等教育与科学委员会的专家成员,其中15名为分类候选人。

5.高等教育与科学委员会主席是教育和科学部部长。

6.高等教育与科学委员会的专家成员任期为7年,无选举权。

7.成员的薪资由部长委员会法案决定。

8.高等教育与科学委员会由教育和科学部的技术秘书处提供支持。秘书处的组成和薪资由教育和科学部部长指令决定。

第七十条　学术资格委员会

1.教育与科学委员会下设学术资格委员会。

2.学术资格委员会由15名成员组成。教育和科学部部长是学术资格委员会的主席。其余14名成员是在各自领域具有较高资历的代表。

3.部长委员会的一部专项法案规定了学术资格委员会成员的提名、解聘、责任和报酬。

4.学术资格委员会的秘书是教育和科学部的官员。

第七十一条　校长会议

1.校长会议是隶属于高等教育机构的一个独立机构。

2.在完全遵守各院校自治的情况下，校长会议开展有关协调与发展高等教育和研究的活动。

3.校长会议对与高等教育机构整体发展相关的问题及本法规定的事项发表意见。校长会议对每一个认为必要的事项表达意见。

4.校长会议与相关协会、国家组织建立合作关系，以促进关于高等教育与科学研究发展经验的交流共享。

5.校长会议根据由其三分之二成员批准的章程运行。

第十二章　高等教育机构的科学研究与服务

第七十二条　高等教育机构的科学研究

1.高等教育机构实施章程规定的符合该机构具体目标的科学研究、基础或应用研究、发展研究和项目及其他创造性活动。

2.高等教育机构开展的研发活动旨在提高教育质量。为学生提供研究方法，为学生完成具有先进科学和实践知识的教育学科的教育提供机会，提高高等教育机构学术人员的素质，以及提供在该机构开展和实施活动的必要物质手段。

3.为便于学术人员开展工作，研究机构应履行的责任：

(1)在工作合同中规定的院校的责任。

(2)所描述的研究单位的责任。

第七十三条　高等教育机构的研究活动

1.高等教育机构的研究活动必须确保研究与教育的一体化。

2.研究课题、时间表、研究方向和工作量是根据国家发展需要、有关学生教育的研究重要性、科学合作项目、学术人员资格及可用的财政资源，由高等教育机构做出决定。

3.高等教育机构按照其章程或条例为第三方提供其他专项服务，例如各种事务的专业知识、分析、咨询、监督、建议、临床服务、信息提供等。这些活动是利用相关资金举办的。这些活动的收入全部用于支持高等教育机构。部分资金也可用于奖励和激励现有条款和法规所规定的工作人员的部分活动。

4.高等教育机构可以编制与国内外其他公办或民办机构及相关协会、基金会等合作完成的培养计划和项目。

5.高等教育机构必须提交关于研究活动或任何其他创造性工作的年度报告。

第七十四条　研究活动计划

1. 在根据专门规章批准的计划、方案和项目的基础上进行研究活动。

2. 高等教育机构的领导者评估各级各类科学研究机构的绩效。

3. 第三周期教育计划及第二周期教育计划可被视为研究工作，并且需要规划。

第十三章　公办高等教育机构的性质和资金

第七十五条　关于公办高等教育机构拨款政策的一般原则

1. 公办高等教育机构在财务自主原则基础上运行。

2. 每所公办高等教育机构自主管理其收入。在本财政年度未用完的资金结转至下一年度。

3. 来自国家预算的无条件转移资金由国家在下一年分配给高等教育机构，并将未来一年的结转资金考虑在内。

4. 财政资源的分配及其使用是根据预算计划和公共财政管理的规则和标准进行的。

5. 关于财政资金的使用，优先使用高等教育机构的收入，并按照中期预算程序支出。

6. 公办高等教育机构的所有交易和付款，包括其收入，都是根据法律规定的所有财务控制规则，通过财政系统制定的。

7. 部长委员会和公众有权要求将高等教育机构财务收入的使用及国家预算的使用情况通过教育和科学部完全透明化。这些信息将列入每年提交给教育和科学部的高等教育机构年度报告中。此报告公开。

第七十六条　公立高等教育机构的资金来源

1. 公立高等教育机构资金来源如下：
(1) 国家预算转移支出。
(2) 院校自营收入。
(3) 带有目的性的其他资金。

2. 部长委员会通过教育和科学部将资金分配给公办高等教育机构，以便按标准执行任务。

3. 依照现行法律中有关财务的规定，公办高等教育机构有权制定有关使用本条第1款第(2)项提高自营收入和资金的规章。

第七十七条　公办高等教育机构的收入

1. 公办高等教育机构的收入包括：
(1) 学费。不同研究周期和研究形式的学费不同。
(2) 根据正式协议为第三方进行培训和资格认证的收入。

(3)公办高等教育机构在艺术、体育和文化领域的服务收入。

(4)其他受专业服务机构委托从事研究工作取得的收入或高等教育机构提供其他服务的报酬。

(5)以租赁合同或其他类型合同的形式收购资产或租赁资产给第三方的收入。

(6)财政拨款、他人捐赠和社会团体捐赠。

(7)在双边合作或多边合作框架内的来自国外的不可逆转资金。

(8)其他各种来源的合法资金。

2.公办高等教育机构的收入按照规定全部存入高等教育机构账户。

第七十八条　收费标准

1.学费包含注册费和教育费。

2.所有学校课程的注册费是由各高等教育机构拟定的,并由教育和科学部部长批准。

3.全日制第一周期教育费由部长委员会根据教育和科学部的建议确定。教育和科学部征求了校长会议及高等教育与科学委员会的意见。

4.非全日制第一周期的教育费、远程教育或其他教育方式的教育费由高等教育机构拟定,并由教育和科学部部长和财政部部长颁布的专项法律批准。

5.任何教育计划的收费不得超过这些计划的成本。

6.优秀学生在下一学年免缴学费。

第七十九条　国家预算资助

1.国家预算拨给公办高等教育机构的款项分为两大类:

(1)无条件转移性拨款资金。

(2)竞争性拨款资金。

2.无条件转移资金用于支付与高等教育机构运行相关的费用和固定拨款。竞争性拨款资金用于公共投资管理程序所述的建设或其他大型项目的投资。

第八十条　国家预算资金分配

1.每所公办高等教育机构的无条件转移资金的分配基于公平、公正、透明的准则。准则的标准和内容由教育和科学部部长根据高等教育与科学委员会的建议,并在年度国家预算法律中予以通过。

2.竞争性拨款资金的分配是根据高等教育机构提交的项目,并依照年度国家预算法律规定的标准进行的。

3.每所公办高等教育机构的预算结构是根据财政部部长颁布的条例中有关国家预算结构的规定起草的。

第八十一条　公办高等教育机构预算的起草

1.公办高等教育机构的预算草案,由校长根据3年中期预算规划、构成单位和机构的建议,由教科文组织编制,经行政委员会通过后,由学术评议会批准。预算依照财政部指定的标准起草后,提交给教育和科学部部长,教育和科学部部长在30日内行使其合法控制权进行审查。

2.公办高等教育机构的学校、学院、部门、研究中心以及与此类似的其他实体,遵照各自的章程和规章,有权制定和批准自己的年度预算。依照现行法律和行为规范,所有这些实体机构自主管理预算。

第八十二条　财务管理规则

公办高等教育机构的财务管理规则与其他公共机构的规则相同。

第八十三条　外部审计

1.公办高等教育机构接受法律指定机构的财务审计。

2.在外部审计过程中,负责财务审计的公共机构可以邀请民营审计公司共同审计。

3.公开财务审计结果。

第八十四条　内部审计

1.公办高等教育机构及其组成单位的内部审计由教育和科学部和高等教育机构的内部审计单位执行。依照法律和细则设立和实施内部审计。

2.公开财务审计结果。

第八十五条　高等教育机构的不动产

1.根据教育和科学部的建议,部长委员会下令由公办高等教育机构管理高等教育机构开展活动所必需的公共不动产。

2.公办高等教育机构依法维护并使用分给其管理的公共资产。

第十四章　临时和最终条款

第八十六条

在本法生效之前设立的公办高等教育机构,必须在本法生效后1年内重组并调整本法规定的教育周期内的教育方案。

第八十七条

在本法生效前提交的关于设立民办高等教育机构的请求,被认为符合本法及其附属行为规范规定的标准、程序和期限。

第八十八条

民办高等教育机构必须在本法生效后3年内重组或调整教育计划。教育和科学部部长发布关于民办高等教育机构改革的指令。

第八十九条

依照修订前的法律规定,公办高等教育机构的学生会及其在全国学生会的第一次选举,将在现任学生会任期结束时举行。

第九十条

高等教育机构必须在本法生效后 6 个月内，依照本法起草和批准其章程和规章。

第九十一条

1. 本法施行前，完成教育计划的学生，按其所在专业类别毕业。未能完成学业的学生将根据其教育阶段和课程阶段颁发文凭。

2. 研究生学习将继续按照在本法施行前制定的学制进行，直至在本法施行前注册的学生毕业。

第九十二条

1. 加入博洛尼亚进程后，3 年制（6 个学期）的大学文凭等同于第一周期的学士文凭。

2. 加入博洛尼亚进程后，大学文凭的课程不少于 4 个学年（8 个学期），相当于第二周期的综合硕士文凭。

3. 在研究生院学习获得的文凭相当于"二级硕士"文凭。

第九十三条

高等教育认证机构必须在本法生效后 3 年内成为欧洲高等教育质量保证名册的一部分。认证委员会将在自本法生效之日起 2 个月内重组。

第九十四条

本法生效前设立的高等教育机构必须在本法生效后 3 年内符合本法规定的质量保证和认证程序。教育和科学部将公布已认证的公办或民办高等教育机构。

第九十五条

依照本法，高等教育机构将根据其认证结果重组该机构和学习周期。

第九十六条

高等教育机构雇用的不符合资格要求的学术人员，应在自本法生效之日起 5 年内取得所需的资格或离职。公办高等教育机构的学术人员将在新学年开始时根据本法进行重组。

第九十七条

教育和科学部部长在本法生效后 1 个月内宣布选举高等教育机构的管理者。选举依照本法和选举条例的有关规定进行。根据本法，有关管理者的第一次选举条例将由教育和科学部与校长会议合作编制，为公办高等教育机构举行第一次选举奠定基础。

第九十八条

公办高等教育机构的资金将依照本法规定从 2008 年预算年度开始实施。2008 年的总预算转移额不得低于 2007 年的额度。在将公办高等教育机构纳入预算计划之前，公办高等教育机构根据第 8461 号《阿尔巴尼亚共和国高等教育法》修订案的相关规定筹措资金。

第九十九条

依照本法规定,财政部部长根据教育和科学部的建议,决定公办高等教育机构采用分级方式实施拨款计划。

第一百条

1. 职称评定委员会将在本法生效之日起6个月内依照本法进行重组。

2. 高等教育与科学委员会实际成员的任期不得少于第8461号《阿尔巴尼亚共和国高等教育法》规定的任期。

第一百零一条

1. 先于本法生效之日通过的子法若不违背本法规定,则不会被撤销。

2. 在本法生效后6个月内,部长委员会和教育和科学部必须颁布本法实施的法案和规章。

第一百零二条

1. 在本法生效之前,在教育计划中注册的学生应在同一教育计划中继续其学业,并在完成教育后依照本法规定,根据已完成学业计划,获得相应的文凭。

2. 高等教育机构应在本法生效后6个月内调整教育计划的文凭数量,并交由教育和科学部批准。

第一百零三条

1. 本法生效前,颁发的一级文凭或与其等同的文凭,相当于大学学士学位文凭。

2. 本法生效前,在大学教育过程中获得300学分以上的二级文凭和综合二级文凭,相当于理学硕士或美术硕士学位。

3. 本法生效前颁发的大学文凭,且其教育年限至少为4个学年(8个学期,相当于理学硕士或美术硕士学位。

4. 本法生效前颁发的一级硕士相当于大学专业硕士文凭。

5. 法官学校及邮政大学高级研究学院和二级硕士的学习相当于大学专科文凭或硕士文凭。根据有关规定,这些学习被部分或全部认定为博士学习。

第一百零四条

高等教育机构应在本法生效之日起6个月内,依照本法规定将其变化反映在章程和规章中。高等教育机构应在6个月内根据本法的要求和规定调整教育计划。

第一百零五条

第8461号《阿尔巴尼亚共和国高等教育法》修正案以及与高等教育相关并违反本法的所有其他规定,予以废除。

第一百零六条

本法在官方公报上公布15日后生效。

保加利亚

保加利亚共和国位于东南欧、巴尔干半岛东部。北部与罗马尼亚隔多瑙河相望，西部与塞尔维亚、北马其顿相邻，南部与希腊、土耳其接壤，东部临接黑海，海岸线总长378公里。首都为索菲亚。人口为700万人(2019年)。保加利亚族占84%、土耳其族占9%，罗姆族占5%，马其顿族、亚美尼亚族等占2%。保加利亚语为官方语言，土耳其语为主要少数民族语言。居民中85%信奉东正教，13%信奉伊斯兰教，其他信奉天主教和新教等。全国共有28个大区和265个市。

保加利亚为议会制国家，总统象征国家团结并在对外交往中代表国家。保加利亚议会称国民议会，议长称国民议会主席。根据宪法，议会行使立法权和监督权，并有对内政外交等重大问题作出决定的权力。实行一院制，共240个议席，议员按比例制通过直接选举产生，任期4年。司法机构包括最高司法委员会、最高上诉法院、最高行政法院、总检察院、特别侦察局、最高律师委员会。各行政区、市设有法院与检察院。

2019年保加利亚国内生产总值为681.6亿美元。农业资源丰富，农业传统历史悠久。玫瑰精油、葡萄酒、酸奶并称为"保加利亚三宝"。旅游资源较丰富。主要工业部门有机械制造、电子、冶金、食品、轻纺、造纸、化工等。

保加利亚普及12年制义务教育，小学、初中、高中均为4年。2018/2019学年有各类教学单位4 699所，在校生1 186 933人，教师106 244人。中小学校1 964所，中等专业技术学校及职业技术培训中心847所，高等学校54所。著名高等学府有索非亚大学、普洛夫迪夫大学、大特尔诺沃大学、新保加利亚大学、国民和世界经济大学等。

注：以上资料数据参考依据为中国外交部官方网站保加利亚国家概况(2020年4月更新)。

保加利亚高等教育法

第一章 总 则

第一条

本法规定了保加利亚共和国高等教育的结构、职能、管理和财务政策。

第二条

高等教育的目标是培养具有中等教育以上学历的高级专业人才,并发展科学文化。

第三条

高等世俗教育独立于意识形态、宗教和政治学说。高等世俗教育应符合社会价值观和民族传统。

第四条

高等教育不允许在年龄、种族、国籍、民族、性别、社会背景、政治信仰或宗教信仰方面存在特权或限制,《高等院校工作条例》中明确规定的有关培养过程和未来职业的特殊情况除外。

第五条

遵照本法规定的条款,在已获得认证或已设立的高等院校实施高等教育。

第六条

1.高等院校是具有以下特性的法律实体:

(1)培养能够在人类活动各个领域发展和应用科学知识的专业人才。

(2)提高专业人才的资格条件。

(3)发展科学、文化和创新。

2.高等院校可以根据其特性开展科学研究、生产发展、文艺创作、体育和健康服务等活动。

3.任何符合高等院校特性的学术、教学、科学、艺术、创作和其他活动,均由高水平的教学、学术、研究或文艺创作教职员工组织实施。

4.高等院校应通过内部教学质量和师资力量的评估和保证制度,包括每年至少1次的学生民意调查,确保教学和研究质量。

5.本条第4款所述制度的目标是监督、保持和管理高等教育学科的教育质量和教师质量。本条第 4 款所述制度的功能和结构以及有关开展学生民意调查和公布调查结果的条款,由《高等院校工作条例》规定。

第七条

1. 高等院校应向完成特定层次高等教育的学生颁发毕业证书、资格证书、欧洲文凭证书附件、专业资格证书和部长会议通过的条例中规定的其他文件。

2. 本条第 1 款规定的欧洲文凭证书附件应按要求颁发给相关人员。

3. 国家认可文凭证书的前提是文凭证书应符合本法和国家标准的要求。

4. 根据本条第 3 款规定颁发的所有证书均应印有国家徽章。

第二章 国家在高等教育管理中的职能

第八条

国家通过以下方式为高等教育自由发展以及学生接受高等教育提供条件:

(1)制定和实施国家高等教育发展和确保高等院校学术自治的政策。

(2)监督专业人才培养质量和研究质量。

(3)资助学生在公办高等院校的学费,并在一定条件下为学生提供奖学金和住宿。

(4)创建和管理学生贷款系统。该系统用于支付学费,并在一定条件下用于为本科生、硕士生、博士生和从事专业研究的进修人员提供资金支持和社会资助。

(5)为公办高等院校提供资产,为所有高等院校开展本法第六条规定的活动提供税收和其他优惠。

(6)组织国家评估与认证机构开展活动。

(7)制定官方认可的国内外高等院校颁发的毕业证书的条款。

第九条

1. 国家通过国民议会和部长委员会行使高等教育管理职能。

2. 国民议会的职能:

(1)决定设立、改造、更名或关闭高等院校,以及提供与受监管行业相关的专业教学的附属机构和学院。

(2)依照国家预算法,每年向公办高等院校进行拨款。

(3)制定高等教育发展战略,包括高等教育发展的重点事项和目标,以及达成目标的措施。

3. 部长委员会的职能:

(1)批准高等教育领域的国家政策准则,并根据本条第 2 款第(3)项规定向国民议会提出建议,供国民议会采用。

(2)向国民议会提议设立、改造、更名或关闭高等院校,并建议从行政预算中向每所公办高等院校拨款。

(3)设立、改造、更名或关闭公办高等院校的学部、研究所、附属机构或专科院校,但受监管行业除外,根据各高等院校提出的要求和(或)教育和科学部部长的提议,规定附属机构和学部各专业领域的教学要求。

(4)批准学科和专业的分类。

(5)批准国家授予高等教育学位和学历的要求,以及国家对与受监管行业相关的专业和远程教育组织的要求。

(6)每年4月30日前批准以下内容:

①在公办高等院校和教育和科学部的建议下,根据公办高等院校、学科和与受监管行业相关的专业的办学能力,批准公办高等院校的招生数量,包括博士生招生数量。

②在民办高等院校和教育和科学部的建议下,根据公办高等院校、学科和与受监管行业相关的专业的办学能力,批准民办高等院校的招生数量,包括博士生招生数量。

③根据教学经费批准第五十九条第1款规定的博士生招生数量,根据第二十一条第5款规定招录的博士生除外。

(7)根据教育和科学部部长和公办高等院校的提议,每年4月30日前批准公办高等院校收取申请费和学费,根据第二十一条第2款、第3款、第5款规定招录的大学生、博士生除外。

(8)批准有关公办高等院校颁发奖学金、宿舍住宿,以及在高等院校的大学生、博士生和从事专业研究的进修人员使用其他福利的条款和程序。

(9)批准国家认可在外国高等教育机构取得的高等教育专业资格的要求。

(10)批准国家招生标准。

(11)批准国家对高等院校所有主要文件内容的要求。

(12)根据认证委员会的提议,批准国家评估与认证局的操作规则。

(13)决定通过保加利亚共和国监管行业名单。受监管行业名单列明了根据《监管法》认定的受监管行业的名称。决定还通过保加利亚法规和有权认可从事相关受监管行业合法行为的政府对从事这种行业的要求。上述决定应在《国家公报》上公布。

(14)确定保加利亚共和国受监管专业名单的条件和程序。

(15)在外国和国际组织面前代表保加利亚高等教育和科学的利益,并缔结国际条约和协定。

第十条

1.教育和科学部是在高等教育领域执行国家政策的国家权力机构。

2.教育和科学部的职责:

(1)根据第九条第3款第(1)项至(11)项,向部长委员会提出建议,在国家评估与认证局对有关项目做出肯定评估后提出该条第2款和第3款中关于设立、改造高等院校、主要单位和附属机构的建议。设立研究所的情况除外。

(2)在高等院校自治和国家之间的关系中发挥协调作用。

(3)安排信息系统的维护工作,包括:
①高等院校名册应记载其主要机构、附属机构及其开设的学科和专业名称。
②高等院校中全职和兼职教师名册。
③高等院校现有学生包括博士生名册,以及各阶段教育和各学科的辍学名册。
④校友名册。
⑤根据《学生贷款发放法》发放贷款的银行名册。
(4)认证海外毕业生的文凭。
(5)任命新建或改建公办高等院校的代理校长,其任期至选举产生新任校长,但不得超过6个月。
(6)以下情况应任命代理校长。代理校长的任期最长为6个月:
①高等院校校长任期届满时,任命代理校长。
②调查结果声明证实违反第三十六条第2款规定时,任命代理校长。
③根据第三十六条第3款提前终止任期时,任命代理校长。
(7)依照第五十九条第一款规定对高等院校和组织进行管理。根据该项规定,应在实施调查后1个月内起草调查结果说明,并提出消除违法行为的建议和时限。逾期未消除违法行为的,由教育和科学部向国家评估与认证局提出撤销高等教育认证机构的建议。

第十一条

1.部长委员会下设的国家评估与认证局是专门负责对本法第六条第1款所述活动进行评估、认证及质量管理的国家机构。
2.国家评估与认证局是一个由国家预算支持的机构,总部设在索菲亚。
3.国家评估与认证局应依照本法规定和部长会议批准的条例开展活动。
4.国家评估与认证局对以下内容实施认证后的监督和管理:
(1)高等院校及其主要单位和附属机构通过内部质量评估和保证体系,确保高质量教育和研究的能力。
(2)落实在评估和认证过程中提出建议的能力。
(3)高等院校的办学能力及与受监管行业相关的专业教学能力。

第三章 高等院校的类型、设立、转型和关闭

第十二条

高等院校分为公办高等院校和民办高等院校。

第十三条

1.公办高等院校的设立和运作,应以其可支配的国家财产和行政预算转移支出为基础。

2.公办高等院校可取得不动产所有权或收取不动产收益,以开展第六条第1款和第2款规定的活动。

第十四条

1.民办高等院校应公民个人和(或)法人实体(以下简称"创办人")的要求设立。

2.创办人对第六条第1款和第2款规定的活动所需的不动产、动产享有所有权,并制定资助高等院校运作的财务计划。

3.根据国民议会在《国家公报》公布关于成立民办高等院校的决定,在民办高等院校存续期间,民办高等院校创办人应授予高等院校使用和转让不动产的权利。

4.创办人参与民办高等院校的管理,并对民办高等院校的全体活动、管理和财务状况负责。

第十五条

1.设立或改造高等院校的准则:

(1)高等院校达到社会认可的目标。

(2)对高等院校主要单位和(或)附属机构的简介、基本教育文件,以及与教师、教学设施和财务计划有关的详细信息。

(3)确保学术自由的管理方式。

(4)符合国家要求。

2.本条第1款中所述内容应得到国家评估与认证局的肯定评价。

3.设立民办高等院校的计划必须由包含以下详细信息的《法人注册法》加以补充:

(1)类型、名称和地址。

(2)服务对象(业务性质)。

(3)创办人姓名(名称)。

(4)创办人为第六条第1款和第2款规定的活动和财务计划提供财物支持。

(5)管理权和代表权。

(6)创办人的权利和义务。

(7)创办人在参与学校管理中的责任。

第十六条

1.国民议会的决议应明确:

(1)高等院校的类型、名称和地址。

(2)服务对象。

(3)财产和财务计划。

2.国民议会在《国家公报》上公布设立高等院校的决定后,高等院校作为法人设立。

第十七条

1.高等院校指的是大学、高等专科学校和独立学院。

2. 大学的职能：

(1) 在人文科学、自然科学、社会科学和技术科学 4 个学科中，至少提供 3 个学科领域的专业教学。

(2) 聘用全职教师，并要求教师在专业教学中进行的教学实践活动应不少于专业课程总数的 50%，教授、副教授的专业教学课程数量应不少于专业课程总数的 70%。

(3) 拥有足够的教学设施，确保实践训练符合国家标准要求。

(4) 颁发各主要学科分支的学士、硕士和博士学位。

(5) 具有科学和文学发展潜力，并通过大学活动促进科学文化各主要分支学科的发展。

(6) 为教师、本科生、硕士生以及博士生提供印刷科学著作、教科书、专著和取得典型性创新成果的条件。

(7) 拥有图书馆以及其他为教学研究提供信息服务的途径。

(8) 在学术指导和创意活动方面，保持国际交流合作。

(9) 设立为本科生、硕士生及博士生提供行政服务的信息服务中心。

3. 高等院校在科学或文化的一个或两个分支学科开设教学课程，并满足本条第 2 款第 (2) 项至第 (9) 项规定的所有要求。大学的校名应表明专业的特殊性质。

4. 高等专科院校在符合本条第 2 款第 (2) 项、第 (3) 项、第 (5) 项、第 (6) 项、第 (7) 项、第 (8) 项和第 (9) 项要求的条件下，开展科学研究或文艺创作活动，并在科学、艺术、体育和军事科学领域中的一个领域提供培养课程。高等专科院校的校名应表明专业教学的具体领域。

5. 高等专科院校也可以提供硕士和博士的学历及学位教育。

6. 独立学院应依照第五十三条第 1 款第 (1) 项第①目规定的要求，提供学士学位教育，并符合本条第 2 款第 (3) 项、第 (5) 项、第 (6) 项、第 (7) 项、第 (8) 项和第 (9) 项的要求。独立学院设全职教师。全职教师在专业教学中进行的教学实践训练应不少于专业课程总数的 50%。全职教师中教授和副教授的专业教学课程应不少于专业课程总数的 50%。

7. 独立学院也可以在大学或经认可的高等专科学校设立，并提供学科或与受管制行业相关专业的教学。独立学院应根据第五十三条第 1 款第 (1) 项提供学士学历教育。

第十八条

1. 在以下情况，国民议会可以关闭高等院校：

(1) 高等院校违反本法规定或者其他有关高等教育法律规定办学，将依法确立为违法行为。

(2) 高等院校连续两次未通过认证或在规定期限内未申请机构认证。

(3) 应民办高等院校创办人的要求关闭。

(4) 部长委员会提议关闭公办高等院校。

2.在第一条第1款和第2款情况下,由部长委员会提议关闭高等院校。

3.根据本条第1款第(1)项、第(2)项、第(4)项关闭高等院校的正式法令,应规定在本校学习的本科生、研究生和进修人员继续接受教育培训的条件和程序。

4.宣布关闭公办高等院校的正式法令时应解决与公办高等院校资产有关的所有问题。

5.在本条第1款第(3)项所述的情况下,创办人必须在关闭该民办高等院校前,解决与本科生、研究生和进修人员的资产和权利有关的所有问题。

第四章　学术自由

第十九条

1.高等院校享有学术自治权。学术自治是指学术界的知识自由和教学、研究与文艺创作的自由,这种自由被视为最高价值体现的学术自由。

2.学术界人员包括全体教师、本科生、硕士生、博士生和各专业进修人员。

3.学术自治包括学术自由、学术自主管理和高等院校不受侵犯。

4.高等院校应当按照学术自治的原则并依照国家法律规定全面开展学术活动。

第二十条

学术自由体现为教学自由、研究自由、创作自由、学习自由和合作自由。合作自由包括与其他高等院校或学术组织开展联合教学,以及与国内外高等院校和组织联合开展研究、创作、开发项目和创新工作的自由。

第二十一条

1.学术自主管理的权利:

(1)有固定任期的管理者的选举。

(2)高等院校有权依照本法规定,在《高等院校工作条例》中规定院校构成和活动。

(3)教师的自主选择权以及自主决定本科生和研究生的招生条件和培养方式。

(4)课程和研究项目的自主开发和实施。

(5)教师选择教学的专业。

(6)根据《保加利亚教师发展法》规定的条款和条件,公布教师竞聘和聘任教师的权利。

(7)筹集资金和自主决定资金分配的条款和条件的权利。

(8)有权与国家或其他主体订立有关基础研究、应用研究和文艺性、创造性、创新性工作和课题。

(9)与保加利亚共和国和(或)其他国家有关法律认可的高等院校合作的权利,旨在联合教授本科生、硕士生、博士生和进修人员,包括教育、终身学习、教育特许,以及在与国内外高等院校或其他组织合作开展本条第1款第(8)项规定的活动。

(10)关于以下事项与第五十九条第一款规定中的组织签订合同：

①在高等院校认可的学科可容纳能力范围内，关于第五十三条第1款第(2)项第②目和第③目规定的专业学士学位教育以及第五十九条第1款所述组织的教学。第五十九条第1款所述组织的教学仅包括实践教学、研讨会以及在研究机构的实验室、图书馆和其他辅助单位进行的自我准备工作。

②在第五十九条第1款规定的高等院校或组织认可的博士教育计划中的专业博士学历学位教育。

③符合高等院校特点的研究、文艺、创作、体育和健康活动。

(11)建造、拥有或使用教学研究活动所需的教育设施，或为教师、本科生、硕士生、博士生或雇用人员提供便利服务的权利。

(12)参与国际合作和加入国际组织的权利。与国外高等院校签订联合办学特许协议的权利。与国外依照各自国家立法设立的高等院校和机构。签署联合研究、文艺、创造或创新工作或课题以及其他形式的联合活动协议的权利。

(13)依照国家标准，认可国外授予的高等院校学位的权利，或者认可国外高等院校学习年限的权利。以便学生在这些高等院校继续接受教育。

2.经学术委员会决议，机构认证成绩在6.00至10.00之间的高等院校，在职业领域专业和受管制专业的中等教育认证中获得6.00至10.00的课程认证分数后，有权提供有偿的学士学位和硕士学位教育。当参加有偿教育的学生人数超过第九条第3款第(6)项第①目规定的人数时，应按照第八十条规定的程序招录学生，并在第九十八条第3款第(1)项规定的职业领域与受管制职业有关的专业的可容纳能力范围内，但不得超出可容纳能力的5%。学生培养应当按照高等院校规章制度和学生与高等院校之间的合同规定的条款进行。

3.机构认证成绩在6.00至10.00之间的高等院校，有权按照高等院校规章制度以及学生与学校之间签订的合同规定，为在课程认证中得分在6.00至10.00分之间的本科生或硕士生提供有偿的本科或硕士学位教育。

4.本条第3款中符合条件的学生应是学业成绩为"优秀"的学生。

5.机构认证成绩在8.00至10.00之间的高等院校和第五十九条规定的高等院校或教育组织，有权依照高等院校章程和博士生培养计划为课程认证得分在8.00至10.00之间的博士生提供有偿教育。

6.博士生招生考试成绩为"非常好(分数为4.50分以上)"的考生享有接受第5款规定的博士教育权利。

7.民办高等院校关闭后，高等院校依照第十八条第3款和第5款所述的程序提供有偿的本科生、硕士生和博士生教育服务。这种情况下，公办高等院校成为学生继续接受教育的唯一可能。

第二十二条

不得通过以下方式侵犯高等院校自治权：

(1)除法规中明确规定的情况外，不得通过干预高等院校活动侵犯高等院校自治权。

(2)未经校方人同意，不得以治安人员进入或滞留校舍的方式侵犯高等院校自治权，但为了防止可能发生、即将发生、正在发生的罪行，逮捕犯人以及防止发生自然灾害或事故的情况除外。

(3)不得通过在高等院校设立或组织政治或宗教组织，以侵犯高等院校自治权。

(4)不得通过侵犯学术界成员关于种族、国籍、民族、社会背景、宗教、信仰或政治派别的合法活动，侵犯高等院校自治权。

第二十三条

1.高等院校校长委员会有权在国家和政府机关维护高等院校共同利益。

2.校长委员会应：

(1)提出有关高等教育与科研的意见。

(2)提出对国家预算草案中有关高等教育与科研预算的意见。

(3)提出对学科和学科类别草案的意见。

第二十四条

1.高等院校管理机构是校代表大会、学术委员会和校长。

2.高等院校管理机构是选举产生的，任期为4年。

3.高等院校管理机构的权力不得因补选而中断。补选产生的人员的任期应在各自所属的管理机构任期届满时终止。

4.高等院校的校长由代表大会选举产生，至代表大会任期届满时终止。校长应继续履行其职责，直至选举产生新任校长，但继续履职时长不得超过2个月。

第二十五条

1.高等院校下设主要机构、辅助机构和附属机构。

2.高等院校主要机构包括学部(学院)、学系、研究所和专科院校。

3.辅助机构包括活动中心、图书馆、实验室、实验站、印刷社、出版社、生产单位和其他自设单位等。《高等院校工作条例》规定了高等院校附属机构管理机构的构成和职责。

4.附属机构是高等院校的分支机构。

5.主要机构的管理机构权力不得因补选而终止。增选人员的任期应在其所在管理机构任期届满时终止。

第二十六条

1.学院是高等院校的主要单位，联合若干名主任，对本科生、硕士生、博士生以及进修人员进行专业培训。这些学生和进修人员在高等院校从事一个或多个学科的专业化研究。学部聘用40名全职教师,其中持有教授、副教授职称的教师,其专业的授课数量应不少于课程总数的70%。

2. 学院的管理机构由学院代表大会、学院委员会和院长组成。管理机构成员的任期均为4年,不得因补选终止其任期。

3. 学院代表大会由全职教师代表、行政人员代表和全体在校本科生、硕士生和博士生代表组成。教师占代表大会成员总人数的比例不少于70%,本科生、硕士生和博士生代表占代表大会成员总人数的比例不少于15%。

4. 学院代表大会的构成应由学院委员会根据第3款确定。

5. 学院代表大会的职权:

(1)以无记名投票方式从教授、副教授成员中选举产生1名主席和1名副主席,其任期为职权期限。

(2)以无记名投票方式选举产生1名院长。

(3)决定学院委员会的任职人数,并以无记名投票方式选举委员会成员。

(4)讨论并通过院长关于教学、创作以及学院状况的年度报告。

(5)由其主席代表行使职权。

6. 根据学院代表大会的决议,在院长或学院代表大会四分之一成员的要求下,主席每年至少组织召开1次代表大会。

7. 教师委员会至少由25名成员组成,成员包括全职教师代表、学生代表(包括本科生、硕士生、博士生代表)。教师委员会中,至少四分之三的成员应具有教授、副教授职称。

8. 教师委员会的职权:

(1)根据院长提议,以无记名投票方式选举产生副院长。

(2)向学术委员会提出有关设立、改造或关闭学院下设的院系或辅助机构的建议。根据学位和专业,草拟课程和资格条件。依照本法第六十一条规定发布竞聘公告。

(3)选举和晋升教授助理或首席教授助理。

(4)依照有关规定向高等院校校长提出辞退的建议。

(5)向学院代表大会或高等院校管理机构提出有关学院运作状况的建议。

(6)表决通过学院开设的各专业课程,以及本科生、硕士生、博士生和专业进修人员的个人学习计划。

(7)批准并监督教师的年度教学工作量。

(8)推荐科学著作、教科书、专著和其他创造性成果,供高等院校出版社出版发行。

(9)依照本法第六十八条第1款第(6)项所述情况,讨论并批准教师的评估结果,并提交校长决议。

(10)讨论、建议并决议有关学院所有机构的运行状况。

(11)关注学院图书馆及咨询服务设施的营运状况,并采取措施改善服务质量。

(12)决定学院的财政事务。

(13)通过学院内有关教学、研究、文艺和创作活动的年度报告。

(14)做出与学院运营有关的其他决定。

9.院长的职权：

(1)有权管理学院,也有权代表学院。

(2)是教师委员会成员,并担任教师委员会主席。

(3)向学院委员会提议由教授或副教授担任副院长。

(4)履行法律和《高等院校工作条例》规定的职能。

10.本条第1款关于教师的规定不适用于高等教育领域提供文科教育的学部。

11.诊疗性活动可以在高等医学院的牙科系进行,作为牙科专业的本科生、硕士生、博士生实践培训的一部分,与此同时开展研究工作。

第二十七条

1.学系是高等院校的主要单位,负责一个或多个专业教学。1个学系至少有14名教师。

2.《高等院校的工作条例》中规定了学系的结构及其管理机构的构成和职责。

第二十八条

1.研究所是高等院校的主要单位,汇集了长期从事自然科学研究的教师。

2.研究所的组织结构及其管理机构的构成和职责由高等院校学术委员会规定。

第二十九条

1.附属机构是高等院校所属的一个地域分离机构,不具有必要的大学结构,目的是满足特定人员在特定专业领域培养的需求。专业培养只能在高等院校认可的专业领域进行。

2.附属机构应至少有10名全职教师,其中高等院校教授、副教授的专业授课数量应不少于课程总数的70%。

3.附属机构的构成、结构和管理机构,由高等院校学术委员会规定。

4.附属机构应由院长管理。院长必须具有教授或副教授职称。院长由学术委员会选举产生,任期为4年。

第三十条

1.专科院校是高等院校的主要单位。每个专业聘任的教师至少承担一半的课堂教学和实践活动。全职教授、副教授的专业授课数量应不少于课程总数的50%。

2.专科院校的管理主体是院代表大会、学院委员会和院长。管理主体通过选举产生,任期为4年。

3.院长必须是在各自学科分支中取得教授、副教授职称的教师。

4.《高等院校工作条例》规定了专科院校的组织结构及管理机构的构成和职责。

第三十一条

1. 系是学部、学院、附属机构或专科院校下设的一个机构,是在一个学科或同一类学科中实施教学和研究或文艺创作活动的单元。系至少有 7 名高等院校的全职教师。

2. 系的管理机构是系委员会和系主任。系委员会由全体全职教师组成。

3. 系主任应是其所在学科领域的教授、副教授,由系委员会以无记名投票方式选举产生,任期为 4 年。系主任的选举须经附属机构或独立学院的委员会批准。系主任应与所在高等院校校长签订全职聘用合同。

4. 高等医学院临床医学或医学学科领域的系主任,应当负责管理和监督教学及科研活动,并协调大学医院各临床科室提供诊疗服务。

5. 本条第 1 款中对教师数量的要求不适用于高等教育领域文科教学的学部或学院。

第三十二条

1. 高等院校代表大会成员由全日制教师代表、行政人员代表和在校本科生、硕士生和博士生代表组成。

2. 教授、副教授占校代表大会成员比例应不少于 70%,本科生、硕士生和博士生代表占校代表大会成员比例不少于 15%。

3. 代表大会成员总数和选举程序由《高等院校工作条例》规定。

第三十三条

1. 应校长或校代表大会四分之一成员的要求,根据学术委员会的决议,高等院校代表大会由校长主持,每年至少召开 1 次。

2. 由代理校长组织召开校代表大会决议有关新建、改建高等院校的事项。

3. 校代表大会以实到人数的简单多数原则做出决议,但有关通过《高等院校工作条例》的决议需要校代表大会全体成员中过半数成员同意。

第三十四条

1. 高等院校代表大会:

(1)以无记名投票方式,从校代表大会具有教授或副教授职称的成员中选举产生 1 名主席和 1 名副主席,以行使职权。

(2)通过或修改《高等院校工作条例》。

(3)决定管理委员会成员数量,并应以无记名投票方式选举产生主席、副主席和管理委员会成员,以行使职权。

(4)以无记名投票方式选举产生校长。

(5)决定学术委员会成员数量,并以无记名投票方式选举产生学术委员会成员。

(6)讨论并通过校长关于高等院校的年度报告。

(7)由校代表大会主席代表大会决议。

2.校代表大会主席应根据《劳动法》第一百零七条规定,与当选的校长签订聘任合同。

第三十五条

1.学术委员会通过以下方式管理高等院校的教学和研究活动:

(1)制定高等教育政策,决议其职权范围内的计划并监督计划实施情况。

(2)通过有关教学和研究活动的年度报告,以及有关高等院校财务指标和实物指标的年度报告。

(3)根据本法第九条第3款第(3)项规定,做出有关设立、改造和关闭高等院校的学院、系和附属机构的决定。

(4)决定专业、教学形式、学位,并依照本法第九条第3款第(6)项第①目和第②目规定,每年向教育和科学部部长提出年度招生(包括博士生)数量。

(5)批准或更改高等专科院校专业培训的资格说明和课程。

(6)决定高等院校的研究政策,以及有关研究活动的组织和内容方面的重大问题。

(7)决定校代表大会的构成,以及选举校代表大会成员的方式和组织。

(8)决定高等院校人力资源政策,批准教师职位说明,并制定教师考核细则。

(9)根据校长提议,选举副校长。

(10)通过以下决议管理:

①与国内外高等院校合作,旨在对本科生、硕士生、博士生、进修人员开展联合教学,开展教育和终身学习,开展联合特许办学,并与国内外的高等院校或机构合作开展本法第二十一条第1款第(8)项所述的工作。

②与国内外高等院校签署实施联合教育计划的协议,在国外设立新院校的协议以及与国内外高等院校或相关国家法律认可的机构签署有关联合研究、文艺、创作、创新工作及计划的协议,包括其他形式的联合活动。

③国际组织成员。

④认可国外授予的高等教育学位,以便继续在有关高等院校接受教育。

(11)由高等院校批准预算并监督其实施。

(12)依照本法第九条第3款第(7)项规定,每年向教育和科学部部长提出本科生、硕士生和博士生的申请费用和学费。与部长委员会批准的学费相比,对于某些学科的本科生、硕士生和博士生,学术委员会可以降低学费。

(13)授予博士学位。

(14)通过有关高等院校的特定教学、科学、创作或研究、生产活动的条例。

(15)依照本法第六条第4款规定,构建有关高等院校教学质量和教师绩效的评估与管理系统,并监督评估与管理系统的实施与改进情况。

(16)选举校董会成员。

2.学术委员会由25名至45名成员组成,成员包括高等院校全职教师代表、本科生代表、硕士生代表、博士生代表和行政人员代表。

3.学术委员会中,拥有教授、副教授职称的教师代表占比不少于70%,本科生、硕士生和博士生代表占比为15%。

4.校长是学术委员会的成员。

第三十六条

1.选举教授、副教授担任附属机构或专科院校的校长、院长。选举结束后,当选的教师根据与高等院校签订的全职就业协议任职。

2.当选为院系、附属机构或专科院校的校长、院长管理职务及其副职的人员,不得连任两届。

3.选举机构应在本条第2款所述人员任期届满后2个月内选举产生院系、附属机构或专科院校的新任校长、院长及其副职。

4.2年视为1个任期。

第三十七条

1.校长的职责:

(1)代表高等院校。

(2)有权成为学术委员会的成员,并担任学术委员会主席。

(3)订立和终止劳动合同。

(4)做出有关各专业本科生、硕士生、博士生、进修人员的招生、开除或转学的最终决定。

(5)起草并提交学术委员会审议和批准高等院校年度财务和实务指标报告,以及内部质量评估和保证体系的评估结果。有关高等院校财务指标、实物指标的报告和年度报告,应当自审议通过之日起3个月内公布。

(6)向学术委员会推荐教授或副教授作为副校长候选人。

(7)聘任或解聘来自校外的校长助理。

(8)领导高等院校主要单位和附属机构的管理机构。

(9)任命代理人员填补空缺的选任岗位,代理人员的任期不得超过3个月。

(10)履行法律和学术委员会或校代表大会决议规定的其他职责。

2.本法第二十四条第4款规定的任期届满时,以及本法第三十六条第2款和第3款规定的情形下,校长不得代表高等院校,也不得行使本条第1款规定的权利。

第三十八条

1.副校长的职责:

(1)协助校长履行职责。经校长明确授权可代表校长行使有关职权。

(2)组织并负责高等院校特定区域内的所有活动。

(3)参加学术委员会的会议,无表决权,但被校代表大会选举成为学术委员会成员的情况例外。

2.副校长的任期应与校长的任期同时届满。由校长提名副校长成为学术委员会成员。

第三十九条

校长助理协助校长处理高等院校行政、财务以及资产管理的有关事务。

第四十条

高等院校可以自行设立辅助咨询机构。《高等院校工作条例》规定了辅助咨询机构的设立条件。

第四十一条

1.管理委员会负责高等院校整体运作的内部管理。

2.管理委员会由1名主席、1名副主席、1名学生会代表及教授、副教授组成。管理委员会成员不得兼任学术委员会成员,不得兼任副校长、校长助理以及主要单位和附属机构的院长。

3.管理委员会:

(1)在选举结束1个月内,审查高等院校及其主要单位和(或)附属机构的管理机构的选举是否合法,并向学术委员会报告审查结果。

(2)提出关于高等院校预算草案及其执行情况的意见,并向学术委员会和校代表大会报告。

(3)参与本法第六十九条规定的有关事项的调查工作。

(4)每年至少向校代表大会提交1次管理活动的总结。

4.管理委员会应根据校代表大会决议通过的条例运作。

第四十二条

校长、副校长、院长、各单位负责人以及高等院校学术委员会和教师委员会的成员,在任期届满前,应由本人申请,根据其选举机构决议,解除其职务。这些人员是由选举主体以全体成员过半数原则选举产生的。

第四十三条

1.每所公办高等院校都设有校董会。

2.校董会协助高等院校实行高效、透明的管理,并提供高质量的教育和教学。

3.校董会由高等院校的捐赠者、社会有名望人士、企业代表、行业工会组织代表、学生会代表等组成。

4.下列人员不得兼任校董会成员:

(1)总统、副总统,部长、副部长,州长、副州长,市长、副市长,政府行政机构主管、副主管,议员及国家委员会委员。

(2)政党或工会组织领导班子成员。

(3)高等院校教师和行政工作人员。

5.校董会的其中5名成员是由校长提名,学术委员会选举产生的,另外2名成员由教育和科学部部长和学生会推荐。

6.从校董会成员中选举产生校董会主席。

第四十四条

校董会关于下列事项,提出意见和建议:

(1)高等院校发展的关键性问题。

(2)任期计划草案。

(3)高等院校预算草案。

(4)《高等院校工作条例》修正案草案。

(5)根据本法第三十五条第 1 款第(4)项和第(12)项提出关于本科生、硕士生及博士生人数、申请费用和学费的草案。

(6)有关高等院校工作的年度报告,有关高等院校财务指标和实物指标的年度报告,年度财务报告和预算收支执行情况报告。

(7)设立高等院校奖学金。

第四十五条

1.校董会至少每季度召开 1 次会议。

2.校董会会议应由主席提出或应校董事或校长的要求召开。

3.校董会应通过决议决定其运行规则。

4.校董会成员不得因其工作收取任何酬金。

第四十六条

在尊重学术自由的前提下,民办高等院校可以采用不同的办学结构、管理模式和管理机构。

第四十七条

1.高等院校及其主要单位和附属单位管理机构的会议,应有全体成员三分之二以上出席时,方可依法正式召开。

2.在根据本条第 1 款确定会议法定人数时,所有病假、产假或被派遣到国外工作而缺席的人员,均不应在参会名单之列。而且,这类缺席会议的人员总数不得超过参会名单上人员总数的四分之一。

3.除本法另有规定外,大学管理机构的所有决议均采用简单多数原则。

4.如果大学管理机构的成员人数发生变化,导致违反本法和《高等院校工作条例》规定的人数,应在会议召开之前举行补选。

第四十八条

本法未规定的有关高等院校构成和活动的事项,由《高等院校工作条例》和其他规章制度规定。

第四十九条

根据《行政诉讼法》规定的条款和程序,高等院校管理机构的任何行为都可以向主管法院提起诉讼。

第五章　高等院校的学习结构和组织

第五十条

1. 保加利亚高等教育只能依照本法第九条第 2 款第(1)项和第 3 款第(3)项规定设立高等院校的主要机构和附属机构。如果教学是由国外高等院校在国外实施的,则根据联合教学协议或教学特许经营协议开展教学工作。

2. 高等院校的教学应根据每个专业的培养计划进行,包括按学位划分的资格条件、课程、所有学科和课程的学习计划及年度教学时间表。

第五十一条

1. 各学科的学习计划应以相对独立的模块实施。
2. 每个模块必须包括至少 15 个学时的课堂教学。1 个学时是 45 分钟。

第五十二条

1. 高等院校的教学实行必修课和选修课。
2. 高等院校应为每个学生提供在各自专业课程范围内选修课程的机会。

第五十三条

1. 高等教育系统应提供中等教育以上的学习培训。高等教育包括以下层次:

(1)学士学位

①专业学士学位:学习年限至少为 3 年并至少获得 180 个学分。

②学士学位:学习年限至少为 4 年并至少获得 240 个学分。

(2)硕士学位

①学习年限至少为 5 年并至少获得 300 学分。

②满足本款第(1)项第①目规定的条件,获得学士学位后,至少获得 120 个学分。

③满足本款第(1)项第①目规定的条件,获得学士学位后,至少获得 60 个学分。

2. 本条第 1 款第(1)项规定的学士学位教学应提供综合学科和专业学科培训。

3. 学士至硕士阶段的教学应结合特定专业,提供精深的基础知识教育。

4. 提供博士学位教育。

5. 本法第十七条第 6 款和第 7 款中的独立学院,应根据本条第 1 款第(1)项第①目规定提供学士学位教育,并提供专业教学。

6. 依照《高等院校工作条例》和国家要求,获得本条第 5 款中独立学院学士学位的学生,只能在同一学科继续攻读硕士学位。

7. 根据教育传统和专业教学特点,各专业学位可以有不同的学位名称。这类学位名称应经教育和科学部部长批准。

8. 高等院校应提供以下教育机会:

(1)在一个教育学位的学习计划内可获得第二个或新的专业学位。

(2)从高等教育的一个层次过渡到另一个层次。

(3)授予高等教育学位。

(4)应批准符合条件的受教育者的毕业申请。

(5)修读一个新专业。

(6)学生可转换高等学院、学部、专业或学习形式。

(7)可中断对本科生、硕士生、博士生、专业进修人员的教学及其后期的学习。

(8)学生可从教授同一课程的多名教师中选择一名授课教师。

9.高等院校的教学形式分为全职制、非全日制、夜校和远程教育。

10.远程教育只能由依照本法认证和设立的高等院校实施。

第五十四条

1.高等院校可以提供提高学历的培训。

2.为提高学历而在学术课程中提供的培训,应按照教学文件进行。《高等院校工作条例》和其他规章规定了教学文件的要求。

3.任何提高学历的培训课程都不能作为获得学位的充分依据。

第五十五条

1.高等院校应制定规章制度,明确规定实施考试程序的方式。

2.应规定对学生的知识和技能进行评估和分级的形式。高等院校知识评估的基本形式是笔试,学科或模块学习另有要求的除外。知识技能考核的书面材料应在考核结束后至少保存1年。

3.学生的知识技能应按照5级制进行评分,包括:优秀(6.00)、非常好(5.00)、好(4.00)、一般(3.00)和差(2.00)。

4.考试合格的成绩应至少是"一般"(3.00)。

5.高等院校有权通过其工作条例使用不同的评分制度,但应确保与本条第3款规定的评分标准相符合。

第五十六条

1.高等院校应建立学分的获取和转换制度,以便对学生在学习过程中获得的知识和技能进行评分。

2.学分的获取和转换制度旨在为学生提供一个在互认学习阶段的基础上选择学科、自我准备和流动的机会,学习阶段与专科课程设置要素与学位资格相对应。

3.学分代表学生在某一学科或模块学习中获得的等级,应作为顺利完成学年或学期学习任务的一个指标。

4.各专业学分是由讲座、实践练习、研讨会、自我准备(通过在实验室、图书馆准备论文、家庭作业等)、考试成绩以及高等院校规定的其他得分总计得出的。参加实践课程或学位论文也可获得学分,这些活动构成课程的要素。

5.本条第3款规定的学分应授予通过考试或依照本法第五十五条第5款规定的其他评分形式完成相应学科或模块学习的学生。

6.学分的获取和转换制度应以每学年60学分或每学期30学分为基础,根据专业课程、学位资格条件或与该制度兼容的其他学分,按学科或模块分配学分。

7.学分获取和转换制度的使用条件和条款,由教育和科学部制定。

第五十七条

1.学士或硕士阶段专业的学习课程应以国家期末考试或毕业论文答辩的形式结束。

2.国家考试或学位论文答辩,应按照国家颁发学位证书的要求,由教授、副教授组成的国家考试委员会组织。考试委员会的成员也可以是持有博士学位和教授职称的教师。校外人员也可以增选为考试委员会成员。

第五十八条

1.高等院校可以按照本法第九十五条第2款的规定,仅在获得认证的专业中提供第三周期教育和科学博士学位教育。

2.博士学位的学习应当按照个人学习计划进行,包括指导和通过考试、实践教学和博士论文答辩。

3.培养博士研究生的高等院校教师委员会,应当选任博士生导师,批准个人学习计划,并对博士生进行年度考核。

4.博士生导师可以是教授、副教授或理科博士。

5.也可以通过自学的方式攻读博士学位,在这种情况下,学费与其他学习形式的博士教育相等。

6.授予通过个人学习计划中规定的考试以及依照《保加利亚共和国学术人员培养法》中有关规定通过博士毕业论文答辩的博士生博士学位。

第五十九条

1.保加利亚科学院、农学院、国家公共卫生中心和其他科学组织获准依照第五十八条第2款、第4款和第6款规定,提供官方认可的博士学位教育。

2.提供博士生教育的单位学术委员会批准博士生学习计划并为博士研究生选派博士生导师。

第六章 高等院校的教师

第六十条

1.高等院校应具备以下教师职务:

(1)副教授、教授。

(2)教授助理和首席教授助理。

2.由教授助理和首席教授助理教授非专业人员语言、体育、艺术等课程,该职位被称为讲师或高级讲师。

3.助理、高级助理、副教授、教授等职称应根据《保加利亚共和国法》有关学术人员发展的规定和《高等院校工作条例》评定。

4.教师职务还应包括在大学医院工作的教授、副教授以及教授助理和首席教授助理。

第六十一条

1.高等院校学术委员会根据高等院校主要机构和(或)附属机构的提议,公布本法第六十条所述职务的竞聘决定。

2.所有教授、副教授职务的竞聘应在提交所需文件的截止日期两个月前,在政府公报上予以公布。

3.高等医学院学术委员会经与医院院长商议后公布本法第六十条第1款中所述岗位的竞聘结果。

第六十二条

1.根据高等院校教师委员会的决定,国内外的科学家和教师可以在一段时间内作为访问学者参加教研活动。

2.不得举办访问学者岗位的竞聘。

3.合同规定了访问学者与高等院校之间的关系,合同的有效期最长为一年,可以延期。

4.高等院校也可以根据高等院校规章制度中的有关规定,以服务合同的形式聘用教师。

第六十三条

1.高等院校可以聘请专家协助研究或艺术创作活动。

2.根据《保加利亚共和国学术人员培养法》和《高等院校工作条例》,制定选拔和任命专家的条款、条件和职称要求。

第六十四条

1.本法第六十条第1款所述的所有职务,除助理职位外,为无限期聘用合同。

2.本法第六十条第2款所述的所有职务,应根据高等院校规章制度中规定的条件和程序决定在固定限期内聘用或无限期聘用。

3.助理职务应采用固定期限的聘用合同。

4.高等院校与教师竞聘优胜者的聘用关系,自获选之日起生效。校长应在竞聘结果公示后1个月内,与竞聘优胜者签订聘用合同。

第六十五条

1.高等院校教师的权利:

(1)教师享有选举和被选举为高等院校管理者的权利,高等院校的访问学者不享有该项权利。

(2)根据全部课程和学习计划自由授课的权利。

(3)根据兴趣自由开展研究并公布研究成果的权利。

(4)根据《高等院校工作条例》规定的条件,提供与其教授学科相关的咨询和享受其他服务的权利。

(5)使用高等院校提供的一切设施和机会,以促进学术发展的权利。

2.本法第六十条第1款所述的教师,为了学术发展,有权休为期一学年的学术假。休假期间,不予安排教学任务。学术发展的时间包含在高等院校以外为期3个月以上的任何专业学习。由教师委员会做出有关学术假的决定。

第六十六条

1.教师应履行以下义务:

(1)教师应根据《劳动法》第一百二十七条第1款第(4)项规定的工作说明和经批准的个人学术活动计划,履行职责。

(2)教师应遵守学术道德和职业道德。

(3)教师应遵守《高等院校工作条例》。

(4)禁止在高等院校从事任何政治、宗教活动。

(5)以适当方式制定并公布所讲授的课程内容,包括目录标题的数量、名称和顺序,推荐的文献,成绩的构成方式以及知识和技能水平的测试方式。

2.高等院校有权在《高等院校工作条例》或聘用合同上,对教师提出附加条件和要求。

3.《高等院校工作条例》应规定教师的工作时间、教学任务的类型、工作量以及工作条件。

第六十七条

1.高等院校应对每位教师在教学、研究、文艺创作、行政和其他活动的贡献进行评估,并每3年对教授助理和首席教授助理进行1次绩效考核,每5年对教授、副教授进行1次绩效考核。

2.绩效评估应按照预先公布的标准和《高等院校工作条例》中规定的标准进行,这些标准包括以下内容:

(1)学术委员会批准的教学工作量标准。

(2)新的研讨会、实验训练、教科书和教学辅助文献的进展情况。

(3)参与科学研究和国家科研合作的科研产出(艺术创作成果)。

(4)大学毕业生、博士研究生和专业进修人员的监督。

(5)学生民意调查。

第六十八条

1.有下列情形之一的,由校长发布行政命令解聘教师:

(1)应教师要求。

(2)教师因预谋犯罪而被判罪。

(3)经主要机构和(或)附属机构委员会决议,没有教学条件以及在相似学科没有转学或再培训机会的情况下解聘教师。

(4)学术剽窃。

(5)撤销学位。

(6)连续两次绩效评估不合格。

(7)因违纪给予开除处分。

(8)法定残疾。

2.依照本条第1款第(3)项被解雇的教师,在其聘用合同期满前,有权获得报酬,但不得超过12个月。

第六十九条

1.教师或其他工作人员因预谋犯下列任意一项罪行,都应予以解聘:

(1)给予未参加考试的学生考试成绩。

(2)给予没有考试资格的学生考试机会和考试评分。

2.《高等院校工作条例》规定应查明本条第1款所述罪行的程序。

3.涉嫌贪污的教师,一律予以开除。

第七十条

本法未做规定的,按照《劳动法》的规定执行。

第七章　荣誉称号

第七十一条

1.高等院校学术委员会可授予保加利亚公民或外国公民"荣誉博士"的称号,以表彰其为促进科学与高等教育做出的贡献。

2."荣誉博士"称号的持有者有权在授予荣誉称号的高等院校进行公开演讲。

第八章　高等院校的研究组织

第七十二条

1.高等院校的研究组织旨在推动科学发展或研究成果转化以及促进教育发展。

2.高等院校的研究组织有权根据科研需要和研究方向与其他高等院校、科研组织和机构开展联合研究项目。

第七十三条

1.高等院校鼓励高端先进领域的研究工作和项目。

2.高等院校有权根据自身利益和研究兴趣,与其他高等院校、科研组织和事业单位共同管理和实施联合研究项目。

第七十四条

1. 科研工作是教师活动的组成部分。
2. 专职研究人员、本科生、硕士生、博士生、专业进修人员也可以从事科研工作。
3. 《高等院校工作条例》《保加利亚共和国学术人员发展法》和《劳动法》规定了专职研究人员的聘用和解雇的条件。

第七十五条

1. 依照本法第一百零八条和第一百零九条规定的财务细则提供研究经费。
2. 高等院校有权将拨付的科研经费用于支付依照劳动合同工作的教师和研究人员的薪酬,以及支付协助科研工作的本科生和研究生的劳动报酬。
3. 《高等院校工作条例》规定了有关科研经费的使用条款。

第七十六条

1. 高等院校应每年组织1次会议,由教师报告年度科研成果。
2. 校长在校代表大会的年度工作报告中,应包括高等院校实施的所有研究活动的组织、成果和费用。

第七十七条

高等艺术院校的文艺创作活动,应依照本法第七十二条至第七十六条的规定组织实施。

第九章 本科生、硕士生、博士生和专业进修人员

第七十八条

1. 高等院校为本科生、硕士生、博士生、专业进修人员提供高等教育。
2. 本科生、硕士生指的是攻读学士学位和硕士学位的学生。
3. 博士生指的是已取得硕士学位并准备申请博士学位的学生。
4. 专业进修人员指的是不攻读更高学位或新专业的情况下,通过学习专业课程提升自身资格的人。

第七十九条

本科生、硕士生、博士生或专业进修人员在入学时取得相应的学生身份,在退学或被停学期间将失去学生身份。

第八十条

1. 本科生、硕士生和博士生招生,应依照本法第九条第3款第(6)项第①目和第②目规定的招生限额,严格按照下列规定组织入学考试:
(1)国家标准要求。
(2)高等院校规章制度中规定的要求,前提是这些要求与国家要求不矛盾。

(3)由国家评估与认证局评定高等院校能力、学科能力和受管制专业的能力。

2.高等院校可以组织普通入学考试,或者认可另一所高等院校根据本条第1款规定提供的入学考试成绩。

3.成功参加高等院校招生考试的申请人,满足下列条件之一的,可按照高等院校招生简章规定的最低条件录取:

(1)申请人得分相同。

(2)残疾人或者丧失70%以上劳动能力的人。

(3)残疾退役军人和受难者。

(4)孤儿。

(5)有3个或3个以上孩子的母亲。

(6)双胞胎同时申请同一所高等院校和同一学科,其中1人已被录取。

4.根据学术委员会的决议,如入学申请人在本法第九条第3款第(6)项第①目和第②目规定的招生限额内,通过了《学前教育和学校教育法》规定的国家入学考试,则可被录取。

5.凡参加国家或国际比赛、奥林匹克运动会、世界锦标赛和欧洲锦标赛并获奖的入学申请者,如果所申请专业的入学考试与比赛的科目相对应,其可以在不参加任何入学考试的情况下被所申请专业录取,并且不受本法第九条第3款第(6)项第①目和第②目规定的招生数量限制。

6.经青年与体育部部长提议,高等院校学术委员会决议,奥林匹克运动会、世界锦标赛和欧洲锦标赛的获奖学生可以免试录取,并且不受本法第九条第3款第(6)项第①目和第②目规定的招生数量限制。

7.欧盟成员国和欧洲经济区的公民应按照为保加利亚公民规定的条件和程序行事。

8.高等院校应于每年3月31日前公布本条第1款、第4款和第6款规定的入学条件。

第八十一条

高等院校应当按照高等院校规章制度招收专业进修人员。

第八十二条

1.本科生、硕士生和博士生的权利:

(1)根据全部课程要求选择课程。

(2)接受学术和专业发展方面的帮助和监督。

(3)同时修读多个专业或者依照高等院校的规定选修其他课程。

(4)参加高等院校的研究活动,根据著作权、知识产权及其相关权利保护方面的法律所规定的权利以及保障获得报酬的权利。

(5)选举和被选举为高等院校管理机构成员的权利。

(6)享用学生宿舍、食堂、卫生保健、公共交通和城际交通票价优惠,高等院校提供的学习、研究、体育和文化活动设施以及国家和高等院校规定的日常生活和学习方面的其他福利待遇。

(7)为保护和满足学生利益,有权参加学术、科学、文化和体育组织,并有权成为国际组织的成员,这些组织的活动不得违反保加利亚共和国法律。

(8)按照高等院校的规章制度转入其他高等院校、学部、系、专业、不同学历层次或学习形式。

(9)根据高等院校规章制度停学或复学。

(10)1年内至少享有30天假期。

(11)获得奖学金或助学金。

(12)使用学分支付学费和(或)培训期间的生活费。

2.本科生、硕士生、博士生和专业进修人员中,如有孤儿、残疾人或丧失70%以上劳动能力的人、残疾退伍军人、在孤儿院长大至成年的人、6岁以下儿童的母亲和接受临床观察的病人,应享受高等院校规章制度中规定的特权和费用减免。

第八十三条

《高等院校工作条例》规定了本科生、硕士生、博士生和专业进修人员的义务。

第八十四条

1.学生会是维护受教育者共同利益的机构。它由本科生代表、硕士生代表和博士生代表组成。在高等院校学生会中,本科生、硕士生和博士生代表的每届任期为两年,可以连任两届。从学生会成员中选举产生1名主席。学生会主席负责组织和指导学生会活动,并作为在高等院校及其主要单位和附属机构的管理机构中的学生会代表。

2.本科生、硕士生和博士生应依照《学生会组织和活动细则》的规定选举学生会主席。

3.学生会应制定其组织和活动细则,并提交高等院校学术委员会批准。学术委员会可以反对与法律或《高等院校工作条例》相矛盾的规则。

4.教育和科学部部长未解决的存在争议的规则,不得适用该法则。

5.学生会的活动由高等院校资助,公办高等院校的经费不得低于学费的1%,民办高等院校的学生会经费不得低于学费的0.3%。学生会经费应用于维护学生利益,组织文化、体育、科研、创作和国际性活动。

第八十五条

1.学生会的职责:

(1)组织选举高等院校管理机构和校董会的学生会代表。

(2)提出有关学科、专业、课程的建议。

(3)提出邀请校外讲师的建议。

(4)组织设立学生的专业学术小组,并出版学生作品。

(5)根据需要,设立并管理学生会的内设机构。

(6)与校内外学生开展教育、文化方面的交流合作。

(7)对高等院校的体育活动提出意见和建议。

(8)参与学生宿舍的管理。

(9)可以参与学习组织、奖学金的发放和助学金的分配。

(10)由学生会代表参与监督高等院校的内部质量评估和保证制度的落实情况,监督教师以及参与编制学生民意调查问卷。

2.由学生会维护学生会网站,以便向本科生、硕士生和博士生提供信息服务。网站维护费用由本法第八十四条第5款规定的经费支付。

第八十六条

1.代表全体本科生、硕士生和博士生共同利益的国家机构是全国学生代表大会。

2.全国学生代表大会由各高等院校的学生会主席和学生代表组成。

3.全国学生代表大会是法人机构。定期从学生会预算中拨付10%作为全国学生代表大会的活动经费。

4.全国学生代表大会的权利和义务:

(1)制定全国学生代表大会的工作守则。

(2)选举1名主席,并由主席代为管理全国学生代表大会的活动。

(3)针对高等院校中与受教育者有关的高等教育和科学问题提出意见和建议。

(4)发表对国家关于高等教育和科学预算草案的意见。

5.本条第3款所述经费用于资助学生的教育、研究、文化活动、体育、创造性活动以及国际活动的国家计划。

6.全国学生代表大会的活动经费应经审计署审计。

第八十七条

1.设立全国学生事务委员会,并作为教育和科学部部长的咨询机构。

2.全国学生事务委员会的成员应按照教育和科学部部长的指令任命。全国学生事务委员会的成员包括:

(1)4名全国学生代表大会代表。

(2)3名全国学生组织代表。全国学生组织是保护本科生、硕士生和博士生的学术、社会和文化权益的非营利性法人机构。

3.根据教育和科学部部长以及青年与体育部部长批准的标准选择本条第2款第(2)项提到的全国学生组织。

4.全国学生事务委员会的结构和组织应由教育和科学部部长批准的条例规定。

第八十八条

1.本科生、硕士生、博士生、专业进修人员有以下情形之一的应当退学籍:

(1)顺利完成学业。

(2)从一所学校转到另一所学校。

2.本科生、硕士生、博士生、专业进修人员有下列情形之一的应当停学：
(1)因提供虚假信息被高等院校录取。
(2)未能按课程安排或高等院校规章制度履行义务。
(3)因有预谋的可起诉罪行被判入狱。

第十章　高等院校的认证

第八十九条

1.认证是指国家评估与认证机构通过对高等学校活动质量的评估，认可高等学校在特定领域、专业领域和与受管制行业有关的专业中，通过授予教育和资格学位提供高等教育的权利。

2.评估和认证的目的是激励高等院校发挥潜能，提高和保持其提供的教育质量。

3.制定国家对高等院校的政策时，应将认证结果考虑在内。

4.国家评估与认证机构对高等院校、学部、附属机构和专科院校的所有设立和改造计划，以及与受管制行业相关的专业领域和专业设立计划进行评估。

5.本法第五十九条第1款规定的高等院校和组织，在博士学位教育计划中提供博士学位教育的权利也应获得认证。

第九十条

1.应有机构认证和课程认证。

2.机构认证结束后，高等院校可以要求进行课程认证。

3.只有已通过机构认证的高等院校才可要求对下设学院、附属机构、专业领域和与受管制行业有关的专业的项目进行评估。

第九十一条

1.机构认证应：
(1)以本法第十七条规定为基础。
(2)评估高等院校在监督、保证和提高高等教育和专业领域教学质量方面的效率。

2.机构认证中评估的作用：
(1)内部教育质量评估和保证体系的效率。
(2)课程和教育计划的审批、监督和更新程序的效率。
(3)关于课程认证和其他外部独立审计的结果采取行动的效率。
(4)高等院校学位分级过程的管理效率。
(5)学分获取和转换制度的管理效率。
(6)与其他高等院校或组织合作的管理效率。
(7)维护、管理和发展高等院校教育设施的效率。
(8)学部科研活动以及本科生、硕士生、博士生参与科研活动的效率。

3.在根据本条第1款认证过程和评估全职教师是否符合要求的过程中,教师可以参与最多两所高等院校的认证。

第九十二条

1.课程认证是对高等院校主要机构或附属机构的特定学科、与受管制行业相关的专业或博士学位课程教学质量的评估。

2.在学科的框架内,评估旨在检查学生在学士学位、硕士学位,以及博士学位教育中各种学习形式的教学质量。

3.课程认证包括以下内容:

(1)教学课程的结构、组织和内容。

(2)教师简介和资格。

(3)教育设施。

(4)教学和评分办法。

(5)教育质量管理。

(6)教师的研究和创新活动,以及本科生、硕士生和博士生参与研究和创新情况。

第九十三条

1.根据高等院校和教学课程评估程序,采用从0至10.00的十级评估量表,实施对高等院校和教学课程的评估。本法第九十一条第2款和第九十二条第3款所述的每个评估标准的计算方法为各项指标的平均分值乘以其系数。

2.国家评估与认证局下设的认证委员会批准高等院校和教育计划的每项评估标准的加权系数。其中,研究指标的权重应最大。

3.关于设立高等院校、学部、附属机构、学院、学科和与受管制行业相关的专业,应予以肯定或否定认证评价。

4.认证有效期:

(1)6年——认证评分在9.00至10.00之间。

(2)5年——认证评分在7.00至8.99之间。

(3)4年——认证评分在5.00至6.99之间。

(4)3年——认证评分在4.00至4.99之间。

5.认证评分在0至3.99之间的,认证不予以通过。

6.在高等院校认证过程中,以下一项或多项内容的评分在0至3.99之间的,认证不予以通过:

(1)教育质量评估与质量保证的内部制度。

(2)教师资质。

(3)教学设备。

7.以下一项或多项内容的评分低于4.00的,其评估和认证结果应不予以通过:

(1)与受管制行业相关的学科和专业的教学文件和教学内容。

(2)与受管制行业相关的学科和专业的教师资质。

(3)与受管制行业相关的学科和专业的教学,其所需的专业设施、设备和数据库的可用性。

第九十四条

1.教学课程认证得分在4.00至4.99之间的高等院校,只能提供与受管制行业相关的学科和专业的学士学位教育。

2.教学课程认证得分在5.00至10.00之间的高等院校可以提供学士、硕士和博士学位教育,并授予学士、硕士和博士学位。

3.依照本法规定,通过认证的高等院校,可以与符合下列条件的国外高等院校依照联合办学协议开展联合教学:

(1)由欧洲高等教育质量保证协会成员机构或被列入欧洲高等教育质量保证机构名册的机构实施对高等院校的认证。该规定适用于欧盟和欧洲经济区成员国的高等院校。

(2)依照国家有关法律,对欧盟和欧洲经济区非成员国的高等院校进行认证。

第九十五条

1.高等院校不得提供未经认证的学科或专业教育,也不得授予未经认证专业的文凭证书。

2.本法第五十九条第1款规定的高等院校和教育组织可以提供博士学位教育,并授予博士学位。教学课程认证得分应在9.00至10.00的区间内。

3.未经认证的高等院校或学科、博士学位课程和与受管制行业相关的专业以及未列入计划认证的学习形式,不得招收本科生、硕士生和博士生。

4.未经认证的高等院校不能获得行政预算拨付的资金。

5.本条第1款、第3款和第4款规定不适用于新设立的高等院校、主要机构、附属机构、学科以及与受管制行业相关的专业。

6.本条第1款规定不适用于初次认证申请被驳回的公办高等院校,直至依照本法第九十八条第5款第(2)项规定的期限届满。

第九十六条

1.以下情况应启动认证或评估程序:

(1)在高等院校、教育和科学部部长要求下,实施机构认证。

(2)有关以下内容的课程认证:

①与受管制行业有关的专业课程认证。

②在高等院校校长、教育和科学部部长要求下,实施专业领域的课程认证。

③与受管制行业相关的博士学位课程认证。

④在本法第五十九条第1款规定的高等院校校长以及教育和科学部部长的要求下,对其他博士学位教学课程实施认证。

(3)在教育和科学部部长或民办高等院校创办人的要求下,评估设立一所高等院校的计划。

(4)在高等院校或民办高等院校创办人的要求下,评估高等院校改造计划。

(5)在高等院校的要求下,评估高等院校设立主要机构的计划。

(6)对开设与受管制行业有关的专业和在高等院校的要求下开设的学科进行评估。

2.本条第1款第(2)项②目规定的专业领域的教学课程认证程序,根据与校长委员会协商制定的时间表进行,同时向所有申请提供该领域教学的高等院校开放。

3.任何超出本条第2款所述时间表的课程认证程序,应在教育和科学部部长及高等学校校长的要求下开放。

4.对本条第1款第(1)项、第(2)项第①目和第③目、第(3)项、第(4)项、第(5)项、第(6)项规定内容的认证程序由认证委员会实施。

5.本条第1款第(2)项②目和第④目及第(6)项规定的程序,由高等教育常务委员会实施。

6.根据高等院校和组织的要求,或民办高等院校创办人的要求,认证或教育计划评估程序的实施,应首先由认证委员会或常务委员会根据申请人的自评报告做出决定。

7.应教育和科学部要求开启认证程序时,高等院校应向国家评估与认证委员会提交自评报告,认证委员会或常务委员会两个月内分别就程序的开启做出决定。

8.依照相关程序的法定要求,《国家评估与认证局的工作条例》应详细规定申请人提交任何文件和所需资料的事实及其相关情况。

9.所有认证或项目评估的费用,以及学校容量变化的费用,由申请人按照财政部部长批准的费率支付。

第九十七条

申请人未按照本法第九十六条第6款、第7款和第8款规定提供相关资料的,认证委员会或常务委员会应当自收到程序公开请求之日起1个月内,分别做出是否公开程序的决定。

第九十八条

1.认证程序由认证委员会或常务委员会分别做出有关决定,对高等院校和教育计划实施评估。

2.认证通过的决定,应具体说明:

(1)认证有效期和高等院校的资质,以及职业领域的能力和与受管制职业相关专业的能力。

(2)完成时限和有关建议。

3.不满足全日制教学条件的高等院校,认证委员会对其认证予以否定。

4.否定认证的决定,应具体说明:

(1)拒绝的原因和建议,高等院校应将拒绝认证的原因和建议作为下一次认证的先决条件。

(2)弥补不足和提高质量的期限,期满后申请人有权要求重新进行认证,期限不得超过 18 个月。

5.在不执行本条第 2 款第(2)项所述的建议下,应采取以下措施:

(1)降低高等院校的整体教学能力或相关专业的教学能力。

(2)降低认证分数,相应地减短高等院校及其专业领域认证的有效期。

(3)撤销高等院校的认证。

第九十九条

1.本法第九十六条第 1 款的第(3)项、第(4)项、第(5)项和第(6)项规定的项目评估程序,应依照本法第九十六条第 9 款付款之日起 5 个月内,分别由认证委员会或常务委员会做出有关决定。

2.设立高等院校及其主要机构、附属机构、学科、与受管制职业相关的专业或者博士点之后任何给予项目积极评价的决定均应规定申请认证的时限。

3.新设立的高等院校及其主要机构、附属机构、学科、与受管制职业相关的专业或者博士点,应在认证申请时限内获得正式认证。

4.如对关本条第 1 款所述的任何决定有异议,均可依照《行政程序准则》提起上诉。

第一百条

1.国家评估与认证局的职责:

(1)依照本法和国家要求制定评估与认证标准。

(2)制定评估和认证程序以及所有有关文件。

(3)评估高等院校及其主要机构、附属机构、学科、与受管制职业相关的专业或者博士点的开设和改造计划。

(4)制定本法第十一条第 4 款所指的高等院校及其主要机构、附属机构、学科、与受管制职业相关的专业认证后的监管标准和程序。

(5)评估高等院校和教育组织提供的全部活动和教学质量,予以肯定或否定的认证结果。

(6)建立并维护信息系统,包括所有获得认可的高等院校及其主要机构、附属机构、学科、与受管制职业相关的专业或者博士点的相关数据。

(7)每年 5 月之前,在《政府公报》上公布所有已获得认证的高等院校及其主要机构、附属机构、学科、与受管制职业有关的专业或大学专业的名单,以及本法第五十九条第 1 款规定的高等院校和教育组织提供的博士教育计划,并颁发指定的认证等级。

2.管理国家评估与认证局的机构是认证委员会。

3.认证委员会主席同时兼任国家评估与认证委员会主席。认证委员会主席有权代表委员会,并管理委员会的全部活动。

第一百零一条

1.认证委员会由 1 名主席和 10 名委员组成。委员均在高等教育领域具有教授、副教授职称，其中1人还应担任委员会副主席，负责评审后的监督和管理工作。成员包括：

(1) 6名高等院校代表。

(2) 1名保加利亚科学院代表和1名农学院代表。

(3) 2名教育和科学部代表。

2. 高等院校在委员会中的代表，由校长委员会根据高等院校学术委员会的提名以无记名投票方式选出。

3. 保加利亚科学院和农学院的代表，分别由各自的管理委员会根据研究委员会的提议以无记名投票方式选出。

4. 被提名人数必须是本条第1款规定代表人数的两倍。

5. 在教育和科学部部长、校长委员会、保加利亚科学院和农学院的提议下，国家总理根据就业合同任命认证委员会成员。

6. 在教育和科学部部长的提议下，国家总理根据就业合同任命国家评估与认证局的主席和副主席。副主席应从本条第1款第(1)项所述成员中提名。

第一百零二条

1. 认证委员会主席、副主席及其委员的任期为6年。

2. 认证委员会主席、副主席及其委员不得连任。

3. 除认证委员会主席外，依照本法第一百零一条规定的人员配额每3年更换5名认证委员会成员。

4. 认证委员会主席、副主席及其委员不得兼任高等院校校长、副校长、院长和(或)附属机构管理人职务，不得兼任保加利亚科学院和农学院的院长、副院长，以及研究所所长职务。

5. 下列3种情况，应提前终止认证委员会主席、副主席和委员的任期。

(1) 下列情况，予以解雇：

① 本人书面申请。

② 持续不履行义务。

③ 持续6个月以上未履行职责。

④ 担任与本条第四款要求不符的职务。

(2) 依照《利益冲突防范与披露法》确定有关利益冲突的法律生效。

(3) 死亡。

6. 认证委员会的主席、副主席或委员职务的解雇决定，应由认证委员会全体成员过半数通过，并将解雇决定递交国家总理批准。

7. 认证委员会的职位空缺应依照本法第一百零一条填补，并依照本条第5款提前终止其任期。

第一百零三条

1. 认证委员会的职责：

(1)制定评估和认证标准。

(2)制定评估和认证的具体程序及相关文件。

(3)制定公开本法第九十八条规定的评估和认证程序。

(4)设立高等教育领域的常务委员会和专家组,并根据常务委员会的建议,按照规定程序批准专家组的成员构成。

(5)根据常务委员会提交的报告,决定本法第九十八条规定的评估和认证程序。

(6)向教育和科学部部长,以及高等院校提出有关评估和认证的建议。

(7)起草国家评估与认证局的条例,并由教育和科学部部长提交部长会议批准。

2.本条第1款第(4)项所指的专家组可由认证委员会任命的国内外专家组成,包括行业组织、工业组织和雇主联合会代表。

第一百零四条

1.高等教育领域的常务委员会和监督常务委员会由3~7名委员组成。其委员由认证委员会主席任命,任期为3年。

2.常务委员会的主席和委员不得兼任高等院校校长、副校长、院长或附属机构校长,以及保加利亚科学院和农学院院长、副院长和研究所所长的职务。

3.根据高等院校相关要求,评估也可由欧洲高等教育质量保证协会成员和(或)欧洲高等教育质量登记册上的机构实施。

4.常务委员会应当监督专家组的活动,并正式通过专家组的报告。

5.高等教育领域的常务委员的职责:

(1)对本法第九十六条规定的情况做出认证的决定。

(2)起草并向认证委员会提交一份有关本法第九十六条规定的评估事项的评估报告。

6.专家组的报告应包括一份评估报告,说明高等院校所提供的证明材料与课程认证或机构认证标准相符的原因。

第一百零五条

国家评估与认证局发布的公告内容应包括:

(1)实施评估和认证程序的一般标准。

(2)有关高等院校及其主要机构、附属机构、学科、与受管制行业相关的专业以及博士学位教育的评估和认证标准。

(3)有关国家评估与认证局活动成果的年度报告。

(4)宣传高等院校优秀成果的材料以及方法性的材料。

第一百零六条

1.国家评估与认证局由负责认证后监督和管理的常务委员会协助工作。

2.常设委员会应当编制审计结果报告。

3.如若有关建议未能实施,或严重违反法纪,常务委员会应建议认证委员会撤销有关机构或教育计划的认证。

4. 认证委员会应自收到本条第 3 款所述建议后 3 个月内做出撤销认证的决定。

5. 被撤销认证后的整改办法：

(1)高等院校应将撤销认证的原因和建议作为启动新的认证程序的前提条件。

(2)采取措施弥补不足、提高质量的时限，期满后申请人有权要求重新提起认证申请。整改时限不得超过 18 个月。

6. 如对任何有关认证的决定有异议，均可依照《行政程序法》提起上诉。

第十一章　高等院校的财务和资产

第一百零七条

1. 高等院校的产权，包括所有权和其他权益以及不动产产权。

2. 国家给予高等院校的不动产为国有资产。

3. 依照《国家产权法》规定，本条第 2 款规定的不动产的不同部分可以按租赁条款执行。

第一百零八条

1. 公办高等院校应当编制、执行、审定和公布预算。

2. 在综合预算范围内，学术委员会每年批准高等院校的主要机构和附属机构的预算。高等院校的主要机构及其附属机构的预算编制办法由《高等院校工作条例》规定。

3. 高等院校的预算收入包括：

(1)国家预算拨款。

(2)市政府的财政拨款。

(3)社会捐赠。

(4)自营收入，包括：

①通过研究、咨询、创作、医疗、体育活动，以及工业产权、版权及其他相关权利获得的收入。

②申请费用和学费。

③研究生学费。

④为非学生提供的行政服务费。

⑤与教学过程相关的其他活动费用。

4. 预算收支应与国家预算的收支项目保持一致。

5. 在年度财务报表报送时限内，高等院校应按照中央预算收支分类，公布预算收支执行情况报告。

6. 年末利润超过支出的余额，应转入下一会计年度的预算。

第一百零九条

1. 国家预算拨款应为下列事项提供资金：

(1)教学。

(2)高等院校特色性科学或文艺创作活动。

(3)出版教科书和科学著作。

(4)学生福利。

(5)资本投资。

2.教学经费应根据下列条件确定:

(1)部长会议批准的,按学科划分的每名学生的学费标准。

(2)录取的学生和博士生人数。

(3)对教育质量与劳动力市场需求一致性的综合评估,是根据部长委员会的一项法案确定的标准实施的,综合评估还包括高等院校及其专业认证的评估结果。

3.博士生教学经费应根据下列条件确定:

(1)部长委员会确定的博士生教育计划中每位博士生的差别费率。

(2)博士生招生人数。

4.依照高等院校注册的学生和博士生数量,向高等院校拨付教学费用。

5.本条第1款第(1)项所述的教学资金不得用于:

(1)支付为获得同等或更低学历和资格学位而接受培训的学生和博士生学费。

(2)支付学生教育超出规定教学时限的学费。

(3)支付外国学生和博士生的学费,但属于欧盟成员国和欧洲经济区公民的学生和博士生除外。保加利亚侨民学生和博士生,以及根据政府间协议录取的学生和博士生的学费由保加利亚政府承担。

6.超出高等院校、学科与受管制行业相关的专业办学能力的,下一年度的教学经费应扣减超出的学生和博士生的学费。

7.依照本条第1款和第2款分配给高等院校的经费,与教学费用相比,至少占拨款总额的10%。

8.用于支付福利费用的资金应根据适用的法定文件确定。

第一百一十条

1.如果本科生和研究生的预计人数与根据本法第十条第2款第(3)项第③目登记册中的在校本科生和研究生人数不符,国家高等学校预算和教育和科学部预算应做适当调整。

2.行政预算中用于资助高等教育机构研究和艺术活动的资金,应按照教育和科学部部长法令规定的程序,按条款和条件管理、分配和使用。

3.关于本法第一百零九条第1款第(2)项所指的资金,根据研究活动的评估成果,对国家高等教育机构预算和教育部预算之间的差额予以补偿。

第一百一十一条

部长委员会应制定《公办高等院校教职员工薪资管理条例》。

第一百一十二条

高等院校的自营收入只能按照学术委员会制定的程序用于支付本科生、硕士生和博士生的教学费用。

第一百一十三条

本科生、硕士生和博士生有权申请国家预算拨付的奖学金或高等院校设立的奖学金,以及由个人或法人实体颁发的奖学金。

第一百一十四条

1. 从事专业学习的本科生、硕士生、博士生和进修人员应当缴纳学费。

2. 下列人群,公办高等院校免收学费:

(1) 孤儿。

(2) 残疾人或丧失70%以上劳动能力的学生。

(3) 残疾退伍军人或受难者。

(4) 军校学员。

(5) 攻读博士学位最后两年的博士生。

(6) 根据部长委员会制定的有关免收学费的法律规定,免收学费的人群。

3. 公办高等院校的外国留学生应缴纳的学费不得低于差别化的教学费用。

4. 本科生、硕士生、博士生和来自欧盟成员国和欧洲经济区的进修人员,应按照为保加利亚公民规定的条款和程序支付学费。

5. 具有双重国籍的人,其中1个为保加利亚国籍,根据部长委员会规定的条款和程序提出申请并被接纳的学生,应支付第7款规定金额的50%。

6. 根据政府间协议录取的本科生、硕士生、博士生和进修人员,无须支付本条第3款规定的费用。

7. 保加利亚侨民应根据适用于保加利亚公民的条款支付学费,国际协议另有规定的除外。

第一百一十五条

本科生、硕士生和博士生有权依照法律规定获得助学贷款,用以支付学费和生活费。

第一百一十六条

1. 高等院校的主要活动无须缴纳所得税和营业税。

2. 本法第五十九条第1款所述的组织无须缴纳所得税和营业税。

附　录

附录一

推动共建丝绸之路经济带和21世纪海上丝绸之路的愿景与行动

国家发展改革委　外交部　商务部
（经国务院授权发布）
2015年3月28日

前　言

2000多年前，亚欧大陆上勤劳勇敢的人民，探索出多条连接亚欧非几大文明的贸易和人文交流通路，后人将其统称为"丝绸之路"。千百年来，"和平合作、开放包容、互学互鉴、互利共赢"的丝绸之路精神薪火相传，推进了人类文明进步，是促进沿线各国繁荣发展的重要纽带，是东西方交流合作的象征，是世界各国共有的历史文化遗产。

进入21世纪，在以和平、发展、合作、共赢为主题的新时代，面对复苏乏力的全球经济形势，纷繁复杂的国际和地区局面，传承和弘扬丝绸之路精神更显重要和珍贵。

2013年9月和10月，中国国家主席习近平在出访中亚和东南亚国家期间，先后提出共建"丝绸之路经济带"和"21世纪海上丝绸之路"（以下简称"一带一路"）的重大倡议，得到国际社会高度关注。中国国务院总理李克强参加2013年中国－东盟博览会时强调，铺就面向东盟的海上丝绸之路，打造带动腹地发展的战略支点。加快"一带一路"建设，有利于促进沿线各国经济繁荣与区域经济合作，加强不同文明交流互鉴，促进世界和平发展，是一项造福世界各国人民的伟大事业。

"一带一路"建设是一项系统工程，要坚持共商、共建、共享原则，积极推进沿线国家发展战略的相互对接。为推进实施"一带一路"重大倡议，让古丝绸之路焕发新的生机活力，以新的形式使亚欧非各国联系更加紧密，互利合作迈向新的历史高度，中国政府特制定并发布《推动共建丝绸之路经济带和21世纪海上丝绸之路的愿景与行动》。

一、时代背景

当今世界正发生复杂深刻的变化，国际金融危机深层次影响继续显现，世界经济缓慢复苏、发展分化，国际投资贸易格局和多边投资贸易规则酝酿深刻调整，各国面临的发展问题依然严峻。共建"一带一路"顺应世界多极化、经济全球化、文化多样化、社会信息化的潮流,秉持开放的区域合作精神,致力于维护全球自由贸易体系和开放型世界经济。共建"一带一路"旨在促进经济要素有序自由流动、资源高效配置和市场深度融合,推动沿线各国实现经济政策协调,开展更大范围、更高水平、更深层次的区域合作,共同打造开放、包容、均衡、普惠的区域经济合作架构。共建"一带一路"符合国际社会的根本利益,彰显人类社会共同理想和美好追求,是国际合作以及全球治理新模式的积极探索,将为世界和平发展增添新的正能量。

共建"一带一路"致力于亚欧非大陆及附近海洋的互联互通,建立和加强沿线各国互联互通伙伴关系,构建全方位、多层次、复合型的互联互通网络,实现沿线各国多元、自主、平衡、可持续的发展。"一带一路"的互联互通项目将推动沿线各国发展战略的对接与耦合,发掘区域内市场的潜力,促进投资和消费,创造需求和就业,增进沿线各国人民的人文交流与文明互鉴,让各国人民相逢相知、互信互敬,共享和谐、安宁、富裕的生活。

当前,中国经济和世界经济高度关联。中国将一以贯之地坚持对外开放的基本国策,构建全方位开放新格局,深度融入世界经济体系。推进"一带一路"建设既是中国扩大和深化对外开放的需要,也是加强和亚欧非及世界各国互利合作的需要,中国愿意在力所能及的范围内承担更多责任义务,为人类和平发展做出更大的贡献。

二、共建原则

恪守联合国宪章的宗旨和原则。遵守和平共处五项原则,即尊重各国主权和领土完整、互不侵犯、互不干涉内政、和平共处、平等互利。

坚持开放合作。"一带一路"相关的国家基于但不限于古代丝绸之路的范围,各国和国际、地区组织均可参与,让共建成果惠及更广泛的区域。

坚持和谐包容。倡导文明宽容,尊重各国发展道路和模式的选择,加强不同文明之间的对话,求同存异、兼容并蓄、和平共处、共生共荣。

坚持市场运作。遵循市场规律和国际通行规则,充分发挥市场在资源配置中的决定性作用和各类企业的主体作用,同时发挥好政府的作用。

坚持互利共赢。兼顾各方利益和关切,寻求利益契合点和合作最大公约数,体现各方智慧和创意,各施所长,各尽所能,把各方优势和潜力充分发挥出来。

三、框架思路

"一带一路"是促进共同发展、实现共同繁荣的合作共赢之路,是增进理解信任、加强全方位交流的和平友谊之路。中国政府倡议,秉持和平合作、开放包容、互学互鉴、互利共赢的理念,全方位推进务实合作,打造政治互信、经济融合、文化包容的利益共同体、命运共同体和责任共同体。

"一带一路"贯穿亚欧非大陆,一头是活跃的东亚经济圈,一头是发达的欧洲经济圈,中间广大腹地国家经济发展潜力巨大。丝绸之路经济带重点畅通中国经中亚、俄罗斯至欧洲(波罗的海);中国经中亚、西亚至波斯湾、地中海;中国至东南亚、南亚、印度洋。21世纪海上丝绸之路重点方向是从中国沿海港口过南海到印度洋,延伸至欧洲;从中国沿海港口过南海到南太平洋。

根据"一带一路"走向,陆上依托国际大通道,以沿线中心城市为支撑,以重点经贸产业园区为合作平台,共同打造新亚欧大陆桥、中蒙俄、中国-中亚-西亚、中国-中南半岛等国际经济合作走廊;海上以重点港口为节点,共同建设通畅安全高效的运输大通道。中巴、孟中印缅两个经济走廊与推进"一带一路"建设关联紧密,要进一步推动合作,取得更大进展。

"一带一路"建设是沿线各国开放合作的宏大经济愿景,需各国携手努力,朝着互利互惠、共同安全的目标相向而行。努力实现区域基础设施更加完善,安全高效的陆海空通道网络基本形成,互联互通达到新水平;投资贸易便利化水平进一步提升,高标准自由贸易区网络基本形成,经济联系更加紧密,政治互信更加深入;人文交流更加广泛深入,不同文明互鉴共荣,各国人民相知相交、和平友好。

四、合作重点

沿线各国资源禀赋各异,经济互补性较强,彼此合作潜力和空间很大。以政策沟通、设施联通、贸易畅通、资金融通、民心相通为主要内容,重点在以下方面加强合作。

政策沟通。加强政策沟通是"一带一路"建设的重要保障。加强政府间合作,积极构建多层次政府间宏观政策沟通交流机制,深化利益融合,促进政治互信,达成合作新共识。沿线各国可以就经济发展战略和对策进行充分交流对接,共同制定推进区域合作的规划和措施,协商解决合作中的问题,共同为务实合作及大型项目实施提供政策支持。

设施联通。基础设施互联互通是"一带一路"建设的优先领域。在尊重相关国家主权和安全关切的基础上,沿线国家宜加强基础设施建设规划、技术标准体系的对接,共同推进国际骨干通道建设,逐步形成连接亚洲各次区域以及亚欧非之间的基础设施网络。强化基础设施绿色低碳化建设和运营管理,在建设中充分考虑气候变化影响。

抓住交通基础设施的关键通道、关键节点和重点工程,优先打通缺失路段,畅通瓶颈路段,配套完善道路安全防护设施和交通管理设施设备,提升道路通达水平。推进建立统一的全程运输协调机制,促进国际通关、换装、多式联运有机衔接,逐步形成兼容规范的运输规则,实现国际运输便利化。推动口岸基础设施建设,畅通陆水联运通道,推进港口合作建设,增加海上航线和班次,加强海上物流信息化合作。拓展建立民航全面合作的平台和机制,加快提升航空基础设施水平。

加强能源基础设施互联互通合作,共同维护输油、输气管道等运输通道安全,推进跨境电力与输电通道建设,积极开展区域电网升级改造合作。

共同推进跨境光缆等通信干线网络建设,提高国际通信互联互通水平,畅通信息丝绸之路。加快推进双边跨境光缆等建设,规划建设洲际海底光缆项目,完善空中(卫星)

信息通道，扩大信息交流与合作。

贸易畅通。投资贸易合作是"一带一路"建设的重点内容。宜着力研究解决投资贸易便利化问题，消除投资和贸易壁垒，构建区域内和各国良好的营商环境，积极同沿线国家和地区共同商建自由贸易区，激发释放合作潜力，做大做好合作"蛋糕"。

沿线国家宜加强信息互换、监管互认、执法互助的海关合作，以及检验检疫、认证认可、标准计量、统计信息等方面的双多边合作，推动世界贸易组织《贸易便利化协定》生效和实施。改善边境口岸通关设施条件，加快边境口岸"单一窗口"建设，降低通关成本，提升通关能力。加强供应链安全与便利化合作，推进跨境监管程序协调，推动检验检疫证书国际互联网核查，开展"经认证的经营者"（AEO）互认。降低非关税壁垒，共同提高技术性贸易措施透明度，提高贸易自由化便利化水平。

拓宽贸易领域，优化贸易结构，挖掘贸易新增长点，促进贸易平衡。创新贸易方式，发展跨境电子商务等新的商业业态。建立健全服务贸易促进体系，巩固和扩大传统贸易，大力发展现代服务贸易。把投资和贸易有机结合起来，以投资带动贸易发展。

加快投资便利化进程，消除投资壁垒。加强双边投资保护协定、避免双重征税协定磋商，保护投资者的合法权益。

拓展相互投资领域，开展农林牧渔业、农机及农产品生产加工等领域深度合作，积极推进海水养殖、远洋渔业、水产品加工、海水淡化、海洋生物制药、海洋工程技术、环保产业和海上旅游等领域合作。加大煤炭、油气、金属矿产等传统能源资源勘探开发合作，积极推动水电、核电、风电、太阳能等清洁、可再生能源合作，推进能源资源就地就近加工转化合作，形成能源资源合作上下游一体化产业链。加强能源资源深加工技术、装备与工程服务合作。

推动新兴产业合作，按照优势互补、互利共赢的原则，促进沿线国家加强在新一代信息技术、生物、新能源、新材料等新兴产业领域的深入合作，推动建立创业投资合作机制。

优化产业链分工布局，推动上下游产业链和关联产业协同发展，鼓励建立研发、生产和营销体系，提升区域产业配套能力和综合竞争力。扩大服务业相互开放，推动区域服务业加快发展。探索投资合作新模式，鼓励合作建设境外经贸合作区、跨境经济合作区等各类产业园区，促进产业集群发展。在投资贸易中突出生态文明理念，加强生态环境、生物多样性和应对气候变化合作，共建绿色丝绸之路。

中国欢迎各国企业来华投资。鼓励本国企业参与沿线国家基础设施建设和产业投资。促进企业按属地化原则经营管理，积极帮助当地发展经济、增加就业、改善民生，主动承担社会责任，严格保护生物多样性和生态环境。

资金融通。资金融通是"一带一路"建设的重要支撑。深化金融合作，推进亚洲货币稳定体系、投融资体系和信用体系建设。扩大沿线国家双边本币互换、结算的范围和规模。推动亚洲债券市场的开放和发展。共同推进亚洲基础设施投资银行、金砖国家开发银行筹建，有关各方就建立上海合作组织融资机构开展磋商。加快丝路基金组建运营。深化中国-东盟银行联合体、上合组织银行联合体务实合作，以银团贷款、银行授信等方式开展多边金融合作。支持沿线国家政府和信用等级较高的企业以及金融机构在中国境内发行人民币债券。符合条件的中国境内金融机构和企业可以在境外发行人民币债券和外币债券，鼓励在沿线国家使用所筹资金。

加强金融监管合作，推动签署双边监管合作谅解备忘录，逐步在区域内建立高效监管协调机制。完善风险应对和危机处置制度安排，构建区域性金融风险预警系统，形成应对跨境风险和危机处置的交流合作机制。加强征信管理部门、征信机构和评级机构之间的跨境交流与合作。充分发挥丝路基金以及各国主权基金作用，引导商业性股权投资基金和社会资金共同参与"一带一路"重点项目建设。

民心相通。民心相通是"一带一路"建设的社会根基。传承和弘扬丝绸之路友好合作精神，广泛开展文化交流、学术往来、人才交流合作、媒体合作、青年和妇女交往、志愿者服务等，为深化双多边合作奠定坚实的民意基础。

扩大相互间留学生规模，开展合作办学，中国每年向沿线国家提供1万个政府奖学金名额。沿线国家间互办文化年、艺术节、电影节、电视周和图书展等活动，合作开展广播影视剧精品创作及翻译，联合申请世界文化遗产，共同开展世界遗产的联合保护工作。深化沿线国家间人才交流合作。

加强旅游合作，扩大旅游规模，互办旅游推广周、宣传月等活动，联合打造具有丝绸之路特色的国际精品旅游线路和旅游产品，提高沿线各国游客签证便利化水平。推动21世纪海上丝绸之路邮轮旅游合作。积极开展体育交流活动，支持沿线国家申办重大国际体育赛事。

强化与周边国家在传染病疫情信息沟通、防治技术交流、专业人才培养等方面的合作，提高合作处理突发公共卫生事件的能力。为有关国家提供医疗援助和应急医疗救助，在妇幼健康、残疾人康复以及艾滋病、结核、疟疾等主要传染病领域开展务实合作，扩大在传统医药领域的合作。

加强科技合作，共建联合实验室（研究中心）、国际技术转移中心、海上合作中心，促进科技人员交流，合作开展重大科技攻关，共同提升科技创新能力。

整合现有资源，积极开拓和推进与沿线国家在青年就业、创业培训、职业技能开发、社会保障管理服务、公共行政管理等共同关心领域的务实合作。

充分发挥政党、议会交往的桥梁作用，加强沿线国家之间立法机构、主要党派和政治组织的友好往来。开展城市交流合作，欢迎沿线国家重要城市之间互结友好城市，以人文交流为重点，突出务实合作，形成更多鲜活的合作范例。欢迎沿线国家智库之间开展联合研究、合作举办论坛等。

加强沿线国家民间组织的交流合作，重点面向基层民众，广泛开展教育医疗、减贫开发、生物多样性和生态环保等各类公益慈善活动，促进沿线贫困地区生产生活条件改善。加强文化传媒的国际交流合作，积极利用网络平台，运用新媒体工具，塑造和谐友好的文化生态和舆论环境。

五、合作机制

当前,世界经济融合加速发展,区域合作方兴未艾。积极利用现有双多边合作机制,推动"一带一路"建设,促进区域合作蓬勃发展。

加强双边合作,开展多层次、多渠道沟通磋商,推动双边关系全面发展。推动签署合作备忘录或合作规划,建设一批双边合作示范。建立完善双边联合工作机制,研究推进"一带一路"建设的实施方案、行动路线图。充分发挥现有联委会、混委会、协委会、指导委员会、管理委员会等双边机制作用,协调推动合作项目实施。

强化多边合作机制作用,发挥上海合作组织(SCO)、中国—东盟"10+1"、亚太经合组织(APEC)、亚欧会议(ASEM)、亚洲合作对话(ACD)、亚信会议(CICA)、中阿合作论坛、中国—海合会战略对话、大湄公河次区域(GMS)经济合作、中亚区域经济合作(CAREC)等现有多边合作机制作用,相关国家加强沟通,让更多国家和地区参与"一带一路"建设。

继续发挥沿线各国区域、次区域相关国际论坛、展会以及博鳌亚洲论坛、中国—东盟博览会、中国—亚欧博览会、欧亚经济论坛、中国国际投资贸易洽谈会,以及中国—南亚博览会、中国—阿拉伯博览会、中国西部国际博览会、中国—俄罗斯博览会、前海合作论坛等平台的建设性作用。支持沿线国家地方、民间挖掘"一带一路"历史文化遗产,联合举办专项投资、贸易、文化交流活动,办好丝绸之路(敦煌)国际文化博览会、丝绸之路国际电影节和图书展。倡议建立"一带一路"国际高峰论坛。

六、中国各地方开放态势

推进"一带一路"建设,中国将充分发挥国内各地区比较优势,实行更加积极主动的开放战略,加强东中西互动合作,全面提升开放型经济水平。

西北、东北地区。发挥新疆独特的区位优势和向西开放重要窗口作用,深化与中亚、南亚、西亚等国家交流合作,形成丝绸之路经济带上重要的交通枢纽、商贸物流和文化科教中心,打造丝绸之路经济带核心区。发挥陕西、甘肃综合经济文化和宁夏、青海民族人文优势,打造西安内陆型改革开放新高地,加快兰州、西宁开发开放,推进宁夏内陆开放型经济试验区建设,形成面向中亚、南亚、西亚国家的通道、商贸物流枢纽、重要产业和人文交流基地。发挥内蒙古联通俄蒙的区位优势,完善黑龙江对俄铁路通道和区域铁路网,以及黑龙江、吉林、辽宁与俄远东地区陆海联运合作,推进构建北京—莫斯科欧亚高速运输走廊,建设向北开放的重要窗口。

西南地区。发挥广西与东盟国家陆海相邻的独特优势,加快北部湾经济区和珠江—西江经济带开放发展,构建面向东盟区域的国际通道,打造西南、中南地区开放发展新的战略支点,形成21世纪海上丝绸之路与丝绸之路经济带有机衔接的重要门户。发挥云南区位优势,推进与周边国家的国际运输通道建设,打造大湄公河次区域经济合作新高地,建设成为面向南亚、东南亚的辐射中心。推进西藏与尼泊尔等国家边境贸易和旅游文化合作。

沿海和港澳台地区。利用长三角、珠三角、海峡西岸、环渤海等经济区开放程度高、经济实力强、辐射带动作用大的优势,加快推进中国(上海)自由贸易试验区建设,支持福建建设21世纪海上丝绸之路核心区。充分发挥深圳前海、广州南沙、珠海横琴、福建平潭等开放合作区作用,深化与港澳台合作,打造粤港澳大湾区。推进浙江海洋经济发展示范区、福建海峡蓝色经济试验区和舟山群岛新区建设,加大海南国际旅游岛开发开放力度。加强上海、天津、宁波-舟山、广州、深圳、湛江、汕头、青岛、烟台、大连、福州、厦门、泉州、海口、三亚等沿海城市港口建设,强化上海、广州等国际枢纽机场功能。以扩大开放倒逼深层次改革,创新开放型经济体制机制,加大科技创新力度,形成参与和引领国际合作竞争新优势,成为"一带一路"特别是21世纪海上丝绸之路建设的排头兵和主力军。发挥海外侨胞以及香港、澳门特别行政区独特优势作用,积极参与和助力"一带一路"建设。为台湾地区参与"一带一路"建设做出妥善安排。

内陆地区。利用内陆纵深广阔、人力资源丰富、产业基础较好优势,依托长江中游城市群、成渝城市群、中原城市群、呼包鄂榆城市群、哈长城市群等重点区域,推动区域互动合作和产业集聚发展,打造重庆西部开发开放重要支撑和成都、郑州、武汉、长沙、南昌、合肥等内陆开放型经济高地。加快推动长江中上游地区和俄罗斯伏尔加河沿岸联邦区的合作。建立中欧通道铁路运输、口岸通关协调机制,打造"中欧班列"品牌,建设沟通境内外、连接东中西的运输通道。支持郑州、西安等内陆城市建设航空港、国际陆港,加强内陆口岸与沿海、沿边口岸通关合作,开展跨境贸易电子商务服务试点。优化海关特殊监管区域布局,创新加工贸易模式,深化与沿线国家的产业合作。

七、中国积极行动

一年多来,中国政府积极推动"一带一路"建设,加强与沿线国家的沟通磋商,推动与沿线国家的务实合作,实施了一系列政策措施,努力收获早期成果。

高层引领推动。习近平主席、李克强总理等国家领导人先后出访20多个国家,出席加强互联互通伙伴关系对话会、中阿合作论坛第六届部长级会议,就双边关系和地区发展问题,多次与有关国家元首和政府首脑进行会晤,深入阐释"一带一路"的深刻内涵和积极意义,就共建"一带一路"达成广泛共识。

签署合作框架。与部分国家签署了共建"一带一路"合作备忘录,与一些毗邻国家签署了地区合作和边境合作的备忘录以及经贸合作中长期发展规划。研究编制与一些毗邻国家的地区合作规划纲要。

推动项目建设。加强与沿线有关国家的沟通磋商,在基础设施互联互通、产业投资、资源开发、经贸合作、金融合作、人文交流、生态保护、海上合作等领域,推进了一批条件成熟的重点合作项目。

完善政策措施。中国政府统筹国内各种资源,强化政策支持。推动亚洲基础设施投资银行筹建,发起设立丝路基金,强化中国-欧亚经济合作基金投资功能。推动银行卡清算机构开展跨境清算业务和支付机构开展跨境支付业务。积极推进投资贸易便利化,推进区域通关一体化改革。

发挥平台作用。各地成功举办了一系列以"一带一路"为主题的国际峰会、论坛、研讨会、博览会,对增进理解、凝聚共识、深化合作发挥了重要作用。

八、共创美好未来

共建"一带一路"是中国的倡议,也是中国与沿线国家的共同愿望。站在新的起点上,中国愿与沿线国家一道,以共建"一带一路"为契机,平等协商,兼顾各方利益,反映各方诉求,携手推动更大范围、更高水平、更深层次的大开放、大交流、大融合。"一带一路"建设是开放的、包容的,欢迎世界各国和国际、地区组织积极参与。

共建"一带一路"的途径是以目标协调、政策沟通为主,不刻意追求一致性,可高度灵活,富有弹性,是多元开放的合作进程。中国愿与沿线国家一道,不断充实完善"一带一路"的合作内容和方式,共同制定时间表、路线图,积极对接沿线国家发展和区域合作规划。

中国愿与沿线国家一道,在既有双多边和区域次区域合作机制框架下,通过合作研究、论坛展会、人员培训、交流访问等多种形式,促进沿线国家对共建"一带一路"内涵、目标、任务等方面的进一步理解和认同。

中国愿与沿线国家一道,稳步推进示范项目建设,共同确定一批能够照顾双多边利益的项目,对各方认可、条件成熟的项目抓紧启动实施,争取早日开花结果。

"一带一路"是一条互尊互信之路,一条合作共赢之路,一条文明互鉴之路。只要沿线各国和衷共济、相向而行,就一定能够谱写建设丝绸之路经济带和21世纪海上丝绸之路的新篇章,让沿线各国人民共享"一带一路"共建成果。

附录二

教育部关于印发
《推进共建"一带一路"教育行动》的通知

教外〔2016〕46号

各省、自治区、直辖市教育厅(教委),各计划单列市教育局,新疆生产建设兵团教育局,部属各高等学校,部内各司局、各直属单位:

为贯彻落实中办、国办《关于做好新时期教育对外开放工作的若干意见》和国家发展改革委、外交部、商务部经国务院授权发布的《推动共建丝绸之路经济带和21世纪海上丝绸之路的愿景与行动》,我部牵头制订了《推进共建"一带一路"教育行动》,并已经国家教育体制改革领导小组会议审议通过。现印发给你们,请结合实际认真贯彻执行。

教育部
2016年7月13日

推进共建"一带一路"教育行动

推进共建"丝绸之路经济带"和"21世纪海上丝绸之路"(以下简称"一带一路"),为推动区域教育大开放、大交流、大融合提供了大契机。"一带一路"沿线国家教育加强合作、共同行动,既是共建"一带一路"的重要组成部分,又为共建"一带一路"提供人才支撑。中国愿与沿线国家一道,扩大人文交流,加强人才培养,共同开创教育美好明天。

一、教育使命

教育为国家富强、民族繁荣、人民幸福之本,在共建"一带一路"中具有基础性和先导性作用。教育交流为沿线各国民心相通架设桥梁,人才培养为沿线各国政策沟通、设施联通、贸易畅通、资金融通提供支撑。沿线各国唇齿相依,教育交流源远流长,教育合作前景广阔,大家携手发展教育,合力推进共建"一带一路",是造福沿线各国人民的伟大事业。

中国将一以贯之地坚持教育对外开放,深度融入世界教育改革发展潮流。推进"一带一路"教育共同繁荣,既是加强与沿线各国教育互利合作的需要,也是推进中国教育改革发展的需要,中国愿意在力所能及的范围内承担更多责任义务,为区域教育大发展做出更大的贡献。

二、合作愿景

沿线各国携起手来,增进理解、扩大开放、加强合作、互学互鉴,谋求共同利益、直面共同命运、勇担共同责任,聚力构建"一带一路"教育共同体,形成平等、包容、互惠、活跃的教育合作态势,促进区域教育发展,全面支撑共建"一带一路",共同致力于:

推进民心相通。开展更大范围、更高水平、更深层次的人文交流,不断推进沿线各国人民相知相亲。

提供人才支撑。培养大批共建"一带一路"急需人才,支持沿线各国实现政策互通、设施联通、贸易畅通、资金融通。

实现共同发展。推动教育深度合作、互学互鉴,携手促进沿线各国教育发展,全面提升区域教育影响力。

三、合作原则

育人为本,人文先行。加强合作育人,提高区域人口素质,为共建"一带一路"提供人才支撑。坚持人文交流先行,建立区域人文交流机制,搭建民心相通桥梁。

政府引导,民间主体。沿线国家政府加强沟通协调,整合多种资源,引导教育融合发展。发挥学校、企业及其他社会力量的主体作用,活跃教育合作局面,丰富教育交流内涵。

共商共建,开放合作。坚持沿线国家共商、共建、共享,推进各国教育发展规划相互衔接,实现沿线各国教育融通发展、互动发展。

和谐包容,互利共赢。加强不同文明之间的对话,寻求教育发展最佳契合点和教育合作最大公约数,促进沿线各国在教育领域互利互惠。

四、合作重点

沿线各国教育特色鲜明、资源丰富、互补性强、合作空间巨大。中国将以基础性、支撑性、引领性三方面举措为建议框架,开展三方面重点合作,对接沿线各国意愿,互鉴先进教育经验,共享优质教育资源,全面推动各国教育提速发展。

(一)开展教育互联互通合作

加强教育政策沟通。开展"一带一路"教育法律、政策协同研究,构建沿线各国教育政策信息交流通报机制,为沿线各国政府推进教育政策互通提供决策建议,为沿线各国学校和社会力量开展教育合作交流提供政策咨询。积极签署双边、多边和次区域教育合作框架协议,制定沿线各国教育合作交流国际公约,逐步疏通教育合作交流政策性瓶颈,实现学分互认、学位互授联授,协力推进教育共同体建设。

助力教育合作渠道畅通。推进"一带一路"国家间签证便利化,扩大教育领域合作交流,形成往来频繁、合作众多、交流活跃、关系密切的携手发展局面。鼓励有合作基础、相同研究课题和发展目标的学校缔结姊妹关系,逐步深化拓展教育合作交流。举办沿线国家校长论坛,推进学校间开展多层次多领域的务实合作。支持高等学校依托学科优势专业,建立产学研用结合的国际合作联合实验室(研究中心)、国际技术转移中心,共同应对经济发展、资源利用、生态保护等沿线各国面临的重大挑战与机遇。打造"一带一路"学术交流平台,吸引各国专家学者、青年学生开展研究和学术交流。推进"一带一路"优质教育资源共享。

促进沿线国家语言互通。研究构建语言互通协调机制,共同开发语言互通开放课程,逐步将沿线国家语言课程纳入各国学校教育课程体系。拓展政府间语言学习交换项目,联合培养、相互培养高层次语言人才。发挥外国语院校人才培养优势,推进基础教育多语种师资队伍建设和外语教育教学工作。扩大语言学习国家公派留学人员规模,倡导沿线各国与中国院校合作在华开办本国语言专业。支持更多社会力量助力孔子学院和孔子课堂建设,加强汉语教师和汉语教学志愿者队伍建设,全力满足沿线国家汉语学习需求。

推进沿线国家民心相通。鼓励沿线国家学者开展或合作开展中国课题研究,增进沿线各国对中国发展模式、国家政策、教育文化等各方面的理解。建设国别和区域研究基地,与对象国合作开展经济、政治、教育、文化等领域研究。逐步将理解教育课程、丝路文化遗产保护纳入沿线各国中小学教育课程体系,加强青少年对不同国家文化的理解。加强"丝绸之路"青少年交流,注重利用社会实践和志愿服务、文化体验、体育竞赛、创新创业活动和新媒体社交等途径,增进不同国家青少年对其他国家文化的理解。

推动学历学位认证标准连通。推动落实联合国教科文组织《亚太地区承认高等教育资历公约》,支持教科文组织建立世界范围学历互认机制,实现区域内双边多边学历学位关联互认。呼吁各国完善教育质量保障体系和认证机制,加快推进本国教育资历框架开发,助力各国学习者在不同种类和不同阶段教育之间进行转换,促进终身学习社会建设。共商共建区域性职业教育资历框架,逐步实现就业市场的从业标准一体化。探索建立沿线各国教师专业发展标准,促进教师流动。

(二)开展人才培养培训合作

实施"丝绸之路"留学推进计划。设立"丝绸之路"中国政府奖学金,为沿线各国专项培养行业领军人才和优秀技能人才。全面提升来华留学人才培养质量,把中国打造成为深受沿线各国学子欢迎的留学目的地国。以国家公派留学为引领,推动更多中国学生到沿线国家留学。坚持"出国留学和来华留学并重、公费留学和自费留学并重、扩大规模和提高质量并重、依法管理和完善服务并重、人才培养和发挥作用并重",完善全链条的留学人员管理服务体系,保障平安留学、健康留学、成功留学。

实施"丝绸之路"合作办学推进计划。有条件的中国高等学校开展境外办学要集中优势学科,选好合作契合点,做好前期论证工作,构建人才培养模式、运行管理模式、服务当地模式、公共关系模式,使学校顺利落地生根、开花结果。发挥政府引领、行业主导作用,促进高等学校、职业院校与行业企业深化产教融合。鼓励中国优质职业教育配合高铁、电信运营等行业企业走出去,探索开展多种形式的境外合作办学,合作设立职业院校、培训中心,合作开发教学资源和项目,开展多层次职业教育和培训,培养当地急需的各类"一带一路"建设者。整合资源,积极推进与沿线各国在青年就业培训等共同关心领域的务实合作。倡议沿线国家之间开展高水平合作办学。

实施"丝绸之路"师资培训推进计划。开展"丝绸之路"教师培训,加强先进教育经验交流,提升区域教育质量。加强"丝绸之路"教师交流,推动沿线各国校长交流访问、教师及管理人员交流研修,推进优质教育模式在沿线各国互学互鉴。大力推进沿线各国优质教学仪器设备、教材课件和整体教学解决方案输出,跟进教师培训工作,促进沿线各国教育资源和教学水平均衡发展。

实施"丝绸之路"人才联合培养推进计划。推进沿线国家间的研修访学活动。鼓励沿线各国高等学校在语言、交通运输、建筑、医学、能源、环境工程、水利工程、生物科学、海洋科学、生态保护、文化遗产保护等沿线国家发展急需的专业领域联合培养学生,推动联盟内或校际教育资源共享。

(三)共建丝路合作机制

加强"丝绸之路"人文交流高层磋商。开展沿线国家双边多边人文交流高层磋商,商定"一带一路"教育合作交流总体布局,协调推动沿线各国建立教育双边多边合作机制、教育质量保障协作机制和跨境教育市场监管协作机制,统筹推进"一带一路"教育共同行动。

充分发挥国际合作平台作用。发挥上海合作组织、东亚峰会、亚太经合组织、亚欧会议、亚洲相互协作与信任措施会议、中阿合作论坛、东南亚教育部长组织、中非合作论坛、中巴经济走廊、孟中印缅经济走廊、中蒙俄经济走廊等现有双边多边合作机制作用,增加教育合作的新内涵。借助联合国教科文组织等国际组织力量,推动沿线各国围绕实现世界教育发展目标形成协作机制。充分利用中国-东盟教育交流周、中日韩大学交流合作促进委员会、中阿大学校长论坛、中非高校20+20合作计划、中日大学校长论坛、中韩大学校长论坛、中俄大学联盟等已有平台,开展务实教育合作交流。支持在共同区域、有合作基础、具备相同专业背景的学校组建联盟,不断延展教育务实合作平台。

实施"丝绸之路"教育援助计划。发挥教育援助在"一带一路"教育共同行动中的重要作用,逐步加大教育援助力度,重点投资于人、援助于人、惠及于人。发挥教育援助在"南南合作"中的重要作用,加大对沿线国家尤其是最不发达国家的支持力度。统筹利用国家、教育系统和民间资源,为沿线国家培养培训教师、学者和各类技能人才。积极开展优质教学仪器设备、整体教学方案、配套师资培训一体化援助。加强中国教育培训中心和教育援外基地建设。倡议各国建立政府引导、社会参与的多元化经费筹措机制，通过国家资助、社会融资、民间捐赠等渠道，拓宽教育经费来源，做大教育援助格局，实现教育共同发展。

开展"丝路金驼金帆"表彰工作。对于在"一带一路"教育合作交流和区域教育共同发展中做出杰出贡献、产生重要影响的国际人士、团队和组织给予表彰。

五、中国教育行动起来

中国倡导沿线各国建立教育共同体，聚力推进共建"一带一路"，首先需要中国教育领域和社会各界率先垂范、积极行动。

加强协调推动。加强国内各部门各地方的统筹协调工作，有序开展"一带一路"教育合作交流。推动中国教育治理体系完善、相关法律法规修订和教育综合改革，提升中国开展"一带一路"教育行动的质量和水平。教育部与国家发展改革委、外交部、商务部等部门和全国性行业组织紧密配合，围绕共建"一带一路"大局，寻找合作重点、建立运行保障机制，畅通教育国际合作交流渠道，对接沿线各国教育发展战略规划。

地方重点推进。突出地方推进共建"一带一路"的主体性、支撑性和落地性，要求各地发挥区位优势和地方特色，抓紧制订本地教育和经济携手走出去行动计划，紧密对接国家总体布局。有序与沿线国家地方政府建立"友好省州""姊妹城市"关系，做好做实彼此间人文交流。充分利用地方调配资源优势，积极搭建海内外平台，促进校企优势互补、良性合作、共同发展。多措并举，支持指导本地教育系统与"一带一路"沿线国家广泛开展合作交流，打造教育合作交流区域高地，助力做强本地教育。

各级学校有序前行。各级各类学校秉承"己欲立而立人"的中国传统，有序与沿线各国学校扩大合作交流，整合优质资源走出去，选择优质资源引进来，兼容并包、互学互鉴，共同提升教育国际化水平和服务共建"一带一路"能力。中小学校要广泛建立校际合作交流关系，重点开展师生交流、教师培训和国际理解教育。高等学校、职业院校要立足各自发展战略和本地区参与共建"一带一路"规划，与沿线各国开展形式多样的合作交流，重点做好完善现代大学制度、创新人才培养模式、提升来华留学质量、优化境外合作办学、助推企业成长等各项工作的协同发展。

社会力量顺势而行。开展更大范围、更深层次、更高水平的"一带一路"教育民间合作交流，吸纳更多民间智慧、民间力量、民间方案、民间行动。大力培育和发展我国非营利组织，通过购买服务、市场调配等举措，大力支持社会机构和专业组织投身教育对外开放事业，活跃民间教育国际合作交流。加快推动教学仪器和中医诊疗服务走出去步伐，支持企业和个人按照市场规则依法参与中外合作办学、合作科研、涉外服务等教育对外开放活动。企业要积极与学校合作走出去，联合开展人才培养、科技创新和成果转化，积极服务"一带一路"国家经贸发展。

助力形成早期成果。实施高度灵活、富有弹性的合作机制，优先启动各方认可度高、条件成熟的项目,明确时间节点,争取短期内开花结果。2016年,各省市制订并呈报本地"一带一路"教育行动计划,有序推进教育互联互通、人才培养培训及丝路合作机制建设。2017年,基于三方面重点合作的沿线各国教育共同行动深入开展。未来3年,中国每年面向沿线国家公派留学生2500人;未来5年,建成10个海外科教基地,每年资助1万名沿线国家新生来华学习或研修。

六、共创教育美好明天

独行快,众行远。合作交流是沿线各国共建"一带一路"教育共同体的主要方式。通过教育合作交流,培养高素质人才,推进经济社会发展,提高沿线各国人民生活福祉,是我们共同的愿望。通过教育合作交流,扩大人文往来,筑牢地区和平基础,是我们共同的责任。

中国愿与沿线各国一道,秉持开放合作、互利共赢理念,共同构建多元化教育合作机制,制订时间表和路线图,推动弹性化合作进程,打造示范性合作项目,满足各方发展需要,促进共同发展。

中国教育部倡议沿线各国积极行动起来,加强战略规划对接和政策磋商,探索教育合作交流的机制与模式,增进教育合作交流的广度和深度,追求教育合作交流的质量和效益,互知互信、互帮互助、互学互鉴,携手推动教育发展,促进民心相通,构建"一带一路"教育共同体,共创人类美好生活新篇章。

后 记

本书是张德祥教授主持的中国高等教育学会高等教育科学研究"十三五"规划重大攻关课题"'一带一路'国家高等教育政策法规研究"(16ZG003)的研究成果。

本书由张德祥教授和李枭鹰教授负责总体的规划、设计和架构,确定编译的主旨与核心,组织人员搜集、选取、翻译和整理这些国家的相关教育政策法规,并审阅出版稿。本书政策法规的原有语言为英语。全书由大连理工大学高等教育研究院教育经济与管理专业2015级硕士研究生柳方怡编译。

本书的出版得到了中国高等教育学会、大连理工大学出版社的大力支持,课题组在此深表感谢!

课题组